JN078886

地方創生

デジタルで救う地域社会・経済

地方創生とデジタルビジネス研究会 [編]

Regional Revitalization

中央経済社

はじめに

　本書を出版するにあたって，その経緯と主な目的を簡単に記しておきたいと思います。

　2020年の初頭，前年末から中国・武漢で流行った新型コロナウイルス（Covid-19）が日本にも入り込み，日本中，いや世界中が急に三密（密閉・密集・密接）を回避するような状況となりました。それから3年間，コロナ禍が続きました。欧米では現在，すでにマスクを外す生活が主流になり，アフターコロナとも言われていますが，日本では慎重な国民性もあり，マスクを着けたウィズコロナが続きました。そこには，当初，マスク警察（マスク非着用者に所構わず怒鳴り散らす者）の出現から，マスク非着用者への冷たい視線も少なからずありました。今でも高齢者や基礎疾患者への対応で，マスクの着用は必要でしょう。ただ最近では，マスクを外すことを政府が容認するという，法制度で規制されている訳でもない中，何が正しいのかがわからない状況でもあります。

　そんなコロナ禍において，地方との交流の中で，これで物理的な移動が減り，オンラインでのやりとりが増え，デジタル化がかなり進展すると当初思われました。私自身は，2020年4月に大手シンクタンクのコンサルタントから大学専任教員に転身した当初から，学生と対面で会えないオンライン授業が丸1年続きました。その後，徐々に対面授業が復活しましたが，オンライン会議は平常的なものとなりました。

　2021年，コロナ禍2年目，私自身，地方ともやりとりをする中で，地方のデジタル化は都心の方々が思うほど進んでいないとの危惧を抱きました。というのは，都心（東京）ではオンライン会議が主流になり，地方でもそれが増えましたが，制度には組み込まれていない場合がありました。そうしたことで，都心ではオンラインで効率化されて許容量が増え，地方からの人的資源もさらに受け入れやすくなりました。一方で，地方では経済的な余力ができると人が都心に向かう傾向がありましたが，それがより顕著になる土壌ができあがりました。つまり，地方でも都心とリモートワークができるだけでなく，都心でも地方とリモートワークができ，都心はより制度的にも便利になります。地方と都心のバランスが崩れるこの状況ではまずいと，経営情報学会にて「地方創生とデジタルビジネス研究（部）

会」を有志14名で立ち上げ，そこでオンライン（Zoom）で毎月会合を開催しました。しかしながら，その活動の中で地方を含めた日本の社会や経済を救いたい気持ちは共有するものの，地方創生への考えや思いが各々で異なることを理解しました。

　地方創生とは「東京一極集中を是正し，地方の人口減少に歯止めをかけ，日本全体の活力を上げることを目的とした一連の政策」と各種サイトに載っています。これが話題になり始めたのは，2014年に「まち・ひと・しごと創生法」が成立してからで，これは人口減少・高齢化社会の課題に対し，政府と自治体が一体となって取り組むとともに，地域の特徴を活かした自律的かつ持続的な社会を創生することを目指すとしていますが，昨今ではこれに企業なども加えて語ることが多いと言えるでしょう。簡単にこう説明しても，身近な者でも考えが異なるのに，皆様の考えも各々で異なることだと思われます。

　そこで，この状況であるならば，各々が知る，思いがある事例を集め，各々の事例で世に問う企画にしようと思い立ちました。中央経済社の方に本企画を伝えたところ，その出版を快諾してもらいました。その執筆に私も含めた11名が2022年に著者として名乗りを上げ，21世紀にちなんで21事例を集め，2023年に書き上げた次第です。

　本書の最初（序論）や最後（まとめ）にも記載していますが，我々11名が集めた21事例が，少しでも皆様の今後に活かされることを願っております。もちろん皆様の身近で他に知りえること，感じることもあるでしょうから，それらを思い出されるきっかけにでもなればと考えております。まずは手に取って，興味のある事例から読み始めてもらえれば幸いです。

　2023年3月21日

安岡寛道

目　　次

第1章

地方に関する現状議論

1.1. 地方を取り巻く環境（序論）

1.1.1. 地方創生の両論

「そもそも地方創生とは何か？」の話題になると，衰退する地方を生き残らせるのか？，そうでないか？　の両極的な議論，つまり主張する方々の価値観や信念に関わる議論になりがちである。

日本経済の効率的な活性化のため，これまで以上に都市中心の社会を築くべきか，そうではなく，地域は皆平等であり，破綻した地方も全て救済していくべきなのか，極端な両論があるが，この結論は当面どころかいつまでも出ないであろう。

1.1.2. 都市と地方のデジタル活用の格差

コロナ禍において，都市と地方のデジタル活用の取り組みは，さらに差がついていると考えられる。周知のとおり，このコロナ禍でオンライン社会が急激に進展した。オンラインで物理的制約が緩和されるため，都市の企業や研究機関は，地方でも同様な業務ができると考えている場合が多い。また，地方の中小企業には，都市の顧客（企業や消費者）も多い。しかしながら，地方のオンライン活用は都市に比べて相対的に遅れており，意外にもそれは理解されていない。さらに，地方の自治体や企業では，在宅オンライン勤務すら未だ制度化されていない場合もあり，平常時の対応になっていない。

日本社会や経済は，数多くの地方，つまり地方の中小企業や地方自治体などで

支えているため，デジタル活用によってそれらを救うことで日本全体を底上げすることもできるはずである。すなわち，日本沈没を救うはずである。

国立社会保障・人口問題研究所が発表した「日本の将来推計人口（2017年4月推計）」では，2065年には，1953年と同じ人口の8,800万人になり，労働人口もピーク時の半分の4,000万人になると言われている。このような状況を目の当たりにして，日本国内，ローカルだけに閉じるのでなく，グローバルな視点がデジタルにおいても必要になってくるのは間違いない。

1.1.3. 地方にはいくつもの"先駆け"や"本質"が散在

日本で最初に鉄筋コンクリート構造（RC造）住宅が作られたのは1916年，大都市ではなく，長崎県の炭鉱の島，軍艦島（端島）の鉱員住宅「30号棟」である。この建物は近代的であり，モダニズム（近代）建築の巨匠ル・コルビュジエが定義する10年前，軍艦島にてモダニズム建築の近代建築5原則（ピロティ，屋上庭園，自由な設計図，水平連続窓，自由なファサード）が実現されていた。

現在の「ものづくり」にも，「匠の技術」の"先駆け"は多い。例えば，東京都が主催する「ものづくり　匠の技の祭典」(https://www.monozukuri-takumi-expo.tokyo/)や，高知県と公益財団法人高知県産業振興センターが主催する「高知県ものづくり総合技術展」(https://kochi-monodukuri.online/) など，たくさんの隠れた"おもてなし国家"日本の宝が散在していると考えられる。

図表 1-1-1　軍艦島（端島）とその鉱員住宅「30号棟」

（出所）著者撮影

　本書で紹介する事例でも述べているが，地方は都市よりも選択肢が限られている。したがって，視点を変えれば，むしろ“本質”を追求しやすい。そこで，いくつも製品・サービスを提供する必要はなく，ちゃんとした“１つ”があればよい。

　例えば，飲食店の郊外のデリバリーのアプリは“唯一（ユニーク）”のサービス（例：出前館）のみで成り立っている地域も多い。さらに，地方を中心に，中小企業向けには“シンプル”さが重要である。簡潔にできることを強調しながら，経営者がOKすれば進みやすい企業特性を上手く活用するべきであろう。

　また，“ワンストップ”も重要である。例えば，「ここからアプリ」は，仕事のお助けアプリであり，地方中小企業によく使われている。このアプリは，自社の目的に合わせ，豊富な導入事例を参照でき，支援情報も数多く掲載されており，いくつものアプリと連携されている。地方中小企業には，いくつもあるアプリを選択する労力を割けない場合が多い。そのため，これも“シンプル”に“ワンストップ”でできる必要がある。さらに，これらが途中で終わらないよう，対話型で進められることが望ましく，“双方向（インタラクティブ）”にできればなお良い。これらの要素があれば十分である。

　地方には“先駆け”や“本質”となる製品・サービスも十分存在する。もちろん，製品・サービスのみならず，企業や行政（自治体など），街を中心とした取り組みやソリューションなども存在する。これらを本書の事例で紹介する。

1.1.4．地方創生の考え方

　いくつかの地方創生に関する考え方を取り上げておこう。

　まず文献［１］には，『地方創生の方程式は〈地方創生＝人口減少の克服×地方経済の活性化〉』とある。

　掛け算の前者の“人口減少の克服”のソリューションは非常に難しい。そこで後者の“地域経済の活性化”について，文献［２］では，『もともと，経済とは地域内で営まれるもの』とある。『地域にしっかりと足腰の強い経済が存在し，機能し続ける』ためには『自分たちの地域を調べてみる』ことのできるツールとして，地域に入ってきたお金が『漏れ』た部分を検証することから始めるべきと主張している。つまり，足元の現状認識の重要性を掲げている。そのため，本書では事例の現状を（簡潔だが）きちんと説明したい。

　また，文献［３］では，『失敗する地方活性化はそもそも「ネタ選び」の段階で大

きな問題が発生しています。多くの地方が行うネタ選びは「成功事例探し」から始めます』とあり、『そもそも地域活性化とは「どこでもやっていることに取り組むこと」ではなく、「他でやっていない、しかし自分たちの地域だけでできることに取り組むこと」です』とある。本書が取り上げる事例は、"成功事例"に近い。しかし、"参考事例"がなければ、そういった"自分たちの地域だけでできること"を見つけ出すのは、相当難しいという考えを我々は持つため、地方中小企業でもできる初歩的なデジタル化を加味した上で、横展開できる"ネタ"を提供し、論理展開を行いたい。

なお、文献[4]では、『長期にわたって政・官・財一体システムが維持されたことで、「既得権」を持つ者と持たざる者の間に格差が生じ、持たざる者が「既得権」に挑戦しようとすると大きな「壁」となってはね返される』ことを指摘し、『「地域創生」の先導役となる中小企業によるネットワーク』（ここでは『地域支援プラットフォーム』と称す）を地域間〜全国に広げるべきと主張している。本書では、こういった地域間連携の事例も取り上げている。

最後に、文献[5]では、『地方創生は今や国家目標でもあり、地方創生なくして日本の成長もありえない』と明言している。この観点に立ち、本書は『地方創生 ―― デジタルで救う地域社会・経済』というタイトルにした。

1.1.5. 本書の展開

前段（第1章〜第2章）では、事例紹介の準備として、地方に関する現状議論と以降の事例紹介に向けたフレーム整理を簡潔に解説する。

本書の中心となる事例紹介（第3章〜第7章）では、都市中心の社会か、地域は皆平等か、これらの両論を踏まえた上で、地方を取り巻く課題に対して、その地方を創生してきた内容を解説していく。その際、地方なりの方法で、地方創生とそのためのデジタル化、DX（デジタルトランスフォーメーション）とは何かを論じ、他の地方での横展開のノウハウがあれば、それも提供したい。

具体的には、地方創生の5テーマとして、「①仕事をつくる、②人材を育成する、③人流をつくる、④働き方を変える、⑤地域間/地域内で連携する」（詳細は後述）に沿って、地方でもできる初歩的なDXを加味した上で、21世紀にちなんで、21の事例を紹介（ケーススタディを提供）する。

なお、事例紹介（第3章〜第7章、上記①〜⑤）では、冒頭に概要を掲載する。その後、事例の内容や考え方、手順なども紹介し、横展開の考えやノウハウをま

とめる。したがって，本書を利用すれば，地方創生を中心に，それに関するデジタルビジネス，およびその関連領域の課題発見や分析，企画・実践など，少しでも参考になるはずである。

　最後（第 8 章）には，事例紹介で提言した政策を簡潔にまとめ，全体を締めくくる。

　本書は，特に，地方創生の関係者はもとより，地方とビジネスをするオフィスワーカー，主に企画職，営業職，経営戦略を立案する方々，地方の自治体および地方担当の中央官庁の関係者，地方の中小企業の関係者などに読んでもらいたい。

【参考文献】
［ 1 ］　牧野稔『地域づくりのヒント－地域創生を進めるためのガイドブック』社会情報大学院出版部，2021年 9 月
［ 2 ］　枝廣淳子『地域経済を創りなおす－分析・診断・対策』岩波新書，2018年 2 月
［ 3 ］　木下斉『地域創生大全』東洋経済新報社，2016年10月
［ 4 ］　尾松豪紀『「地域創生」の法則』東洋経済新報社，2021年 7 月
［ 5 ］　北尾吉孝『地域創生への挑戦』きんざい，2021年 1 月

1.2. 地方創生の政策枠組みの特徴と 5 つの事例分野

1.2.1. はじめに

　今日の我が国は，グローバル化の進展，急速な少子高齢化と本格的な人口減少社会への突入，人口の東京一極集中，社会インフラの老朽化など大きな社会環境変化に直面している。2000年代半ばを境に，国土政策をはじめとする地域政策の理念や運用方法は大きく転換した［15］。地域政策とは，一定の地理的範囲を対象として国や地方公共団体が実施する政策である［ 1 ］［ 9 ］［14］。政策とは，行政機関がその任務の範囲内において一定の行政目的を実現するために企画・立案をする行政上の一連の行為についての方針や方策等である［ 3 ］。

　本節では，地域政策全般の理念転換の動向を踏まえつつ，地方創生の政策枠組みの特徴について整理し，本書が取り上げる 5 つの事例分野の切り口を提示することを目的とする。具体的には，以下の 3 点について述べる。第一に，国土政策の理念が転換した様相を簡単に振り返り，これと呼応して地域再生政策および地方創生政策が相互に関連し合いながら今日の地域振興の推進役を果たしているこ

とを示す。第二に，地方創生政策が単一の政策ではなく，複数の法律，複数の関係府省庁が提供する施策群(政策パッケージ)，複数の財源措置から構成された総称であり，政策枠組みが重層的で複雑な構造にあることを示す。第三に，2014年に提示されて以来，毎年更新されてきた『まち・ひと・しごと創生総合戦略（以降，総合戦略)』と『まち・ひと・しごと創生基本方針（以降，基本方針)』において，地方創生の「政策目標」として提示・改訂されてきた内容の変遷を整理しつつ，本書が取り上げる5つの事例分野を提示する。

1.2.2. 主な地域政策間の関連性

1.2.2.1. 国土政策の理念転換

　国土総合開発法（1950年）とそれに基づく全国総合開発計画（第1～5次）は，人口・産業の大都市集中，地域間格差是正のための開発に重点が置かれてきた。しかし，2000年代に突入した我が国は，経済のグローバル化，急速な少子高齢化の進展等を背景に，日本産業の優位性や地域の経済基盤の存立に強い懸念が示された。そこで，国土政策のあり方を見直す3つの方向性が提示された[6]。第一に，今後の国土計画は，開発重視から利用・開発・保全による総合的な国土管理の指針の役割を担うべきこと。第二に，地域づくりにおいて国が戦略的に重要課題を示し，地方が自らの選択と責任で地域のあり方を決定する役割分担が必要であること。第三に，国土計画に策定・推進・評価のマネジメントサイクルを確立すること。

　こうした理念転換の下，国土形成計画法（2005年）が成立し，以降の国土計画も刷新された。国土形成計画（2008年）では，全国計画における「多様な広域ブロックが自立的に発展する国土を構築するとともに，美しく，暮らしやすい国土の形成を図る」という基本方針を受け，地域ブロックごとにそれぞれの地域性を踏まえた将来像と戦略が示された。続く新国土形成計画（2015年）では，本格的な人口減少社会において地方創生を実現する国土計画として，「対流促進型国土の形成」が基本目標として掲げられた。対流とは，多様な個性を持つ様々な地域が相互に連携して生じる地域間のヒト，モノ，カネ，情報の双方向の活発な動きのことであり，それが地域に活力をもたらす源泉と主張された。この概念は，後に「関係人口」へと波及していくことになる。

図表1-2-1　主な地域政策間の関連性

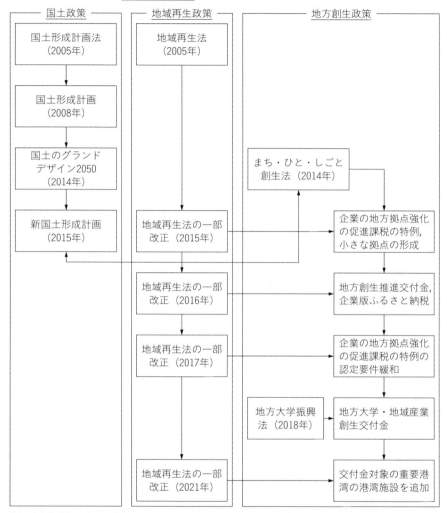

注）地方大学振興法の正式名称は，地域における大学の振興及び若者の雇用機会の創出による若者の修学及び就業の促進に関する法律。
（出所）各法律・計画等の条文を基に著者作成

1.2.2.2. 地域再生政策の理念と特徴

　国土形成計画法の制定と時を同じくして，地域再生法（2005年）が制定された。同法は，個性豊かで活力に満ちた地域社会を実現し，国民経済の健全な発展および国民生活の向上を図ることを目的とする。地域再生政策の理念は，「地域が自ら考え，行動する，国はこれを支援する」であり，さらに2つに分けられる[12]。第一に，「国から地方へ」「官から民へ」という構造改革の流れを強化することで持続可能な地域再生を実現することである。第二に，「自助と自立の精神」の下，自ら「知恵と工夫の競争」により，地域経済の活性化と地域雇用の創造を実現することである。

　地域再生の基本方針は6つある[11]。第一に，地域再生のためのひとづくり・人材ネットワークづくりの促進，国の施策のメニュー化，権限移譲や社会実験など地域における先進的な取り組みの推進など知恵と工夫の競争のサポート・促進を行う。第二に，後述する地方創生の地方版総合戦略を財政面から支援する。第三に，構造改革特区制度を活用して成功モデルを全国展開し，全国的な課題解決と既存の施策体系の改善を図る。第四に，民間のノウハウ・資金等の活用促進を図る。第五に，構造改革特区，総合特区，国家戦略特区，都市再生，中心市街地活性化，環境モデル都市，環境未来都市，SDGs未来都市等と連携する。第六に，地域再生計画を評価した上で財政支援措置を施し，関連施策と連携を図るなど総合的な施策を推進する。このように，地域再生政策は，後述する「まち・ひと・しごと創生法」を含む他の法律と連携し，府省横断的・総合的な施策を乗せる共通プラットフォームとして運用される点に大きな特徴がある。

1.2.3. 地方創生の政策枠組みと財政支援の特徴

1.2.3.1. 地方創生の政策枠組み

　2014年9月にまち・ひと・しごと創生本部，ひと・しごと創生会議が設置され，地方創生の体制が整備された。同年11月に「まち・ひと・しごと創生法」が成立し，12月に『まち・ひと・しごと創生長期ビジョン』と『総合戦略』が提示された。

　地方創生は，人口急減・超高齢化という課題に対して政府一体で取り組み，各地域がそれぞれの特徴を活かした自律的で持続的な社会を創生することを目指す。正式には「まち・ひと・しごと創生」であり，まち（国民一人ひとりが夢や希望を持ち，潤いのある豊かな生活を安心して営める地域社会の形成），ひと（地域社

図表1-2-2　まち・ひと・しごと創生法（2014年）の概要

目　的
人口の減少に歯止めをかけ，東京圏への人口の過度の集中を是正し，それぞれの地域で住み
よい環境を確保して将来にわたり活力ある日本社会を維持するために，以下を総合的かつ計
画的に実施すること
①まちの創生
　　国民一人一人が夢や希望を持ち，潤いのある豊かな生活を安心して営むことができる地域
　　社会を形成する
②ひとの創生
　　地域社会を担う個性豊かで多様な人材を確保する
③しごとの創生
　　地域における魅力ある多様な就業の機会を創出する

まち・ひと・しごと創生本部
- まち・ひと・しごと創生総合戦略の策定
- 同戦略の実施状況の総合的検証
- 施策の企画・立案・総合調整

国の責務
- 施策を総合的計画的に策定・実施
- 関係機関の相互連携
- 地方公共団体等の取組支援
- 国民への教育活動・広報活動等

地方公共団体の責務
（都道府県，市町村）
- 実情に応じた自主的な施策の策定・実施
- 地方版まち・ひと・しごと創生総合戦略の策定

（出所）　まち・ひと・しごと創生法の条文を基に著者作成

会を担う個性豊かで多様な人材の確保），しごと（地域における魅力ある多様な就業の機会の創出）の３つを一体的に推進する（**図表1-2-2**）。

　地方創生の運用においては，従来の地域政策の反省（①府省庁・制度の縦割り構造，②全国一律の手法，③効果検証を伴わないバラマキ，④地域に浸透しない表面的な取り組み，⑤短期的な成果を求める施策）を踏まえ，他の関連施策と同様に「地方自らが考え，責任を持って戦略を推進する」という理念を掲げ，地域主体の取組体制の整備とPDCAの実施が求められる。具体的には，地方公共団体は，国が策定する総合戦略を勘案しつつ地域の実情に応じた地方版総合戦略を策定し，自主的な施策を策定・実施する。国は地方公共団体の取り組みを支援するために，各府省庁が提供する複数の施策を政策パッケージとして提示する。地方公共団体が自身の取り組みを推進する際に活用できる国の支援措置は，年々拡充される方向にある。それら活用方法は，**図表1-2-1**に示したように，主に地域

再生法の度重なる改正(2015年，2016年，2017年，2021年)，地方大学振興法(2018年)の制定等により実現されている。このように，地方創生に関する政策は，地方創生全体の方向性を定める「まち・ひと・しごと創生法」と，個別地域における具体的な支援措置を提供する「地域再生法」等が組み合わされる形で実現する重層的な構造を持つ。

1.2.3.2. 地方創生の財政支援の枠組みの特徴

　地方公共団体による地方創生の取り組みに対する国の財政支援は，2014年の地方創生先行型交付金以降，徐々に拡張され，大きく6種類の財政支援措置がある。2014～2021年度までの8年間において，約26兆円にのぼる（図表1-2-3）。

　1つ目は，地方創生関係交付金であり，地域の自主的・主体的で先導的な取り組みを支援するものである。これは地域再生法の規定と連動しており，地方公共団体は地方版総合戦略と紐づいた地域再生計画を作成し，内閣総理大臣の認定を受けた場合に交付を受けられる。これまでに1兆1,900億円（合計の4.6%）の予算が講じられ，この中心をなす地方創生推進交付金は毎年1,000億円の規模で継続している。

　2つ目は地方大学・地域産業創生交付金であり，特定分野に強みを持つ地方大学を実現するための大学改革と，地域の中核的な産業の創出・振興とをつなげる

|図表1-2-3| 地方創生の財政支援（2014～2021年度までの累計）

予算項目	金額(億円)	構成比	実施期間
(1)地方創生関係交付金	11,900	4.6%	2014年度～
(2)地方大学・地域産業創生事業	201	0.1%	2018年度～
(3)個別施策（政策パッケージ）	97,656	37.5%	2015年度～
(4)社会保障の充実	45,975	17.6%	2015～2019年度
(5)まち・ひと・しごと創生事業費（地方財政計画）	60,000	23.0%	2016年度～
(6)コロナ対応地方創生臨時交付金	45,000	17.3%	2020年度～
合計	260,732	100.0%	―

注1）2014年度は補正予算のみ，2015～2020年度は当初予算と補正予算，2021年度は当初予算のみ。
注2）地方創生関係交付金には，地方創生先行型交付金(2014年度のみ)，地方創生加速化交付金(2015年度のみ)，地方創生推進交付金（2016年度～），地方創生拠点整備交付金（2016年度～）を含む。
注3）コロナ対応地方創生臨時交付金の正式名称は，新型コロナウイルス感染症対応地方創生臨時交付金である。
（出所）内閣官房・内閣府総合サイト地方創生の予算のページを基に著者作成

事業を支援するものである。これは，地方大学振興法（2018年）と連動しており，予算規模は過去 2 年間で201億円（0.1％）である。

　3 つ目は，個別施策（政策パッケージ）であり，総合戦略において各府省庁が提供する複数施策が基本目標に沿って束ねられている。過去 7 年間で 9 兆7,656億円（37.5％）と最も多い。

　4 つ目は，社会保障の充実である。少子高齢化の進展により社会保障費（年金，医療・介護，子育て）が増加しており，その多くが国債で賄われているため，社会保障制度改革（医療保険制度改革，公立病院改革，子育て支援制度施行等）が求められている。この費用が地方創生の予算として計上されており，2015〜2019年度の 5 年間で 4 兆5,975億円（17.6％）にのぼる。

　5 つ目は，まち・ひと・しごと創生事業費である。これは，地方公共団体が地域の実情に応じて自主的・主体的に地方創生に取り組むことができるよう，地方交付税として，一定基準（人口減少率の高さ，転入者比率の低さ等）によって国から再配分されるものである（総務省「地方交付税制度の概要」）。2016〜2021年度までの 6 年間で合計 6 兆円（毎年 1 兆円）が計上されている。地方交付税は本来，標準的な行政サービスを自治体の財政力にかかわりなく保障できるよう配分される一般財源である[2]。しかし，地方公共団体の財政事情によって大半を経常的経費（庁舎管理費や職員人件費等）に充当せざるを得ない実態がある[10]。

　6 つ目は，コロナ対応地方創生臨時交付金であり，2020年度に 4 兆5,000億円が計上された。これは，地方公共団体が地域の実情に応じてきめ細やかに必要な事業を実施できるよう，コロナ対応のための取り組みである限り，地方公共団体が自由に使うことができる。

　このように，地方創生の財政支援措置は，その使途が地方創生のための具体的事業計画として提出された目に見える資金（地方創生関係交付金，地方大学・地域産業創生交付金，個別施策）と，地方創生名目で計上されてはいるものの実際の使途が必ずしも明確とはいえない資金（社会保障の充実，まち・ひと・しごと創生事業費，コロナ対応地方創生臨時交付金）とに大きく二分され，重層的で複雑な枠組みを持っている。

1.2.4. 地方創生の政策目標の変遷と本書が取り上げる5つの事例分野との関係

　まち・ひと・しごと創生会議「基本政策検討チーム報告書」，2014～2021年の期間に毎年公表されてきた「総合戦略」および「基本方針」では，地方創生として取り組むべき「政策目標」を提示してきた。なお，政策目標は毎年の地方創生をめぐる現状認識を踏まえて改訂されてきた。そこで，「総合戦略」および「基本方針」にみる政策目標の変遷について整理した（**図表1-2-4**）。この結果，政策目標は，準備期（基本政策検討チームが初期案を提示した2014年度），第1期（5か年戦略として設定した2014～18年度），第2期（第1期の検証を踏まえて新たな政策目標を設定した2019年度以降）と3つの時期を経て変遷してきたことがわかる。

　準備期においては，今後の施策の方向と題して，(1)地方にしごとをつくり，安

図表1-2-4　総合戦略および基本方針にみる政策目標の変遷

時期	資料名	基本目標					
準備期	基本政策検討チーム報告書	(1)地方にしごとをつくり，安心して働けるようにする	(2)地方への新しいひとの流れをつくる	(3)若い世代の結婚・出産・子育ての希望をかなえる	(4)時代に合った地域をつくり，安心なくらしを守る	(5)地域と地域を連携する	－
第1期	総合戦略2014～	〃	〃	〃	(4)時代に合った地域をつくり，安心なくらしを守るとともに，地域と地域を連携する	－	
	総合戦略2018	〃	〃	〃	〃	－	
	基本方針2019	(1)地方にしごとをつくり，安心して働けるようにする，これを支える人材を育て活かす	〃	〃	〃		
第2期		基本目標				横断的目標	
	(第2期)総合戦略2019～	(1)稼ぐ地域をつくるとともに，安心して働けるようにする	(2)地方とのつながりを築き，地方への新しいひとの流れをつくる	(3)結婚・出産・子育ての希望をかなえる	(4)ひとが集う，安心して暮らすことができる魅力的な地域をつくる	(5)多様な人材の活躍を推進する	(6)新しい時代の流れを力にする
	基本方針2021	〃	〃	〃	〃	〃	〃

（出所）　表中に記載した各資料より著者作成

図表1-2-5　第2期創生戦略の基本目標と5つの事例分野との関係性

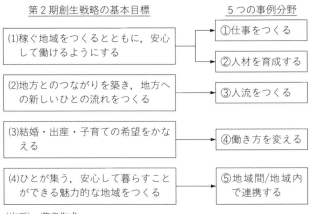

（出所）　著者作成

心して働けるようにする，(2)地方への新しいひとの流れをつくる，(3)若い世代の結婚・出産・子育ての希望をかなえる，(4)時代に合った地域をつくり，安心なくらしを守る，(5)地域と地域を連携するの5つが提示された。しかし，(5)地域と地域を連携するの内容が十分に煮詰め切れていなかったものと推測されるが，第1期においては，準備期の(4)と(5)とが統合されて，「4つの基本目標」として提示された。第2期では，基本方針（2019）において新たな視点として，①地方へのひと・資金の流れを強化する（「関係人口」の創出・拡大，地方への寄附・投資等），②新しい時代の流れを力にする（Society5.0，SDGs等），③人材を育て活かす（人材の掘り起こし・育成，活躍を支援），④民間と協働する（NPOや企業と連携），⑤誰もが活躍できる地域社会をつくる，⑥地域経営の視点で取り組む（地域マネジメント）が打ち出された。これを受け，基本目標(1)の後半部分に「人材を育て活かす（地方創生を担う人材・組織の育成，高等学校等における人材育成など）」という部分が追加・変更された。さらに，第2期の総合戦略（2019）では，政策目標全体が大きく改訂された。具体的には，4つの基本目標が，(1)稼ぐ地域をつくるとともに，安心して働けるようにする，(2)地方とのつながりを築き，地方への新しいひとの流れをつくる，(3)結婚・出産・子育ての希望をかなえる，(4)ひとが集う，安心して暮らすことができる魅力的な地域をつくる，と改訂された。同時に，2つの横断的目標として，(5)多様な人材の活躍を推進する，(6)新しい時代の流れを力にするが追加された。

　以上を踏まえ，第2期の総合戦略で示された4つの基本目標の意味内容を踏まえ，「①仕事をつくる」，「②人材を育成する」，「③人流をつくる」，「④働き方を変える」，「⑤地域間/地域内で連携する」の5つを本書で扱う事例分野として設定する。以降の事例紹介では，これら5つの事例分野に即して紹介していくことにしたい。

【参考文献】

［1］　秋山道雄「転換期の地域政策-Sustainable Development に寄せて」『国民経済雑誌』第179巻，第1号，1999年，35-51ページ

［2］　鎌田素史「地方創生の取組への財政支援－新型交付金とまち・ひと・しごと創生事業費－」『立法と調査』No. 371，2015年，18-29ページ

［3］　行政機関が行う政策の評価に関する法律（https://elaws.e-gov.go.jp/document?lawid=413AC0000000086）

［4］　国土交通省国土政策局総合計画課「国土形成計画について」2019年10月9日

［5］　国土交通省「国土計画の歩みに関する資料」（https://www.mlit.go.jp/kokudoseisaku/kokudoseisaku_tk3_000081.html）

［6］　国土審議会基本政策部会『国土の将来展望と新しい国土計画制度のあり方』2002年11月

［7］　国土審議会調査改革部会『「国土の総合的点検」－新しい"国のかたち"へ向けて－』2004年5月

［8］　総務省「地方交付税制度の概要」（https://www.soumu.go.jp/main_sosiki/c-zaisei/kouhu.html）

［9］　高山正樹「均衡発展政策から地域再生の地域政策への課題」『経済地理学年報』第55巻，2009年，283-299ページ

［10］　武田公子「地方創生戦略における国と地方の財政関係」『金沢大学経済論集』第39巻，第1号，2018年，29-56ページ

［11］　地域再生基本方針（2021年3月30日一部変更）（https://www.chisou.go.jp/tiiki/tiikisaisei/kekka/210330/kihonhoushin_honbun.pdf）

［12］　地域再生本部『地域再生推進のための基本指針』2003年12月19日（https://www.chisou.go.jp/tiiki/tiikisaisei/kettei/031219sisin.html）

［13］　内閣官房・内閣府総合サイト地方創生（https://www.chisou.go.jp/sousei/about/yosan/index.html）

［14］　山﨑朗「人口減少時代の地域政策」『経済地理学年報』第55巻，2009年，317-326ページ

［15］　矢田俊文「国土形成計画制度の意義と課題－国土計画体系見直しの議論を追う－」『経済地理学年報』第62巻，2016年，360-384ページ

1.3. どうしたらより多くの人々を地域活動に動員できるのか？
−環境心理学・社会心理学からの示唆とデジタル技術への期待−

1.3.1. はじめに

　今日の我が国は本格的な人口減少社会へと突入し，これまでとは異なる次元で地域問題を引き起こしつつある。中でも地域の担い手不足は顕著となり，関係人口と呼ばれる新たな担い手の活用が注目されつつある。しかし，関係人口の概念は幅広く多様で曖昧であり，過度な期待感だけが高まっているように思えてならない。

　本節では，環境心理学と社会心理学の知見を手掛かりに，どうしたらより多くの人々を地域活動に動員できるのか，そこにデジタル技術がどのように貢献しうるのかについて考察することを目的とする。そのために，第1に，関係人口が注目される背景と定義等について確認する。第2に，地域問題への興味・関心への高まりが繰り返し生じてきたことを振り返り，その核心について触れる。第3に，環境心理学と社会心理学の理論を手掛かりに，人々を行動に駆り立てるための要諦を探る。最後に，関係人口を題材として，より多くの人々を地域活動に動員するための方策とそこにデジタル技術をどのように活用する余地があるのかについて考察する。

1.3.2. 地域の担い手減少と関係人口への期待

　人口減少の進展は，地域にさまざまな問題を引き起こすことが懸念されている。『国土交通白書（平成26年度版）』では，①小売店・飲食店・医療機関等の生活関連サービスが縮小すること，②公共交通が縮小・撤退すること，③道路・橋・上下水道等が老朽化すること，④空き家・空き店舗・耕作放棄地等が増加すること，⑤地域コミュニティの機能が低下することが指摘されている。

　内閣府調査によれば，「地域の担い手（若者，町内会など）の減少」が将来における上位の不安要因として挙げられている（**図表1-3-1**）。しかも，その不安であると回答した人の割合は，大都市で27.8%，人口20万人未満の中都市2で33.0%，小都市で42.8%，町村で45.9%と都市規模が小さくなるにつれて深刻さを増している。

図表 1 - 3 - 1	地域における将来の生活環境に対する不安なこと（2020年）				
	大都市	中都市1	中都市2	小都市	町村
1．地域の雇用の場の減少	19.0	22.1	26.1	32.1	29.9
2．地域の担い手（若者，町内会など）の減少	27.8	29.9	33.0	42.8	45.9
3．地域内外の人が集まる交流場所の減少	10.6	10.7	11.3	10.3	10.6
4．日常的な買い物をする場所の減少	13.7	16.7	23.9	24.3	26.0
5．公共交通機関の減少	15.4	19.8	26.1	32.2	36.4
6．お住まいの住宅の維持・建て替えができるか	31.5	37.2	34.6	31.2	33.1
7．福祉施設（介護施設，障害者支援施設など）の減少	13.1	12.0	13.5	14.3	14.0
8．子育て・教育施設（保育園，幼稚園など）の減少＊	7.6	6.2	8.3	11.3	11.8
9．文化施設（博物館や図書館，公民館など）の減少	4.8	6.5	4.2	5.3	4.5
10．その他	3.0	1.6	2.0	1.3	1.4
11．特にない	25.0	22.0	18.2	13.6	13.4
無回答	1.2	1.1	1.3	1.6	0.8
該当者数	604	551	954	1,305	492

注）　表中の「中都市1」は人口20万人以上，「中都市2」は人口20万人未満を意味する。
（出所）　内閣府『地域社会の暮らしに関する世論調査（令和2年10月調査）』より著者作成

　また，歴年の内閣府『社会意識に関する世論調査』を用いて地域における人々の付き合いの程度の変化動向をみてみると，大都市でも町村でも漸次低下傾向にある（図表1-3-2参照）。大都市で「よく付き合っている（親しく付き合っている）」と回答した人の割合は，1986年の39.1％から2021年には5.8％と急降下している。同様に，町村においても1986年の64.2％から2021年には15.3％と4分の1の水準になっている。このように，人口減少に伴って，これまでにないほどに地域の担い手が減少すると同時に，地域の絆（人々のつながり）の希薄化が鮮明になっている。

　こうした状況の下，新たな担い手として関係人口が期待されている。関係人口とは，移住した『定住人口』でもなく，観光に来た『交流人口』でもない，地域と多様に関わる人々である[15]。文献[9]は，関係人口が全国レベルで流動している実態を明らかにした。三大都市圏においては，18歳以上の居住者の約18％が

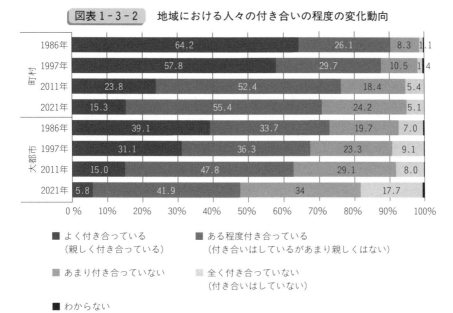

図表1-3-2　地域における人々の付き合いの程度の変化動向

(出所)　内閣府「社会意識に関する世論調査」(昭和61年12月調査，平成9年12月調査，平成23年1月調査，令和3年12月調査) より著者作成

「関係人口 (訪問系)」として存在する。その内訳は，地域づくり活動に直接参加する人 (6.4%)，現地で就労する人 (1.0%)，交流・体験イベントに参加する人 (4.0%)，テレワークする人 (1.9%)，地域で飲食・趣味活動をする人 (5.0%) と多種多様である。彼らの6割強は，居住地域においても何らかの形で地域活動に参加している点は注目に値する。一方，地域を訪問しないが，ふるさと納税，クラウドファンディング，地場産品等購入，特定の地域の仕事の請負，情報発信，オンラインを通じた交流などを行っている「関係人口 (非訪問系)」も2.6%存在する。このように，自分自身の居住地以外の地域に対して興味・関心を抱いたり，何らかの行動をとったりする人々が一定程度存在する。

1.3.3.　繰り返されてきた地域問題への興味・関心の高まりとその核心

　人々の地域問題への興味・関心は，何も今日始まったものではない。過去を振り返ってみると，それは幾度となく繰り返されてきた。

　古くは120年ほど前の明治後期，都市化が進展する一方で衰退していく農村部の

状況を憂いた新渡戸稲造は，「地方（ヂカタ）の研究」を行う必要性を唱えた。彼は，地方が自立していくためには，地方の風俗習慣，土着の思想，言語などを科学的に研究していくことが不可欠だと説いた[11]。この考え方は，その後，柳田国男らの郷土研究，民俗学等へと引き継がれていった。

　1970年代半ば，中央集中型の成長政策が生み出した歪みや荒廃が露わになったという認識の下，経済，歴史，農業，社会，地理などの幅広い分野の専門研究者が参加する「地域主義」研究集談会が発足した。その議論の様子は当時の新聞紙上で取り上げられ，大きく注目された。地域主義とは，一定地域の住民が，その地域の風土的個性を背景に，その地域の共同体に対して特定の帰属意識をもち，自身の政治的自律性と文化的独自性を追求することとされた[6][16]。

　また，1979年に平松大分県知事が提唱した一村一品運動は，国内他地域のみならず海外諸国にまで影響を与えた。同運動は，都市への人口流出による地域活力の低下，地域の過剰な行政依存傾向を払拭し，住民の自主自立の精神を起こさせたいという思いから始まった[7]。

　こうした動きはひとり日本にとどまらない。グローバル化が著しく進展する今日，人々はどこに行っても同じような都市景観に直面し，同じような商品を消費するようになった。こうした状況に対し，欧米を中心に新旧の住民が地域のしきたりや言い伝え，地域への愛着を積極的で意図的に探求するネオローカリズムと呼ばれる動きが生まれた[4][13]。具体的には，歴史的イベントの再現，地場産農産物や食料品の積極購入，クラフトビールの人気の高まりなどが挙げられる[12][14]。

　著者は，それぞれの地域の風土や文化の独自性・固有性に目を向け，そこに地域住民の愛着，帰属意識，仲間意識を醸成し，それを地域住民の自立的活動の源泉にしていこうとする思想には共感したい。しかし，それが有識者の議論だけに留まってしまい，それが一般住民に広く浸透したり，能動的な行動に結び付いていなかったりしたとしたら意味がないのではなかろうか。

1.3.4. 環境心理学・社会心理学における知見の要諦

　人々は，地域問題の解決に対して興味・関心を抱きさえすれば，それが即，具体的な行動に結び付くのだろうか。何らかの対象に興味・関心を持った人々は，どのようなメカニズムで行動に至るのか。そこで，環境心理学や社会心理学における知見の要諦を整理してみたい。

　最初に，環境心理学における地域愛着（place attachment）に関する研究成果に着目してみたい。地域愛着とは，その地域を自分にとってかけがえのない大切な場所だと思うといったような，人々と特定の地域との間の感情的な絆のことを意味する[5][10]。文献[8]は，人々の居住地への愛着が地域活動（ボランティア活動，慈善活動，近隣活動等）を促すのかどうかを調査した。この結果，居住地に愛着を抱いたからといって，直接それが地域活動の参加を促すわけではないことを明らかにした。そして，人々が地域活動に参加するためには，(1)近隣の人々との結び付きが強い（近所付き合いが濃く，信頼の厚いなど）人かどうかといった，いわゆる社会関係資本（Social Capital）が形成されている人，あるいは，(2)自分の祖先と地域との結び付きや地域の歴史に対して強い興味・関心を抱いている人かどうかといった，いわゆる文化資本（Cultural Capital）を備えた人などの条件が必要であると論証した。

　次に，社会心理学における計画的行動理論をみてみたい。文献[1][2]は，行動しようとする意思・気持ち（行動意図）が強い人ほど行動する可能性が高まり，それは次の3要因から影響を受けると説いた。1つ目の要因は，その行動を遂行することで，ある結果が得られると強く信じ，その結果について高い価値を認識しているかどうかである（「行動への態度」）。2つ目は，家族や知人など行動を遂行する人にとって大切な人々がその行動をすべきだと強く期待・要請し，それに従おうと強く思うかどうかである（「主観的規範」）。3つ目は，その行動を遂行することが自分には容易に実施できるという自信をもっているかどうかである（「自己効力感」）。

　このように，地域問題の解決に対して興味・関心を抱いた人が，さまざまなレベルの地域活動を遂行するまでには，自身の素養や心理的要因，周囲の人々との関係性の構築といった社会的要因が複雑に絡んだ因果の長い連鎖が必要であることがわかる。

1.3.5. より多くの人々を地域活動に動員するために

　今後，より多くの人々を地域活動に動員するためには，どうしたらよいのだろうか。ここでは，関係人口を題材に環境心理学・社会心理学の知見を適用して考察してみたい。

　先にみたように，三大都市圏においては居住者の約18％が「関係人口（訪問型）」であり，そのうち地域活動に参加する人は6.4％であった。今後，現地就労する

人，地域で飲食・趣味活動をする人など残りの約12％をまちづくりなどの直接的な地域活動に動員するためにはどうすべきだろうか。当該地域に何らかの興味・関心をもって訪問してくれる彼らに対して，単にもっと深く地域に関与してくれることを期待しているだけでは成果は得られない。環境心理学の知見に基づけば，訪問地域の居住者と付き合う頻度を高め，相互に信頼を深めることのできる機会を提供することが不可欠である。すなわち，訪問者と居住者との社会関係資本を形成する必要がある。その意味では，文献［9］が提案するように，①関係人口と当該地域の居住者との仲介人・組織を設定すること，②彼らの接点となる何らかの場を整備すること，③オンラインコミュニティやオンラインイベントなどを開催することの必要性を改めて認識することができる。

　他方，ふるさと納税，クラウドファンディング，地場産品等購入など多様な形態で存在する「関係人口（非訪問系）」を「関係人口（訪問型）」へと進化させるためにはどうしたらよいのだろうか。計画的行動理論の知見に基づくならば，次のような3つの方向性があり得る。1つ目は，「関係人口（訪問型）」の価値を認識できるように，身近で小さな成功事例をわかりやすく提供することであろう。これにより，「行動への態度」の形成を促進する必要がある。2つ目は，関係人口と居住者あるいは関係人口同士のコミュニティを作り，そこで当該地域へ訪問することを期待し，評価し，承認することで「主観的規範」を刺激することである。3つ目に，「関係人口（訪問型）」の具体的な行動内容を広く知らしめ，そうした行動であれば自分でも十分可能だということを認識させ，「自己効力感」を醸成することである。

　いずれにせよ，こうした情報提供は，今日であればソーシャル・ネットワーキング・サービス（SNS）を用いることによって十分に対応可能であろう。かつての地域問題への関心の高まりの時代と比較すれば，今日のデジタル化の進展によって，実現の可能性は高まっているといえるのではないだろうか。

　今日，地方創生に関して，短期間での成果目標やKPIの設定が求められ，その効果検証も頻繁に行われ，公表されている。しかし，すでにみたように，地域問題は，過去幾度となく繰り返し注目を浴びては放置されてきた。すなわち，長い時間をかけて生じてきた問題に対して，短期間で成果ばかりを期待されても，解決するはずもない。むしろ，逆に人々を地域活動に振り向かせるのを困難にしてしまう懸念がある。地方創生は一朝一夕には実現できるものではなく，地道で継続的な取り組みであることを肝に銘じて見守る忍耐が必要なのではなかろうか。

【参考文献】

［1］　Ajzen, I. (1985), From intentions to actions : A theory of planned behavior. In J. Kuhl and J. Beckman (eds.), *Action-control : From cognition to behavior*, 11-39, Heidelberg, Germany, Springer.

［2］　Ajzen, I. (1991), The theory of planned behavior, *Organizational Behavior and Human Decision Processes*, 50, 179-211.

［3］　Ajzen, I. (2002), Perceived behavioral control, self-efficacy, locus of control, and the theory of planned behavior, *Journal of Applied Social Psychology*, 32, 665-683.

［4］　Flack, W. (1997), American microbreweries and neolocalism : Ale-ing for a sense of place, *Journal of cultural geography*, 16(2), 37-51.

［5］　Hidalgo, M.C. and Hernandes, B. (2001) Place attachment-Conceptual and empirical questions, *Journal of Environmental Psychology*, 21, 273-281.

［6］　河野健二（1977）「地域主義を考える」朝日新聞1977年 4 月 4 日付記事

［7］　国際一村一品運動交流協会（http://www.ovop.jp/jp/）

［8］　Lewicka, M. (2005). Ways to make people active : Role of place attachment, cultural capital and neighborhood ties. *Journal of Environmental Psychology*, 4, 381e395.

［9］　ライフスタイルの多様化と関係人口に関する懇談会(2021)『最終とりまとめ ～関係人口の拡大・深化と地域づくり～』

［10］　Low, S. and I. Altman (1992), Place Attachment : A Conceptual Inquiry, in I. Altman and S. Low eds., *Place Attachment*, 1-12, Springer.

［11］　新渡戸稲造（1907）「地方の研究」『斯民』 2 (2)， 1 -20。（再録，1970，新渡戸稲造全集編集委員会編『新渡戸稲造全集　第五巻』教文館，178-185)

［12］　Reid, N., McLaughlin, R.B. and Moore, M.S. (2014), From yellow fizz to big biz : American craft beer comes of age, *Focus on Geography*, 57(3), 114-125.

［13］　Schnell, S.M. and Reese, J.F. (2014), Microbreweries, place, and identity in the United States, In Patterson, M. and Hoalst-Pullen, N. (eds.) (2014), *The Geography of Beer ; Regions, Environment, and Societies*, Springer, 167-187.

［14］　Shortridge, B.G. and Shortridge, J.R. (1998), *The Taste of American Place : A Reader on Regional and Ethnic Foods*, Rowman & Littlefield Publishers.

［15］　総務省「地域への新しい入口　関係人口ポータルサイト」（https://www.soumu.go.jp/kankeijinkou/index.html)

［16］　玉野井芳郎（1975）「地域主義の再生」毎日新聞1975年 1 月14日記事

1.4. グローバル視点でみた地方創生

　日本の人口は，2008年の１億2,800万人がピークであった。趨勢的には2065年に8,800万人，2100年には6,000万人まで，異常とも言える少子高齢化を伴って減少するであろう（**図表１-４-１**）。

　日本人口は，2100年には半分の6,000万人を割り込む（**図表１-４-２**）。今の経済水準を維持するには今後の80年間をかけて，２倍働ける環境をつくるか，２倍の生産性向上（あるいは両方のミックス）をしていくことが必要となる。

　また，以下のような主張もある。
・地方が衰退の危機！　地方創生を早く実現を
・政策的に日本の都市が存続するよう財政補助を
・東京などの大都市集中が問題なので，企業も地方移転を
・高齢者が増加するので，高齢者でも暮らしやすい街づくりを　等

　これらの主張は理解できる。ただ，本当にこれらが本質的な日本の地方創生を

図表１-４-１　日本の将来人口推計

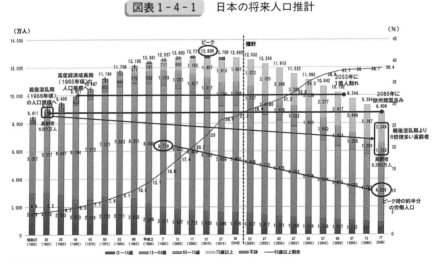

（出所）　内閣府「高齢社会白書」より著者作成

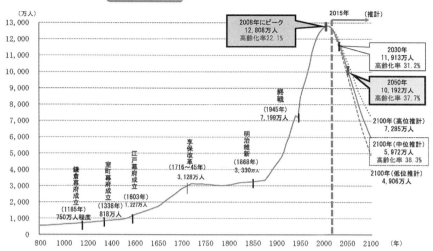

図表 1 - 4 - 2　日本の人口の長期間の変遷

（出所）　1920年までは国土庁「日本列島における人口分布の長期時系列分析」(1974年)，1921年から2015年までは総務省「国勢調査」「人口推計年報」「平成17年及び22年国勢調査結果による補完補正人口」，2016年からは国立社会保障・人口問題研究所「日本の将来推計人口（平成29年推計)」を基に著者作成

語る上での課題なのだろうか？　グローバルな視点でみると違った風景が見えてくる。

　実は日本はこの30年間，海外主要国と比較して全く経済成長できていない（**図表 1 - 4 - 3**）。2000年前後が日本の豊かさを実感できたピークの時代であろう。今は過去の成長期の遺産で何とか経済水準を維持しているが，これから先の人口減，少子高齢化，赤字財政等を考えると，生活水準が低下することは必然と言える。

　このように問題を先送りしてきた日本であるが，2020年代半ばからマイナス成長が常態化しており，財政逼迫は深刻さを増している（**図表 1 - 4 - 4**）。

　労働者の給与水準（2019年）をみても，日本は OECD 中24位（38,600ドル≒約400万円）と同19位の韓国（42,300ドル≒約440万円）に劣後しており，米国の6割程度である（**図表 1 - 4 - 5**）。このままのペースでグローバル経済が成長し，日本が経済成長できないままだとすれば，いずれ円安方向に為替トレンドは向かい，その結果として日本は海外のものを高くて買えなくなる日が近い将来に訪れると考えておくべきである。

　成長するグローバル経済や社会トレンドにこのまま（As is）の日本であり続け

図表1-4-3　1987年〜2017年までの30年間の日本

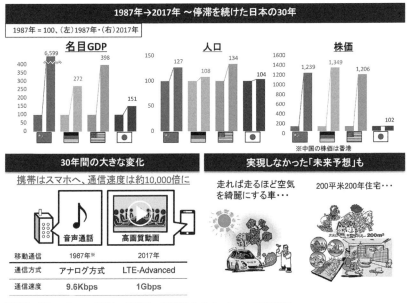

（出所）　Bloomberg, IMF, 総務省, 内閣府イノベーション20資料等

図表1-4-4　日本の潜在成長率と債務残高 GDP 比

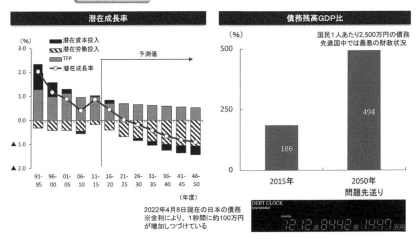

（出所）　みずほ総合研究所等の資料を基に著者作成

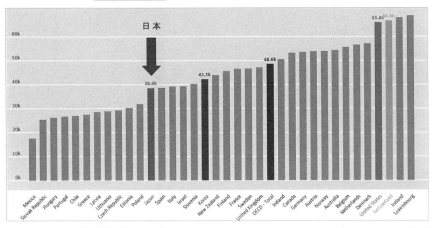

図表 1 - 4 - 5　各国の平均賃金の比較（2019年）

（出所）　OECD 平均賃金比較（2019年）　https://data.oecd.org/earnwage/average-wages.htm#indicator-chart

図表 1 - 4 - 6　グローバルトレンドと日本の未来像

Global Trend	As is で行きつく「日本の未来像」
デジタル経済圏の台頭	**国際関係** ●日本の国際的プレゼンスが低下 ●課題解決先進国として模範を示せず，社会課題解決を先導できず
覇権国のいない国際秩序	**企業・産業** ●デジタル化で後れを取り，国際競争力はますます低下 ●技術の社会実装が進まず，国内の課題も残存
脱炭素を実現する循環型社会	**地域・コミュニティ・個人** ●循環型社会が構築されず，地域や日本の持続可能性が毀損 ●内向き思考が続き，地域の成長が停滞 ●多様性が高まらない結果，イノベーションが限定に ●技術の実装が滞り，豊かな社会が実現されず ●所得・教育格差が固定化 ●自由時間が増えても学び直しが進まず，生活の質が低下
変容する政府の役割	
多様なコミュニティが共存する社会	**政府** ●財政・社会保障制度改革が滞り，持続不可能に ●人口減や高齢化に対し，コンパクト化，デジタル化が進まず地域が疲弊
技術によって変わる人生	

（出所）　みずほ総合研究所等の資料を基に著者作成

れば，日本の社会や都市課題はますます深刻化する（**図表 1 - 4 - 6**）。日本の置かれた国際的な立ち位置や周辺諸国および国際社会全体の動向を見つつ，「地方創生」といった課題に対しても何が今，一番必要かを考えることこそが重要である。

　日本の今，それから将来におけるグローバルな立ち位置をみると，そもそも日本全体が「沈みゆく船」なのである。その中で地方創生を果たすことが，どれほど高いハードルであるかをまずは我々が正しく認識しなければならない。

　また，この前提を共有しなければ地方創生を成功させることがより難しくなるとさえ考える。例えば，単なる地方対都市部（東京）といった対立構図で捉えたり，偏在を嘆いたりする姿勢がどれほど視野の小さな議論であるかを思い知らされる。グローバルな視点で地方創生の課題をみると，これから先の日本の将来を見据えた地方創生の議論が必要なことを教えてくれている。

【参考文献】
［1］　M. Uto, M. Nakagawa, S. Buhnik, *"Effects of housing asset deflation on shrinking cities : A case of the Tokyo metropolitan area"*, Cities, Volume 132, January 2023, pp.1-16. https://doi.org/10.1016/j.cities.2022.104062
［2］　宇都正哲他，『人口減少下のインフラ整備』東京大学出版会，2013

1.5. ローカル視点でみた地方創生

　日本全体で見ると人口ピークは2008年であるが，地域ごとで見ると「15年前に人口減少が始まった」という見方では，正確に未来を考えることはできない。実際，1967年に人口が1億人を超えて住宅不足などが社会問題化されると同時に，第2次ベビーブーム（一般的に1971年～1974年を言う。この期間以降，出生率は2を切り，減少の一途である）を前にして少子化が懸念されていた。

　以下に国勢調査5年ごとの人口推移をベースに，都道府県の人口がいつピークであったのかを一覧にした（**図表 1 - 5 - 1**）。

　13の県では，この1967年以前に人口のピークを迎えている。いわゆる高度経済成長期（1954年～1973年くらいを指すのが一般的）にすでに人口減少が始まっていた。まさに「集団就職列車」が運行され，若年層が首都圏の工業地帯，新設された阪神地域の臨海工業地帯などを目指し，人が移動していた時期である。人口移動までには至らなくても，この当時には，「出稼ぎ」と言われ，特に寒冷地か

図表 1 - 5 - 1　都道府県別人口ピーク年代

1950	1955	1960	1965	1970	1975	1980	1985	1990	1995	2000	2005	2010	2015	2020
秋田										宮城				
島根										茨城				
山口									北海道	群馬				
愛媛									福島	石川			埼玉	
高知									新潟	福井	栃木		千葉	
佐賀									富山	山梨	静岡		東京	
熊本		岩手					青森		広島	長野	三重	大阪	神奈川	
大分		山形					和歌山		香川	岐阜	京都	岡山	愛知	
徳島	鹿児島	長崎					鳥取		宮崎	奈良	兵庫	福岡	滋賀	沖縄

（出所）　国勢調査資料から著者作成

ら，農業閑散期などの一定期間のみ首都圏などに出向き，「季節労働者」として働いていた人も多く，1972年のピーク時には54万9千人の「季節労働者」がいたと言われている［1］。

　転出した人口の一定数は何十年後かには戻ってくることが期待されていただろう。1975年〜1985年くらいには「Uターン現象」という言葉も流行り，実際に地

図表 1 - 5 - 2　地域分類別人口増減推移

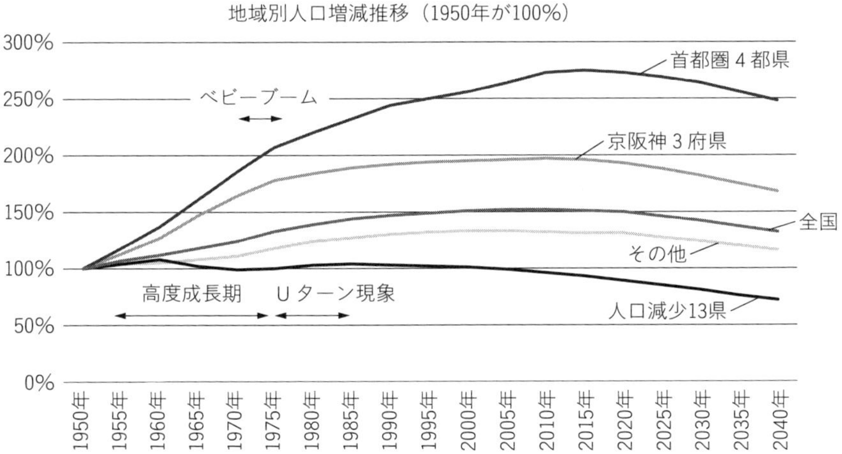

地域別人口増減推移（1950年が100%）

（出所）　国政調査資料より著者作成

方の人口減少も歯止めがかかったように見えなくもなかったが，**図表 1 - 5 - 2** の人口減少13県では，1970年～2000年頃はほとんど横ばいである。一方でこの時期に，他の地方は人口増大が続いている。バブル期になっても首都圏など都市集中は進み，地方への人口回帰は実現していない。

　本節では，1960年までに人口ピークを迎えた13県を「人口減少13県」または「人口減少県」，東京都，埼玉県，千葉県，神奈川県を「首都圏 1 都 3 県」または「首都圏」，大阪府，京都府，兵庫県を「京阪神 2 府 1 県」または「京阪神」，その他の26県および北海道を「その他」と表現している。また，この 4 つへの分類を「地域分類」と表現する。

　人口減少13県は，1950年は全国における人口比は19.4％であったが，2020年には11.5％まで減少し，2040年予測では10.9％となっている。

　なかでも生産年齢人口の比率は，全国では1950年59.6％，2020年57.8％，2040年予測53.9％と減少している。人口減少県における生産年齢人口の比率は1950年58.9％，2020年50.4％，2040年予測51.1％であり，今後は減少から横ばいに転じる。これは人口減少県において，全国に先駆けて人口減少，高齢化が始まり，都市部でも高齢化はまさにピークであり，団塊の世代が超高齢化する今後，高齢比率は落ち着いていくと考えられている。しかしながら，人口減少は引き続き進ん

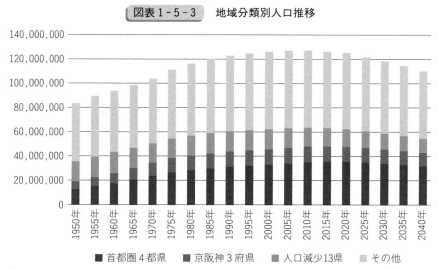

図表 1 - 5 - 3　地域分類別人口推移

■ 首都圏 4 都県　■ 京阪神 3 府県　■ 人口減少13県　□ その他

（出所）　国政調査資料より著者作成

でいくと見られている。都市部集中により，経済成長と「失われた30年」が進んできたが，その方向が変わり，地方の相対的な役割が重要になってくる。

　都道府県単位では大雑把な分析にしかならない。市区町村レベルへのブレークダウンや，首都圏他都市圏や，地方中核都市などとの距離別などの分析は複雑になりすぎる。ここでは，1955年に人口のピークを迎えた高知県を例に少し踏み込んで分析する。県全体としては1955年が人口のピークであるが，県庁所在地である高知市（合併により，市は拡大しているが，2022年時点の市域によって過去のデータも集計した）にフォーカスすると人口のピークはずっとずれて2005年である（**図表１- ５- ４**）。すなわち，関西圏や首都圏に人口流出を県全体として続けている中，県内でも，県庁所在地に人口移動しており，高知市へ激しく人口集中している。1950年には20％強であった集中率が現在では40％を超えている。これは県として人口が減少している中で，特に県庁所在地など一部を除き，地方部での人口減少は激しいものであることを意味している。

　経済を見ることにしよう。経済指標の１つとして都道府県ごとのGDPおよび１人当たりGDPを見る。

　人口ピーク年と１人当たりGDPの関係を，**図表１- ５- ５**に示した。筆頭が東京都であることは自明である。人口ピークが遅いほど，１人当たりGDPが大きいと

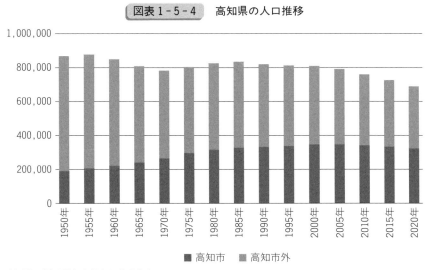

図表１- ５- ４　高知県の人口推移

■ 高知市　■ 高知市外

（出所）　国政調査資料より著者作成

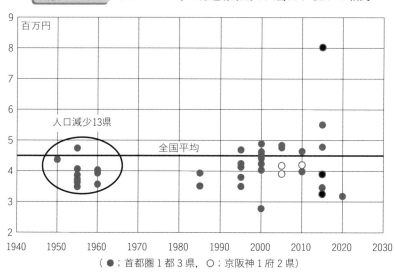

図表1-5-5　人口ピーク年と都道府県別1人当たりGDPの相関

（●；首都圏1都3県，〇；京阪神1府2県）

（出所）　内閣府経済社会総合研究所（2018年県内総生産額を2020年人口（国勢調査）で除算）

までは言えないものの，人口減少13県のうち，12県が日本全体の1人当たりGDPを下回っている。

　東京集中が日本全体の経済を支えてきた構図が垣間見える。

　人口減少13県の全国におけるGDPの比率は10%以下であり，GDPだけをみれば，13県がなくなっても，マイナスのインパクトはさほど大きくない，とまで言うこともできそうである。しかし産業の状況を見れば，どうであろうか。

　また，これらの人口減少地域の多くは農林水産業など第1次産業が中心の地域であったと推測され，農村地域であったり，山林地域であったり，貴重な資源の供給地であり，それら地域の衰退は日本の経済安全保障，食料安全保障を脅かすものにもなりかねない。

　いくつかの指標をあげる。以下の4指標はすべて全国レベルの数値[2]である。
・農地面積；1956年　601万ha ⇒ 2019年　440万ha（農林水産省作物統計調査）
・農業人口；1955年　3,635万人 ⇒ 2019年　398万人（KUBOTA Webサイト）

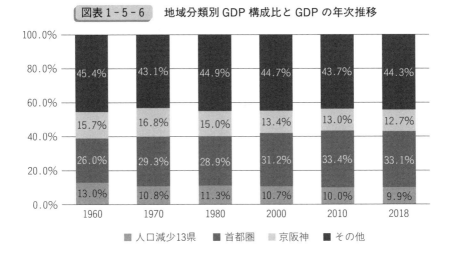

図表 1 - 5 - 6　地域分類別 GDP 構成比と GDP の年次推移

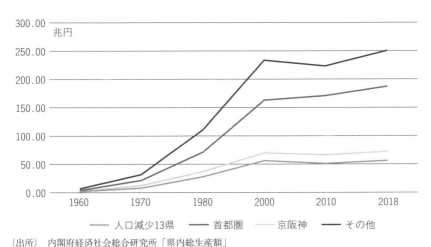

（出所）　内閣府経済社会総合研究所「県内総生産額」

・カロリーベース食料自給率；1965年　73％ ⇒ 2020年　37％（農林水産省）
・エネルギー自給率；1960年　58％ ⇒ 2018年　11.8％

　人口流出と高齢化により，耕作放棄地が増加していることは周知である。この約60年間に農地は30％近く減少しているが，農業人口は90％近い減少である。同じ時期に50％増加した人口を30％減少した農地が200％増の土地生産性と1,500％

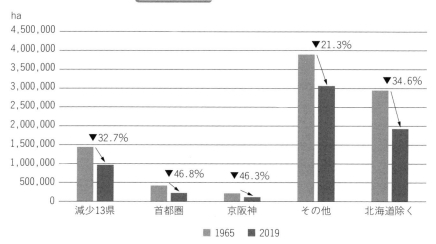

図表 1 - 5 - 7　　農地面積の変化

（出所）　農林水産省作物統計調査より著者作成

増の労働生産性で支えた計算になる。肥料を含み海外からの輸入の増加，化学肥料の拡大，機械化による効率化などにより，減少分を補完している。

　地域分類別の農地の状況を見ると，増加している北海道を除き，全国でほぼ万遍なく減少していることがわかる。人口減少13県についても1950年代から始まっている人口減少と同様に農地も減少している（**図表 1 - 5 - 7**）。

　この45年間でカロリーベース食料自給率は73％から37％に下がっている。コロナやウクライナ危機，円安で明らかになったように，小麦などの輸入品が輸入できなくなるとは言わないまでも，世界規模の事変が発生した場合，安定供給，消費者価格の上で大きなリスクを負う。全国で人口上昇が続いた期間でも農地減少，自給率低下は続いていた。今後，人口減少モードにより，食料の国内総需要も減少に転じるが，現在の自給率が望ましい状況ではない。特に人口が早期に減少している地域では，減った農地が宅地や工場，オフィスに転用されていないため，自給率向上に寄与できる遊休資産として考えるべきだが，資産活用のための労働力＝人口が減少，高齢化しているのが現状である。

　畜産業，水産業に目を向けると，人口比11.5％（2020年）の人口減少13県が全国の26.6％～36.8％の生産を支えていることがわかる（**図表 1 - 5 - 8**）。なお，「その他」には，人口の全国比が4.5％である一方，牛の頭数が35％，水産業16.7％に

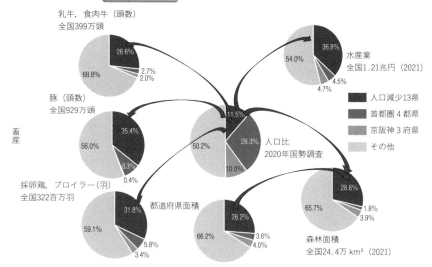

（出所）　農林水産省農林水産基本データ集2021年より著者作成

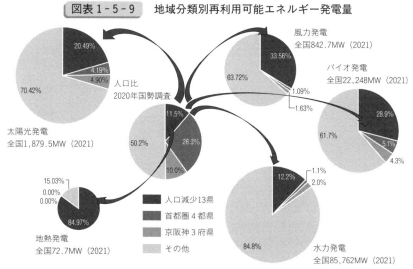

（出所）　資源エネルギー庁都道府県別発電実績2022年4月より著者作成

達する北海道が含まれている。

　また，エネルギーを見ると，化石燃料が中心の発電により，自給率は10％近く
にまで下がっている。今後の拡大が必須の再生可能エネルギーの都道府県別の状
況を図示した（**図表1-5-9**）。古くからの水力発電や，都市部の工業地帯跡地，
住宅屋根上などにも設置される太陽光発電は，全国万遍なく生産されているが，
他の再生可能エネルギーは首都圏，関西圏以外にその生産を頼っていることは明
白である。

　以上のように，戦後，人口減少が続いている地方は，現在においても一次産業
やエネルギー産業の面で，重要な地域であると言える。これらの地域が引き続き
人口減少を続けても，これらの重要な産業を維持・拡大していくことが可能かど
うかを慎重に考えなければならない。少なくとも将来予想を裏切って，現状並み
の人口比を維持することが必要なのではないだろうか。

　戦後の経済成長は都市集中と，高速道路，新幹線，大規模な橋梁・トンネルな
どにより，時間的な距離短縮により成された。そして今，インターネットや携帯
電話網の整備により，「デジタル」が社会の多くの部分の時間的距離をゼロにまで
縮めた。同時に集中した人手により，活性化させて産業の多くが，海外流出と，
「デジタル」による省力化で人手が要らなくなってきた。まだ人手が必要な領域へ
の適切な人口配置と，同領域への「デジタル」活用性拡大が必要である。

　地方創生は，それぞれの地域が活性化することのみが目標でなく，国全体とし
て，バランスよく地域を活性化することが政策として必要であり，「デジタル」の
果たす役割も大きいものと考える。

【参考文献】
［1］　厚生労働省『平成23年度出稼労働者パンフレット－互いの笑顔が気持ちよい安全
　　で明るい出稼就労のために－』　2011年
［2］　中国電力『日本を取り巻くエネルギー事情』　https://www.energia.co.jp/
energy/energyjijyou/index.html　2023年1月16日

第2章

地方創生の事例紹介に向けた
フレーム整理

2.1. 地方創生の推進7ステップ

2.1.1. 内閣府ガイドラインにみる地方創生の推進7ステップの要諦

　地方創生に係る事業は，それぞれの地域が置かれた問題状況により，その広がりや深さ，解決に至るまでに所要時間は一様ではない。しかし，どのような事業においても，何のために，いつまでに，誰が，何を，どうするのかに関する計画（Plan），実行（Do），進捗確認（Check），改善（Action）のサイクルを回していくことが必要となる。

　内閣府は，地方創生関係交付金を活用した事業の立案・改善の手引きとして，『地方創生事業実施のためのガイドライン（令和3年3月改定）』を公表している。この中の，「事業化プロセス編」では，地方創生事業のPDCAサイクルの基本手順として，手順1（達成目標の確認），手順2（達成手段の企画・立案），手順3（KPIの設定），手順4（目標水準の設定），手順5（事業の実施），手順6（事業の評価），手順7（事業の改善）の7つの推進ステップを提示している。

　手順1（達成目標の確認）は，地域の課題・ニーズを客観的に分析し，それを共有するとともに，地域資源や外部人材の知見などを活用するなど事業手法を検討することである。ここにある「目標」とは，各地方自治体が策定する『地方版総合戦略』に掲げられた「目標」を確認することを意味する。ここの『地方版総合戦略』に掲げられた「目標」とは，『まち・ひと・しごと創生法』によって，『地方版総合戦略』では，「目標」を設定することが規定されている。

　なお，地方創生の本来の目的は，「我が国における急速な少子高齢化の進展に的

確に対応し，人口の減少に歯止めをかけるとともに，東京圏への人口の過度の集中を是正し，それぞれの地域で住みよい環境を確保して，将来にわたって活力ある日本社会を維持していくためには，国民一人ひとりが夢や希望を持ち，潤いのある豊かな生活を安心して営むことができる地域社会の形成，地域社会を担う個性豊かで多様な人材の確保及び地域における魅力ある多様な就業の機会の創出を一体的に推進すること」と解釈できる。したがって，『地方版総合戦略』における「目標」は，地方創生の目的を達成するための一通過点という意味合いと言えよう。

手順2（達成手段の企画・立案）は，既存の組織・ネットワークを活用したり，関係者間の役割・責任を明確にし，事業実施体制を構築するなど自走できる計画を立案することである。

手順3（KPIの設定）および手順4（目標水準の設定）は，詳細な工程計画を策定し，効果・進捗を確認できるKPIを設定することである。詳しくは文献［1］にも記載されていないが，手順3がKPIの設定として，定性と定量のKPI設定となり，手順4がその目標水準の設定として，定性的な目標度合いと定量的な目標数値となろう。

手順5（事業の実施）は，事業主体間の緊密なコミュニケーションを実現することで，こまめな進捗と質を管理することに加え，事業が継続できるように安定した人材を確保したり，地域の理解醸成を促したりする情報提供を行うことである。

手順6（事業の評価）は，KPIの達成状況について，地方議会等を通じて多角的に検証することである。

最後に，手順7（事業の改善）は，事業改善・見直し内容を明らかにし，次年度計画へ反映させることである。つまり，PDCA（Plan-Do-Check-Action）が回っていることになる。

2.1.2. 地方創生の推進7ステップでみた本書の事例の特徴

内閣府のフレームワークを用いて，本書が扱う21個の事例の特徴的なステップを示すと，**図表2-1-1**のようになろう。

図表 2 - 1 - 1　地方創生の推進 7 ステップでみた本書の事例の特徴

		Plan				Do	Check	Action
		手順1	手順2	手順3	手順4	手順5	手順6	手順7
		達成目標の確認	達成手段の企画・立案	KPIの設定	目標水準の設定	事業の実施	事業の評価	事業の改善
①仕事をつくる	1．地域内外のリソースを活用したアクセラレーターによる起業支援	●	●	●	○	○	○	○
	2．地方企業・産業のスケールアップ戦略	●	○	●	●	●	○	○
	3．デジタル技術での地方創生	●	○	●	●	●		
	4．地方の空き家活用	○	○	○	●	○		
②人材を育成する	1．大学における SDGs ポイント活用	○	○	●	●	●	○	
	2．Blended な人財育成とネットワーク構築	○	○	●	○	●	●	○
	3．技術研修による地方課題解決	●	●	○	○	○		
	4．イノベーション創出の拠点	●	●	●	○	●	○	
	5．自治体 DX の人材獲得と育成	●	●	●	○	●	○	
③人流をつくる	1．地域内関係人口による地域再生	●	●	●	○	○	○	○
	2．地域交通（MaaS）の活用	●	●	○	○	○	●	
	3．「ひと」の想いの見える化によるシティプロモーション	●	●	○	○	○		
	4．デジタル時代の新たな事業承継スキーム「サーチファンド」	○	○	●	○	●	○	
④働き方を変える	1．ワーケーションの先にあるもの	●	○	○	○	●		
	2．デジタルでの居場所	●	○	○	○	●	○	
	3．同一労働同一賃金の働き方改革	○	○	●	○	●		
	4．自治体 DX による働き方改革	●	○	●	○	○	○	○
⑤地域間/地域内で連携する	1．デジタル地域通貨	○	○	○	●	○	○	
	2．スマートファーマーによる地域活性化	○	○	○	○	●	○	
	3．住民主体による協働のまちづくりの理念貫徹と実践	●	●	●	○			
	4．医療デジタル化構想	○	●	○	○	●	●	○

凡例：●特に充足，○充足
（出所）　内閣府（2021）を参考に著者作成

【参考文献】
［ 1 ］　内閣府『地方創生事業実施のためのガイドライン（令和 3 年 3 月改定）』2021年

2.2. デジタル化と DX の意味付け

2.2.1. デジタル活用における DX の言葉の流行

デジタル活用を進化させた DX とは何だろうか。

DX とは，近年では，デジタルトランスフォーメーションの略語として，「最新のデジタル技術を駆使した企業変革」という意味のビジネス用語である。概念は2000年代頃からあり，海外（特に米国）やかつての日本では "DT" と言われていた。

もともとは，デジタルエクスペリエンス（Digital eXperience）として "DX" が提唱された［１］。これは，顧客体験価値を表すカスタマーエクスペリエンス（Customer eXperience）の "CX" の類語として，デジタルでのその顧客体験の進化形と定義されている。その後，現在の "DX" のデジタルトランスフォーメーション（Digital Transformation）の用語との違いを示すためか，デジタルカスタマーエクスペリエンスとして "DCX" という用語も使われている［２］。

現在，DX は，上記のデジタルトランスフォーメーションの意味が主流であろう。近年の主要な文献［３］-［８］において，その用語として注釈もなく始まっている。しかし，ここには Digital の頭文字の "D" は存在するが，Transformation にはどこにも "X" は存在しない。

なお，X は，「X-Tech」のように，クロステック（何がしかの境界技術）としてワイルドカードのように使われることもあるが，これとも異なる。また，クロス（Cross）とトランス（Trans）を同義語とみなす場合もあるが，デジタルトランスフォーメーションを DX でなく，冒頭のとおり，DT と表記する場合もある。特に，経済産業省が2018年に「DX（デジタルトランスフォーメーション）推進ガイドライン」を発表して以来は，DX は完全に現在の略語になり，一般的に使われている。

DX の事例は，上記の文献などに詳しく解説されているため，ここでは敢えて詳しくは説明しない。しかしながら，日本の専門家でさえ，同じ名称をそのまま使うことから始めているのが現実である。

なお，もう30年以上前からデジタル信号処理（アナログからデジタルへの変換技術）を扱い，常にウォッチしてきた著者から見ると，現代の DX に通じるデジ

図表 2 - 2 - 1　経営における IT（情報技術）の位置付けの変遷

時期	経営における IT の位置付け		利用形態	ネットワーク	構成
60年代前半	EDPS データ処理	大量データの定例的・定型的処理による省力化	基幹業務系システム	オフライン (社内)　　　(社外)	汎用コンピュータ（レガシー系）
60年代後半	MIS 経営情報システム	経営管理者への報告 管理・統制への利用			
70年代後半	DSS 意思決定支援システム	データの多角的活用 非定例的・非定型的な 検索加工	情報検索系システム	事業所間ネットワーク TSS による EUC	
80年代前半	OA オフィスオートメーション	パソコン利用による オフィス業務の生産性向上	パソコン利用		
80年代中頃	SIS 戦略的情報システム	競争優位確立の武器 企業間でのデータ交換 CIO, IT 部門の任務変化		企業間ネットワーク	
90年代前半	BPR ビジネスプロセスリエンジニアリング	業務改革のインフラ 業務・組織の抜本的改革	グループウェア	ダウンサイジング	オープン系
90年代後半	SCM サプライチェーンマネジメント	企業間での BPR	ERP パッケージ	インターネット	
00年前半		デジタルオポチュニティ デコンストラクション	Web 環境	モバイルコンピューティング	
00年後半	IT 経営	所有から利用へ	SaaS	Web2.0 クラウドコンピューティング	Web系

（出所）　http://www.kogures.com/hitoshi/webtext/kj1-concept-henka/index.html（2014 年 5 月12日時点）

タルの意味は，時代と共に変遷してきたと言える。IT のコンセプト，利用形態，ネットワークの観点から整理した年表（**図表 2 - 2 - 1**）から見ると，EDPS（電子情報処理システム）から始まり，OA（オフィスオートメーション）化あたりから本格的に企業に導入され，エンドユーザーレベルのダウンサイジングのコンピューターシステム化，さらにその後に IT 化や ICT 化と言われたものである。このように，時代の変遷で名前が変わり，領域がトレンド化していったものであり，言葉を引用する専門家は，その背景と本質をもっと知る必要があると考えられる。

　なお，10年程度前の情報通信白書では，以下の ICT の発展段階（**図表 2 - 2 - 2**）のように，"デジタル革命"が1980年代から開始されており，ここには「パソコン

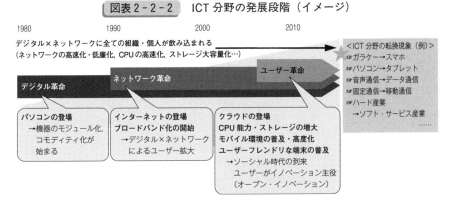

図表 2-2-2 ICT 分野の発展段階（イメージ）

（出所）ICT コトづくり検討会議・岩浪構成員提出資料より作成（総務省『情報通信白書（平成25年版）』2013年）

の登場」がその始まりとされている点は非常に興味深い。ちょうど**図表 2-2-1**の OA 化が本格的に企業に導入された頃になる。

2.2.2. デジタル化～DX のレベル差への対応

Web1.0から3.0のように，DX はすでに1.0から3.0まで進化していると言われている。野村総合研究所では，DX1.0を「プロセス変革，インフラ DX」を行うものとし，DX2.0は「ビジネス変革，バリューチェーン DX」，DX3.0を「パラダイム変革，ソーシャル DC」と位置付けている[9]。

しかしながら，地方の中小企業に，1.0から3.0の進化を説明しても簡単には理解されないであろう。そこで，中小企業の DX 支援を扱った資料[10]においては，簡潔に「守りの DX」と「攻めの DX」に分けられている。前者は内部の業務の視点が中心であり，後者は外部に向けた顧客の視点の事象が挙げられている[11]。

日本国内において，デジタル化と DX が区別なく使われている場合が多いが，これらを無理に分ける必要はない。**図表 2-2-3**のとおり，デジタル化は「守りの DX」として，最初の方のステップと考えれば良い。まず，「守りの DX」として，1．ペーパーレス，2．自動化，3．見える化，4．働き方改革，のステップが挙げられている。この1～3の辺りまでは，DX というよりもデジタル化の域を出ないだろう。4の働き方改革は，**図表 2-2-1**にもある，以前流行った BPR（ビジネスプロセスリエンジニアリング）に相当する変革と考えられる。

| 図表 2 - 2 - 3 | 中小企業の DX 支援のアプローチ（守りと攻めの DX） |

（出所）　文献[10]を基に著者加筆

　また，「攻めの DX」として，5．製品・サービスの変革，6．顧客課題の解決，7．顧客体験の変革　のステップが挙げられている。この 6 ～ 7 は，前述の CX のソリューションの提供とその実現であろう。もちろん後者が 1 つの理想形となる。

　地方の中小企業においても，これらを徐々に行っていく必要がある。いきなり CX を提供し，実現するのは難しく，まずはペーパーレスや自動化のような初歩的なデジタル化（「守りの DX」の前半）から行っていくべきであり，レベル差に応じた対応が必要と言えよう。

　なお，これらの 1 ～ 7 について，「守りの DX」と「攻めの DX」に分けて，文献[11][12][13]をもとに，より簡単に進化させた事例を紹介しておくと，**図表 2 - 2 - 4** と**図表 2 - 2 - 5** のようになる。

　参考までに，これらの DX の範疇として，AI を活用した社会の実現に向けたガイドラインが経団連によって提示されている。ここでは，『AI 活用戦略～AI-Ready な社会の実現に向けて～』[14]として，上記と同様なレベル分け（**図表 2-2-6**）を行っている。このレベルには，AI-Ready 化着手前～AI-Powered 企業として確立・影響力発揮の 5 段階（レベル 1 ～レベル 5）が存在する。

　現代の日本企業において，デジタル化や AI 活用と言っても，デジタルや AI の方法論の議論（手段の話）が先行する企業から，本質的な刷新に取り組む企業まで，千差万別でもある。官僚だけでなく，日本企業自身も変革していかなければ，

図表 2-2-4 中小企業の DX 支援アプローチにおける「守りの DX」の主な具体例

ステップ	主な具体例
① ペーパーレス	・生産管理システムでのマニュアル/文書の PDF 化 ・FAX の電子（E-mail）化，電子契約，経費精算クラウドの利用
② 自動化	・RPA と OCR を活用し，月間500件の入力～検証作業を自動化 ・定番品の在庫管理により発注の自動化 ・AI の画像認識を活用し，レジ打ち作業を自動化
③ 見える化 （可視化）	・IoT で収集したビッグデータと，各種アンケートで収集したユーザーの声で事業を見える化 ・作業進捗，在庫管理，納期（変更過程）の見える化により，結果として，残業労務費 3 割削減，出荷量 1 割増加の実現 ・RPA×BI（ビジネスインテリジェンス）ツールでリアルタイム経営の実現
④ 働き方改革 （BPR）	・テレワーク導入による実稼働率向上と従業員のモチベーション・アップ ・デジタル/データの活用により，バリューエンジニアリング（VE：製品・サービス価値を機能/コスト関係で捉えた価値向上手法）の実現 ・費用対効果（ROI）を明確にして，効率化・省力化・自動化につなげ，作業/アウトプットの優先順位付けを実現

（出所）　文献[11]などを基に著者作成

図表 2-2-5 中小企業の DX 支援アプローチにおける「攻めの DX」の主な具体例

ステップ	主な具体例
⑤ 製品・サービスの変革	・利用者の「困った」ことの解決により，製品・サービス満足度の向上 ・購入前に「試す」ことを可能にしたシェアリングサービス（アパレル/家電レンタルなど）の提供 ・顧客のあらゆる課題解決を目指して，継続的な製品・サービスの改善を実現し，「より良いもの」を提供
⑥ 顧客課題の解決 （CX ソリューション提供）	・レジの待ち行列の解消による対面型モニターで従業員が商品と価格を確認して顧客の精算を完了～レジレスによる新たなショッピングスタイルの提供 ・IoT などを活用し，各種顧客データを見える化した上で，機能横断組織（CFT）を創設し，新規の需要創造の足掛かりを構築 ・クーポン配信～会員化～ポイント提供によるシームレスな顧客サービスの実現 ・カスタマージャーニーマップ（顧客体験/旅の地図）の作成から完成
⑦ 顧客体験の変革 （CX の実現）	・顧客の「不/負」の解消によって，顧客満足度の向上のみならず，感動～信頼度の向上 ・シームレスな顧客サービスの実現から，新規顧客の獲得～リピート化（囲い込み），顧客単価の向上 ・カスタマージャーニーマップ（顧客体験/旅の地図）の心地よい実現

（出所）　文献[11]などを基に著者作成

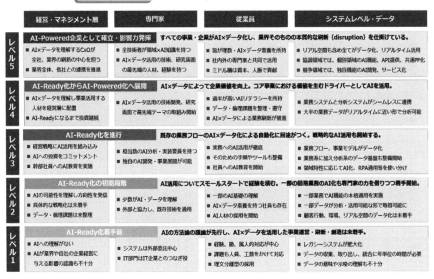

図表 2-2-6　AI-Ready な企業に向けたガイドライン

（出所）　経団連『AI 活用戦略〜AI-Ready な社会の実現に向けて〜』2019年 2 月19日

　日本社会がガラパゴス化してしまう問題であろう。流行り言葉に左右されず，本質を見抜く力をつけることが重要である。

2.2.3. デジタル人材の不足

　DX を推進する人材が不足している。つまり，デジタル化〜DX の本質を見抜き，実行できる人材が不足している。この人材は，時にデジタル人材や DX 人材と言われる。

　これらの人材について，電通デジタルでは「一般的には，ソフトウェアエンジニアや AI エンジニア，データサイエンティストなどがデジタル人材として想起されます。もちろんそうした技術を使いこなせる人材は不可欠ですが，技術さえあれば DX を推進できるわけではありません」と語る[15]。同社では，デジタル自体に欠かせない人材として挙げるのは，デジタル技術を駆使して UX（ユーザー体験）を企画・実装できる UX 人材と語っている。つまり，技術ありきでなく，顧客に選ばれるサービスを提供し続けることができる CX（顧客体験）を提供できる人材である。これを地方の中小企業に簡潔に当てはめると，顧客の気持ちをきちんと理解した営業が DX の技術を使いこなすことでもある。要するに，営業サ

イドが DX の使い方を理解して対応すればよい。もちろん DX を既に理解している技術サイドが顧客への付加価値の提供を理解してもらい，デジタル人材となってもらっても構わない。

なお，デジタル人材は，ものすごく簡潔に言えば，SE（システムエンジニア）の延長でもある。この人材は，30年前から不足しており，理系のみならず，文系出身の新人も育成され，そちらの領域にシフトし，補充していった。

近年，その領域やその人達を厚遇しようという風潮がある。昔はコンピューターを操れる下請企業，大手の子会社などに雇われる人材であり，その価値を時の上層部は全く理解していなかった。その頃は，ワープロすら，紙に書いて事務職員に入力をお願いするような上層部が多かった。その風潮が続いたため，すでに欧米（特に米国）との待遇の差は歴然としてしまった。現在でも，偉い官僚の一部は，デジタルで何か「作る」というのが，業者に「発注する」という感覚である。「デジタル庁」が発足したが，その感覚がデジタル化の本質に迫らない以上，そう簡単には埋まらないだろう。

特に地方では，担い手不足における事業承継，ビジネスの生産性向上や効率化に向けたシビックテックという，市民自身がテクノロジーを活用して，行政サービスの問題や社会課題を解決する取り組みが行われている。これらの取り組みは，事例でもその要素は登場するが，本質に迫った変革が要求される。本質とは，あくまでも DX は，企業変革として，地方ではその社会や企業，顧客の課題解決，地方創生に向けた手段であるということである。しかしながら，DX 自体を目的とする場合も多くなっている。本来は手段として見るべきであり，結果として，その根底にある目的（課題解決）が実現していくことである。

【参考文献】

［1］ https://www.pwc.com/jp/ja/services/consulting/disruptive-technology/dx.html　2022年 9 月30日
［2］ https://www.liferay.co.jp/~/blog/what-is-digital-experience　2022年 9 月30日
［3］ 尾原和啓，宮田裕章，山口周『DX 進化論』エムディエヌコーポレーション，2021年 9 月
［4］ カロリン・フランケンバーガー，ハナ・メイヤー，アンドレアス・ライター，マーカス・シュミット著；渡邊哲，山本真麻，田中恵理香 翻訳；渡邊哲 監修『DX（デジタルトランスフォーメーション）ナビゲーター』翔泳社，2021年 7 月

［5］　内山悟志『未来ビジネス図解　新しい DX 戦略』エムディエヌコーポレーション，2021年 6 月

［6］　石角友愛『いまこそ知りたい DX 戦略』ディスカヴァー・トゥエンティワン，2021年 4 月

［7］　西山圭太(著)，冨山和彦(解説)『DX の思考法』文藝春秋，2021年 4 月

［8］　金澤一央，DX Navigator 編集部『DX 経営図鑑』アルク，2021年 3 月

［9］　東洋経済オンライン『NRI の肝煎り「DX3.0」と日本社会の未来』 https://toyo keizai.net/articles/-/458843　2021年10月20日発表

［10］　木佐谷康『2 つの支援事例で理解する中小企業の DX の進め方』中小企業診断士理論政策研修資料，2022年 5 月

［11］　神谷俊彦編著，木佐谷康，湯山恭史，荒川清志『図解でわかる DX いちばん最初に読む本』アニモ出版，2021年 4 月

［12］　船井総合研究所デジタルイノベーションラボ『中堅・中小企業のための「DX」実践講座』日本実業出版社，2021年 8 月

［13］　小野塚征志『DX ビジネスモデル　80事例に学ぶ利益を生み出す攻めの戦略』インプレス，2022年 5 月

［14］　一般社団法人　日本経済団体連合会『AI 活用戦略〜AI-Ready な社会の実現に向けて〜』2019年 2 月

［15］　電通デジタル『顧客体験基点で事業へ企画・実装できる「DX コア人材」の内部育成を支援』ダイヤモンド・ハーバード・ビジネスレビュー，2022年10月号

2.3. 政府系の DX の取り組み

2.3.1. 概　要

　政府は日本のデジタル化の遅れを取り戻すために2021（令和 3 ）年 9 月 1 日デジタル庁を設置した。さらに全体を包括した取り組みとして「デジタル田園都市国家構想」を打ち出している。地方創生とデジタル化（DX）は政府の一丁目一番地の方針となっており，その上で，具体的施策として地方創生テレワーク推進に交付金100億円を付けて推進し，さらに内閣府では，地方創生 SDGs 官民連携プラットフォームを立ち上げている。ここでは政府のさまざまな地方創生とデジタル化（DX）に向けた取り組みを解説する。

・デジタル庁の「誰一人取り残さないデジタル社会実現」とはどのようなものなのか
・初代デジタル大臣の思いをはじめ，日本のデジタル社会推進においてどのよ

うな役割を担っていくか
・「デジタル田園都市国家構想」での地方創生と DX の役割
・「地方創生テレワーク推進交付金」の活用
・「地方創生 SDGs 官民連携プラットフォーム」での取り組みについて
など

2.3.2. デジタル庁

　2021（令和3）年9月1日デジタル庁[1]が設置されたが，組織的には各省庁の横串的な組織と言える。なおかつ官民一体の組織で各省庁，民間から集められた人材で運営をしている。これはデジタル化の遅れている日本にとっては画期的な組織と言える。また，重要なのはトップが誰かということである。**図表2-3-1**にもあるようにデジタル大臣ではなく，内閣総理大臣がトップとして組織化されている。内閣総理大臣のもと日本の遅れたデジタル化を官民挙げて取り組む姿勢

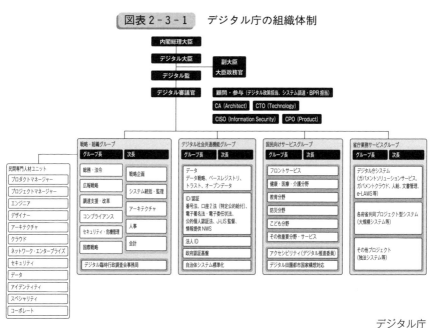

図表2-3-1　デジタル庁の組織体制

デジタル庁
Digital Agency

（出所）　デジタル庁サイト組織情報（2022年10月3日現在）

を示したものと言える。そうした体制のもと高度情報通信ネットワーク社会形成基本法（IT 基本法）を廃止し，デジタル社会形成基本法［2］とし「全ての国民が情報通信技術の恵沢を享受できる社会の実現（第 3 条）」を基本理念に「誰一人取り残さないデジタル社会の実現」に向けて，活動方針を決めている。

　デジタル庁の取り組みとしては，日本の遅れているデジタル化をまずは推進することが重要で，GDP は世界 3 番目の規模を誇っていながら，デジタル競争力ランキングでは27位，アジアでも 9 位となっているものを引き上げることである。しかしながら，ただ単にデジタル化を推進するだけでは，日本国民は幸せにはならない。そこで「誰一人取り残さないデジタル社会の実現」により，人にやさしいデジタル化が必要不可欠である。先に書いたようにデジタル社会形成基本法の中には，ミッション達成のために重要課題に取り組む姿勢が表現されている。アクセシビリティや UI/UX，そして，日本国全体のアーキテクチャを作り変えるという大きな役割をデジタル庁は担っている。また，デジタル庁には設立当時職員約600人のうち，約200人を IT 企業など民間企業から起用し組織化している。ここにも今までにない取り組みで業界挙げて官民一体となって，日本のデジタル化を進ませようという意識が働いている。

　平井初代デジタル大臣曰く「今後の日本の社会を，もう 1 回作り変えていくということを考えたときに，この官民が一体となって，次の時代に対して，その思いをひとつにして適切な手段を講じていくということが，この国にとって不可欠だというふうに思いました。違う組織文化で育った皆さんが，同じ船に乗ってその船を強力に前に進めていくということ，これが，まさにデジタル庁の今の状況です。」（2021年10月11日（SAJ デジタルの日イベントより）

　この「誰一人取り残さないための取組」は日本全体の取り組みとなり，各省庁でもそれぞれの役割の中で議論され，政策となっている。

　それを包括する形で基本方針をまとめたものが「デジタル田園都市国家構想」で，内閣総理大臣のもと実現会議を実施し，骨子をまとめている。

2.3.3. デジタル田園都市国家構想

　現在，我が国では政府で取り組んでいる「デジタル田園都市国家構想」［3］へと強力に進められている。これは2024年度までの地方創生の基本的方向を定めた「まち・ひと・しごと創生総合戦略」を抜本的に改正し，中長期的な方針を提示するものである。地方創生において必要な地方版総合戦略はこれをもとに再構築し，

新たな地方像を目指すものとなる。

　具体的には，2023年度までの５Ｇの人口カバー率やマイナンバーカード普及促進や利用拡大，デジタル推進人材の育成，デジタル推進委員を全国展開し，「誰一人取り残さないデジタル社会の実現」などにより，デジタルの力を活用した地方の課題解決を図る。

　地方にとっては，以下が課題になる。

1．地方に仕事をつくる

2．人の流れをつくる

3．結婚・出産・子育ての希望をかなえる

4．魅力的な地域をつくる

　「デジタル田園都市国家構想」では，地方から全国へとボトムアップの成長を図

図表２-３-２　デジタル田園都市国家構想基本方針

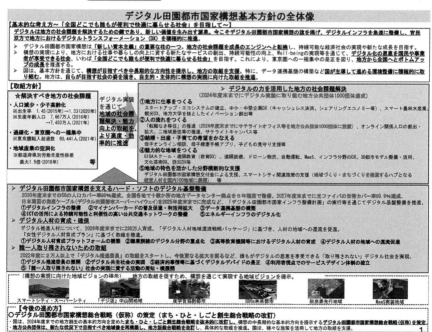

（出所）　デジタル田園都市国家構想実現会議基本方針（概要 P.1）（令和４年６月７日閣議決定）

り，東京圏への一極集中の是正を図る計画となっている。

　この構想の実現のための予算は5.7兆円（※令和3年補正予算，令和4年当初予算案における関連事業の合計額）であり，その中には地方の課題を解決するためのデジタル実装がある。2024年度末までに1,000地方公共団体を支援する計画で，具体的には交通・農業・産業・医療・教育・防災などの分野でデジタル活用を進める。支援としては，スマートシティやスーパーシティ行政の認定，地方創生テレワーク，持続可能な暮らしやすい地域づくり，新たな仕事の創出などが挙げられている。

　一般社団法人ソフトウェア協会（SAJ）でも2022（令和4）年1月13日に地方創生テレワーク推進に関する包括連携協定を締結［4］［5］し，さらに2022（令和4）年5月25日には業界団体としては，SAJが初めてのケースとなる佐賀県武雄市と地域活性化とスマートシティの実現に向けて包括連携協定を締結［6］した。その中で荻原紀男SAJ会長（現名誉会長）は，地方への移住は治安（防災）・教育・医療が重要なポイントで，近年多くなっている線状降水帯などによるゲリラ豪雨，洪水などの水害を未然に防ぐ，あるいは予測し対策を練ることで防災への取り組みをし，住みやすい地域づくりをしていくことに重点を置いている。

2.3.4. 地方創生テレワーク交付金

　「デジタル田園都市国家構想」となったことで，その実現会議事務局が窓口となっているのが，地方創生テレワーク交付金［7］である。

　これは，人の流れを地方へ，また，働く環境を魅力的にするための交付金となっており，複数ある地方創生施策のうちの1つで，サテライトオフィスの整備などの地方公共団体の取り組みを支援する交付金となっている。新型コロナウイルス蔓延により，企業ではテレワークを推進しており，特にIT関連企業においては，どこでも開発ができテレワークやワーケーションと言った作業環境に移行している企業も多くなっている。そこで積極的に地方への移住や企業における本社移転などを推進・支援するための環境を整備する交付金となっている。

　すでに第1回の募集での採択結果は，全体で138件の採択がなされ，271社の企業へ進出支援をしている。第2回の募集での採択結果は，全体で54件の採択，90社の進出支援をしている。

図表2-3-3 地方創生テレワーク交付金の仕組み

（出所） 地方創生テレワーク交付金について（令和3年8月20日版）（概要資料 P.16）

2.3.5. 地方創生 SDGs 官民連携プラットフォーム

　最後に SDGs を推進して地方創生につなげる取り組みとして「地方創生 SDGs 官民連携プラットフォーム」[8]を紹介する。

　地方の人口減少に対して SDGs を取り入れて，広範なステークホルダーとのパートナーシップを深める官民連携の場として，設置されたものである。

　2022（令和4）年10月現在6,815団体がこの取り組みに会員として登録しており，活動としては各種イベントの他，官民連携マッチングイベントや各種分科会を設置し，さまざまな課題に対して取り組んでいる。

　このプラットフォームを活用することにより，世界的社会課題となっている SDGs の取り組みに参入するための情報収集と官民連携によるものの情報発信が可能となっている。また，地方自治体が取り組みにあたり，どこに相談するか，あるいはどことどのように組むべきかなどに悩んだ場合はマッチングサービスを利用して，官民が連携できる仕組みとなっている。

図表 2 - 3 - 4　　地方創生 SDGs 官民連携プラットフォーム分科会活動

（出所）　地方創生 SDGs 官民連携プラットフォーム　公式サイト
　　　　　冊子『地方創生に向けた SDGs の推進について』P.29

図表 2 - 3 - 5　　地方の課題解決に向けたマッチングの仕組み

（出所）　同上　　　冊子『地方創生に向けた SDGs の推進について』P.27

　本節で説明してきたように，政府はデジタル庁を設置し，日本のデジタル化を推進するとともに，日本全体の「デジタル田園都市国家構想」をまとめ，東京一極集中から地方創生を意識し，誰一人取り残さない，人にやさしいデジタル社会の実現に向けて，多くの取り組みをしている。この数年のコロナ禍においては，まさに世界でデジタル化による恩恵を受けているものと言え，日本経済の浮上においても最重要課題と言える。

【参考文献】
［1］　デジタル庁ホームページ　https://www.digital.go.jp/　2022年10月5日
［2］　デジタル社会形成基本法｜e-Gov法令検索　https://elaws.e-gov.go.jp/document?lawid=503AC0000000035_20210901_000000000000000　2022年10月5日
［3］　内閣官房「デジタル田園都市国家構想実現会議」　https://www.cas.go.jp/jp/seisaku/digital_denen/index.html　2022年10月5日
［4］　SAJ「地方創生テレワーク推進に関する包括連携協定」　https://www.saj.or.jp/NEWS/about/220113_chisou.html　2022年10月5日
［5］　デジタル田園都市国家構想実現会議事務局「地方創生テレワーク交付金」　https://www.chisou.go.jp/sousei/about/mirai/policy/policy5.html　2022年10月5日
［6］　SAJ「佐賀県武雄市と包括連携協定締結」　https://www.saj.or.jp/NEWS/pr/220525.html　2022年10月5日
［7］　内閣府「地方創生テレワーク」　https://www.chisou.go.jp/chitele/index.html　2022年10月5日
［8］　内閣府「地方創生SDGs官民連携プラットフォーム」　https://www.future-city.go.jp/platform/　2022年10月5日

第3章

事例紹介①仕事をつくる

3.1. 地域内外のリソースを活用した アクセラレーターによる起業支援

3.1.1. 概 要

　地方において新たな成長企業や産業を創出することは，地域経済の活性化や雇用の創出において重要であり，起業家に期待が寄せられている。地方において起業家を輩出する際の課題として，起業家の支援者の広がりに限りがあると考えられる。特に地方部では，都市部で行われているようなベンチャーキャピタルなどによるハンズオン支援の事例は限られている。地方において優れた起業家を輩出するためには，新たな支援の仕組みが必要である。

　本節では，起業家を支える仕組みである「起業のエコシステム」について概観した上で，近年，増加しているシード・アクセラレーター（以降，アクセラレーター）に焦点を当てる。新たに起業のエコシステムの構築を目指している秋田県にかほ市におけるアクセラレーターの事例の紹介を通して，地域内外のリソースを活用したアクセラレーターと起業のエコシステムの構築について理解する。

3.1.2. 起業のエコシステムとアクセラレーター

　起業家の創出や成長において，それらを支えるアクターや制度は重要である。起業家を支援するアクターや制度は，起業のエコシステム（Entrepreneurial Ecosystem）と呼ばれ，起業家を取り巻く，ベンチャーキャピタル等の金融機関やエンジェル投資家，事業会社，専門家・メンター，大学・研究機関，政府・自治体などのアクターが起業家を支援している。起業家エコシステムについて，文献[1]

は,「相互につながった起業家,起業家支援組織,制度,および起業プロセスを公式および非公式に統合させ,地域の起業環境内におけるパフォーマンス向上に向けて統治するもの」と定義している。また,文献[2]は,「特定の領域内で生産的なアントレプレナーシップを実現するために調整された相互依存するアクターと要因のセット」と定義している。

　起業のエコシステムにおける支援者の中でも,比較的近年になって台頭したのがアクセラレーターである。2005年にポール・グレアムによってシリコンバレーで設立された Y Combinator が,世界最初のアクセラレーターである。2006年には Techstars, 2007年には Seedcamp, 2010年には500startups, Startupbootcamp 等の創業が続いた。日本においても,2010年にデジタルガレージ社によるアクセラレーターである Open Network Lab が創設された。アクセラレーターは,急成長する起業家を輩出する仕組みとして,世界的に普及している。

　文献[3]によれば,アクセラレーターは,類似するシードステージの支援者であるインキュベーターやエンジェル投資家と複数の点で違いがある。主な違いは図表3-1-1で整理している。

　まず支援期間では,アクセラレーターは3ヶ月程度の比較的短期の支援であることが多い。また,スタートアップに対する支援期間を区切っているため,コホート(コホートとは,人口学では同期間に出生した集団を意味するが,アクセラレー

図表3-1-1　シードステージの主な支援者の違い

	インキュベーター	エンジェル投資家	アクセラレーター
期間	1～5年	継続	3ヶ月
コホート	無し	無し	有り
ビジネスモデル	オフィス賃料,非営利	投資	投資,場合によっては非営利
選抜	非競争的	競争的,適宜	競争的,定期的
スタートアップのステージ	アーリーおよびレイター	アーリー	アーリー
教育	特定目的,人事,法務,その他	無し	セミナー形式
メンターシップ	最小限,局所的に実施	必要に応じて投資家が実施	集中的に実施
場所	オンサイト	オフサイト	オンサイト

(出所)　Cohen (2013) を基に著者修正

ターにおいては，同期間に支援プログラムに参加したスタートアップのグループ
を指す）がある。ビジネスモデルの特徴は，投資や場合によっては非営利であり，
支援対象の選定において，競争的な選抜プロセスがある。対象とするステージは
アーリーが中心であり，セミナー形式による教育があることが特徴である。また
メンターシップでは，メンターによるメンタリングを集中的に実施する点に特徴
があり，支援の場所はオンサイト（特定の現地・現場）で実施する場合が多い。

　アクセラレーターの運営者は，ベンチャーキャピタル等や事業会社だけでなく，
公的機関や非営利組織が運営していることも多い。日本におけるアクセラレー
ターの活動状況について，ウェブ検索による公開情報の収集より，独自に調査し
た。調査対象とするアクセラレーターは，次の基準に合致するものを対象とした。
「アクセラレーターの支援プログラムの運営体制が組織化されていること」「日本
のシード／アーリーステージの起業家を主な支援対象としていること」「起業家に
対して一定期間の支援（メンターシップや資金支援等）を実施していること」の
条件に合致するものである。なお，調査するアクセラレーターは2021年 9 月末ま
でに支援プログラムが提供されたものを対象としている。その結果，**図表 3 - 1 - 2**
のとおり，17.7％が公的機関や非営利組織が運営しているアクセラレーターで
あった。

　国や自治体，NPOや大学等の公的機関や非営利組織が，起業家の創出・育成を
目的に実施するアクセラレーターは，多くの場合，出資や経営参加などは行って
おらず，事業を通じた社会貢献や起業家人材の育成，地域活性化等が活動目的で

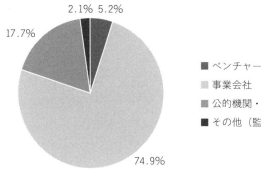

図表 3 - 1 - 2　　日本におけるアクセラレーターの運営者

N＝327

2.1% 5.2%

17.7%

■ ベンチャーキャピタル等
■ 事業会社
■ 公的機関・非営利組織
■ その他（監査法人等）

74.9%

あることが多い。また，自治体主催のプログラムの多くは，地元企業とのアライアンスによる新規事業開発や雇用創出にも取り組んでいる。

図表3-1-1で示したとおり，アクセラレーターの特徴の1つに集中的なメンタリングがある。起業家に対するメンタリングとは，先輩起業家などが自身の経験に基づいて，機能的または精神的な支援を行うことである。先輩起業家などをメンターと呼び，メンタリングを受ける者をプロテジェやメンティーと呼ぶ。特定の地域の起業のエコシステムには，すでに起業家として一定の成功を収めた者がおり，そのような先輩起業家がメンターとして，起業家に対してメンタリングを行うことを通して，事業の加速支援等を行っているのがアクセラレーターにおけるメンタリングである。

しかし，新しく起業のエコシステムを構築しようとする地域では，メンターとなる人材が地域内に存在していない場合が多い。そのような地域において，優れたメンターを確保し，効果的なメンタリングを行うために，どのような施策が有効であろうか。

3.1.3. 地域外メンターと地域コーディネーターのチームによる起業家支援

新しく起業のエコシステムを創出するためにアクセラレーターを開始した事例として，秋田県にかほ市における「Hatch！アクセラレータープログラム」の事例を紹介する（**図表3-1-3**）。「Hatch！アクセラレータープログラム」は，にかほ市が主催し，株式会社ジェイアール東日本企画が企画，にかほ市に拠点を置くまちづくり法人である一般社団法人ロンド（以降，ロンド）が運営をしている。「地域の未来を育てる」をコンセプトに，2021年度から本格的に開始した。

にかほ市は，地域の雇用創出や若年層の人口増加に向けて，地域資源を活用した新たな事業・産業の創出を目指している。本プログラムは，にかほ市の「旧上浜小学校利活用事業」の一環として，取り組まれている。この事業は，にかほ市の廃校である旧上浜小学校を活用したインキュベーション施設である「わくばにかほ」における創業支援事業である。当初の支援プログラムは，セミナーやビジネスプランコンテスト，起業家に対する個別支援のみであったが，より革新性のある事業の創出を目指し，本プログラムの提供を開始した。

本プログラムは，にかほ市における地域課題を解決する事業やアイデアを持ち，事業拡大を目指す起業家を対象に募集を行い，応募された起業家について，一定

図表3-1-3　「Hatch！アクセラレータープログラム」のウェブサイト

（出所）　Hatch！アクセラレータープログラム

　の選定基準で選抜し，約3ヶ月間のプログラムを提供している。プログラムでは，「メンタリングによる事業のブラッシュアップ」「地域内外の多様なアクターとのネットワーキングの機会」「インキュベーション施設である『わくばにかほ』利用権」などを提供している。メンタリング期間中やメンタリング終了後には，アクセラレーターに参加した起業家たちがプレゼンテーションを行うセッションも含まれているネットワーキングイベントである「Hatch！クリエイターズマーケット」を開催している（**図表3-1-4**）。

　次に「Hatch！アクセラレータープログラム」のメンタリングにおける起業家の支援体制について紹介する。**図表3-1-5**が，メンタリングの支援体制である。本プログラムでは，メンティーである起業家に対して，メンターと地域コーディネーターという2種類の支援者をマッチングしている。1人のメンティーに対して，メンター2名と地域コーディネーター2名をマッチングし，メンタリングチームを構成している。メンタリングには，必要に応じて事業の関係者や外部有識者

図表3-1-4 「Hatch！クリエイターズマーケット」のウェブサイト

（出所）　Hatch！クリエイターズマーケット

が参加する場合もある。そして，そのメンタリングチームを，統括メンターとプログラムの運営事務局が支援している。

　前述のとおり，起業のエコシステムを新たに構築しようとする地域では，地域内に革新的な事業の創出支援を担った経験豊富なメンターが存在していないことが多い。そこで，本プログラムでは，地域外から経験豊富なメンターを調達している。メンタリングを統括している統括メンターや運営事務局の担当者が他のアクセラレーターにおいても活動していたため，彼らの人的ネットワークを活用し，優れた地域外のメンターを調達している。各メンティに対して2名のメンターをマッチングすることで，起業家の事業について，可能な限り多角的な視点でメンタリングを行うことを目指している。

　メンターに加えて，地域コーディネーターもマッチングしている点が，本プログラムのメンタリングの支援体制の特徴である。地域外のメンターは基本的にオンラインによるメンタリングが中心である。さらに，地域外のメンターはにかほ市の現地に関する情報や人的ネットワークに限りがある。そこで，にかほ市に拠点を置く街づくり法人であるロンドの運営メンバーが地域コーディネーターとし

て，メンタリングチームに参加し，メンターと協力しながら支援できる体制を構築している。地域コーディネーターは，メンティーである起業家の事業の内容や段階に応じて，必要な支援が提供可能な者をマッチングしており，さらに事業の実現に必要な地域内のリソースの獲得の支援もしている。

本プログラムは，このような工夫により，革新的な事業の創出支援を担った経験豊富なメンターによるメンタリングと地域コーディネーターによる地域に根ざした起業支援を有機的に提供し，本格的なアクセラレータープログラムの提供を実現している。

図表3-1-5　「Hatch！アクセラレータープログラム」のメンタリング体制

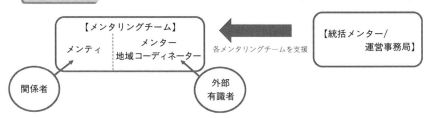

メンター　　　　　　　　　　　　　地域コーディネーター

（出所）　Hatch！アクセラレータープログラム

3.1.4. 地域内外のリソースを活用したアクセラレーターと起業家エコシステム

　これまでの起業のエコシステムは，物理的な地域内における起業家の支援の仕組みを指す場合が多かった。しかし，現代においてはオンラインでつながった多様なアクターからの支援を活用することが容易であるため，それを取り込むための工夫が不可欠である。

　本節で紹介した事例は，優れた地域外のメンターによるオンラインによるメンタリングと地域コーディネーターによる地域に根ざした起業支援を実現している。地域内外のリソースを活用したアクセラレーターの実施による起業のエコシステムの構築の取り組みは，新たに起業のエコシステムを構築しようとしている地域においても有効であろう。

【参考文献】

［1］ Mason, C. and Brown, R. (2014) "Entrepreneurial ecosystems and growth oriented entrepreneurship", *Final report to OECD*, 30(1), pp.77-102.

［2］ Stam, E. and Spigel, B. (2017) "Entrepreneurial Ecosystems", *The SAGE Handbook of Small Business and Entrepreneurship*, SAGE Publications, pp.407-422.

［3］ Cohen, S. (2013) "What do accelerators do? Insights from incubators and angels", *Innovations : Technology, Governance, Globalization*, 8(3-4), pp.19-25.

［4］「Hatch！アクセラレータープログラム」 https://www.hatch-nikaho.com/ 2022年10月14日

［5］「Hatch！クリエイターズマーケット」 https://www.hatchcm.com/　2022年10月14日

3.2. 地方企業・産業のスケールアップ戦略

3.2.1. 概　要

　地方の主に製造業の中小企業には，都心の元請企業の下請企業が多く，この元請企業の業績次第で，明確な戦略のない下請企業は経営のかじ取りが難しくなる場合が多々存在する。そういった中，これらの地方の中小企業の事業戦略策定を県（行政）が支援することで，それらの企業が自立的にビジネスを行えるように

なり，結果として業績アップを生むことになった。この施策により，県の人口減少が加速する中でも，下請企業が多い製造業において，産業規模の拡大（スケールアップ）につながっている。

　この取り組みの施策は，高知県において行われている。特に知事が率先して行った，地方の中小企業の事業戦略策定の取り組み，および初歩的なDX（デジタル化）の取り組みを解説し，他地域への展開の可能性を解説する。

3.2.2. 事業戦略策定の取り組み

　地方の中小企業は，特に製造業に下請企業が多い。そのため，都市部の元請企業に頼り，自社の戦略がない場合が多い。これでは，元請企業の業績次第ですぐ切られてしまう。現実として，そういった事例も少なからず存在する。そうなると，家族・親族で経営する企業は，皆路頭に迷ってしまう。

　こういった事情のみならず，高齢化の全国上位3県に含まれる高知県では，今後の人口減少での産業縮小を危惧し，尾崎正直知事（当時，現衆議院議員）が中心となり，産業振興計画において，事業戦略（企業の主要事業の戦略）の策定を支援することを一丁目一番地に置いた。当初は，産業振興計画の一部だけであったが，4年後にはどの計画にも"事業戦略"という言葉が登場するようになった。

　ここでは，地方企業がDXを行う前に行うべきである，事業戦略策定の取り組みを紹介する。

3.2.2.1. 地方中小製造業の事業戦略策定

3.2.2.1.1. 知事からのトップダウン

　高知県の産業振興計画において，2016年度からまずは（公財）高知県産業振興センター（以降，産振センター）を中心に，高知県の主に中小製造業に事業戦略の策定を後押しする取り組みを試みた。高知県のこの取り組みの発端は，当時の尾崎正直知事の号令から始まった。

　事業戦略策定には，中小企業の経営者や幹部が参加し，産振センターの支援のもとに1社当たり4ヶ月程度で策定している。4年間ですでに200社超の事業戦略を策定し，2020年度以降は特に実行支援を行っている。2020年からのコロナ禍においても，業績を維持するだけでなく，業績を伸ばす企業も存在し，県の産業自体が若干ながらスケールアップした。

3.2.2.1.2. フレームワークからの事業戦略策定支援

　当初は，産振センターに事業戦略を策定できる者がほとんど存在しなかった。闇雲に事業戦略を策定しようとしても難しいため，著者のようなコンサルタント，商品開発や経理などの専門家を呼び，まずはフォーマット作成から手掛けた。このフォーマットが，事業戦略シート（**図表3−2−1**）であり，1枚で語ることが重要である。もちろん裏側には補足資料が何枚も付くであろうが，当初から枚数が多いと，資料作成や数値に弱い経営者はやる気が失せてしまう。そこで，"たった1枚を作成すればよい"ということを強調した。これは，地方の中小企業のみならず，その企業に事業戦略策定を促す産振センターの職員やコーディネーター（以降，職員）も同様である。まずは職員が策定できるように始め，その経験をもとに企業に伝授していく。こうすることで，初年度に数十社の策定までこぎつけた。

　事業戦略策定の経験をもとに，その年度末に策定のノウハウを全部で14ページの事業戦略策定の手引き(以降，手引)［1］の第1版にまとめた。これも数十ページもあると読む気が失せるため，必要最低限のパンフレット形式にし，4年間に第1版から2度の改訂を行い，まとめあげた。この手引をもとにすることで，自治体やその外郭団体にありがちな職員の入れ替え，頻繁な異動があっても，新たにその任務にあたる職員の理解を手助けすることができた。

3.2.2.1.3. 事業戦略策定シートの作り方

　実際に行った事業戦略シート（**図表3−2−2**）の作り方を，実際の状況を交えて簡単に説明しておく。このシートは【上】は「ビジョン・ミッション」，【左】は「現在の姿」，【中】は「ありたい姿（あるべき姿）」，【右】は「【左】と【中】の差分を埋める実現課題の設定」に分かれている。近年は，この【上】の上にパーパスがあってもよいかもしれない。

　注意点として，現状分析をきちんと行っておかないと，【左】を埋めた後の【中】→【右】には曖昧になって到達できない。実際には，4〜5割くらいはこの現状分析に時間を費やしている。

　以上の要素が埋まったら事業戦略シートは完成であり，事業戦略は策定されたことになる。あとは実行に移すだけである。実行に移す段階で実態に合っていなければ，定期的に微修正していけばよく，そういった企業も多い。

図表3-2-1　事業戦略シート（事業戦略の全体像）

20XX（HOO）O月〜20XX（HOO）O月度　経営計画

企業名＿＿＿＿　HOO.O.O ＜厳秘資料＞

★企業理念（ビジョン）：
★企業使命（ミッション）：

現在の姿

1. 事業概況

＜自社の詳細現状サマリー（例）＞
・概況分析？
・現状と目指目は？
・自社を取り巻く環境は？
・事業戦略と収益性の推移
・事業撤退状況の把握…市場収益の縮小、ブランド、拡大等（例）
・現状と将来予測による各課題抽出

2. マクロ・業界（外部環境）分析

PEST ＋ 5フォース分析

3. ミクロ・自社（内部環境）分析

自社のポジション分析（例）

SWOT分析（例）

ありたい姿（5年後）

4. 着地点（5年後）の目標

＜基本方針＞
OOをXX、OOを目指す
＜具体目標＞
（1）売上を拡大し、営業利益目標 OO%
（2）具体施策、顧客満足度向上 OO%
（3）市場占有率のアップ・マーケットシェア OO%
顧客基盤の拡大による売上向上と…新規開拓 OOA

6. 指標となる数値（KPI）の目標（例）

事業戦略（バランススコアカード）（例）

実現するための課題設定

5. 着地点（5年後）に向けた取組課題

＜経営目標に対する各機能別の取組方向性（例）＞
①経営・財務…組織体制の強化、バランスシートの改善
②企画・マーケティング…新事業や「製品企画書」に基づく新製品の企画、市場認知の促進
③研究開発・設計…技術開発・商品開発、リードタイム削減
④製造…Q、C、D、総合的な見直すと、5Sの実現
⑤物流…一貫した上流側の見直しと、医薬品等のアップ
⑥サービス…顧客不満足の排除、サービス売上確保

7. 1年目の取組課題

機能・組織別重要課題マップ（To Doチェックリスト）（例）

8. 中長期業績目論見

※必要に応じて添付資料等を作成。また、製品化にあたっては製品企画書を作成、海外展開するには「海外化プラン」、展開計画などを作ります。

（出所）事業戦略一策定の手引き[1]

図表 3 - 2 - 2　事業戦略シートの作り方

【位置】と意味	概要
【上】 ビジョン・ ミッション	企業に独自に決めてもらう，すでにあればそれを記載してもらう。これは企業の夢や義務のため，戦略を策定する前の大前提となる。 （大企業でも中小企業でも同様である。）
【左】 現状分析（As-Is）	事業概況は，すでに認識していることを記載してもらう。 外部環境分析として，PEST 分析と 5 フォース分析を合わせた分析を行ってもらう。9 象限（縦 2 本線，横 2 本線で描ける図表）で示しており，自社を中心に考えてもらう。地方中小企業の経営者は，経営学の専門家ではないため，書く位置がずれてしまうこともあるが，抜き出すことが目的のため，細かくは指摘しない。ここから，SWOT 分析の Opportunity（機会，ビジネスチャンス），Thread（脅威，リスク）を主に導出する。 内部環境分析として，このシートにある自社と他社とのポジショニング分析や，シートにはないが，自社のバリューチェーン分析や VRIO 分析を行ってもらう。ここから，SWOT 分析の Strength（強み），Weakness（弱み）を主に見つける。VRIO とは，Vale（経済価値），Reality（希少性），Inimitability（模倣困難性），Organization（組織）を表す。中小企業の場合は従業員数が少ないため，従業員のガス抜きとして問題点がたくさん挙がることもあるが，自社を省みる過程では，有益な情報となる場合も多い。
【中】 ありたい姿（あるべき姿）の導出 （To-Be）	地方中小企業の場合，W（弱み）を克服して T（リスク）を回避するようなことは非常に難しいため，主に S（強み）と O（ビジネスチャンス）を掛け合わせた展開を模索する。現状分析の SWOT 分析の時点で，S×O の部分は明らかになっている場合も多い。ここで大きな戦略目標が決まる。この戦略目標を従業員に伝えても実行できないため，これを戦略マップとして，バランススコアカード（BSC）上の財務，顧客，業務プロセス，学習と成長の各視点に落とし込んでもらう。各々の視点で指標化（KPI：Key Performance Indicator）し，財務の視点が売上・利益目標となる。その売上・利益目標として，本業の利益である営業利益までを業績目論見（損益計算書：PL）として下段に記載してもらい，各年度の数値目標が決まる。この決め方は，経営者の意志・意識によるため，経営者が到達不可能な高すぎる目標を設定する場合もあれば，保守的にすぐ到達可能な目標を置く場合もある。しかし，これらの差は徐々に現実的に落ち着いていく。
【右】 実現課題の設定	あるべき姿（5 年後など）の KPI では，各従業員が抽象的過ぎて自分事として取り組むことができないため，各部署別に戦略マップ化してもらう。縦の部署別に見れば，その部署の現場が取り組むことができるようにする。小規模企業や零細企業の場合，縦の欄が個人の取り組むべきことになる。

（出所）著者作成

3.2.2.1.4. 産振センターと戦略策定企業の声

当時の産振センターの松岡哲也理事長は，次のように述べている。

『事業者の皆様が成長・発展を続けていくためには，新技術の導入や人材の育成・確保・定着，また生産性や付加価値の向上を図る取り組みが必要です。それらを限られた経営資源（ヒト・モノ・カネ・情報）により効率的・効果的に実施するには「経営ビジョン」を明確にし，「事業戦略」を策定・実行することが有効です。』

このように，産振センターのトップも理解して進めたため，取り組み自体はスムーズに進んだ。

また，産振センターが事業戦略策定を支援し，戦略を策定した企業の声として，次のようなアンケート調査の結果（**図表 3 - 2 - 3**）がある。

4 年間で202社の事業戦略策定を行った産振センターにおける途中の調査経過ではあるが，ほぼ好意的であった。また，単なる戦略策定だけでなく，企業の現状を知って，業務に生かすことができていることがわかる。ビジョンを明確にすることから方向性の再確認，数値化や文書化（初歩的なデジタル化）によって経

図表 3 - 2 - 3　「事業戦略」を策定し，実行フェーズに移行している企業の声

事業戦略に取り組んだきっかけは？

目指すべき会社のビジョンを明確にし，現在の取り組みの方向性を再確認したかったから	73社	55.7%
自社を取り巻く状況や環境変化に対応するための新たな事業計画が必要と感じていたから	24社	18.3%
将来への漠然とした不安や危機感を打破したかったから	13社	9.9%
社員や外部関係者（取引先等）に対して会社としての方向性を示すためのツールにしたかったから	11社	8.4%
その他	10社	7.6%

事業戦略の策定にあたって苦労したことは？

各種分析や目標・財務の数値化	61社	46.6%
思いや計画の文書化	28社	21.4%
社内での情報共有や調整	23社	17.6%
策定に取り組む時間の捻出	15社	11.5%
その他	4社	3.1%

事業戦略を策定する過程で，自社を取り巻く環境分析を行います。それをふまえて目標や取り組みを設定するので，自信を持って取り組みを進めていくことができます。

感覚的に把握しているつもりでも，実際に計画を具体的に落とし込む際に苦労されている様子が窺えます。
当センターでは，専任担当者を置き，必要に応じて支援チームを編成し，サポートいたしますのでご安心ください。

事業戦略の策定に取り組んで良かったことは？

自社を取り巻く状況や課題が明確になり，目指すべき方向性が見えてきた	62社	47.3%
具体的な行動ややるべきことの優先順位が明確になった	36社	27.5%
様々な気づきが得られ，意識改革や社員の意欲向上につながった	19社	14.5%
社長や外部関係者（取引先等）との意思疎通が図られ，目標共有できた	8社	6.1%
その他	6社	4.6%

事業戦略の策定に取り組むことで，課題が明確になり，有効な対策を講じることができます。

当センターが行っている「事業戦略策定支援」に対する評価

満足	105社	80.2%
ふつう	26社	19.8%
今一つ	0社	0%

80％を超える企業の皆さまに「満足」とご回答いただきましたが，さらなる満足度向上を目指して，この取り組みを進めていきます！

（出所）　高知県産業振興センター調査（平成31年 2 月末，回答数131社）［1］

営の見える化を，苦労しながらも，現状が明確になり，目指すべき方向性，優先順位が明確になる。これは事業承継者が自社事業を把握する場合で好材料となったという意見もあった。また，こういったことが事業戦略の策定でできたため，県の他の産業にとっての好事例にもなった。

3.2.2.2. 高知県の他分野や M&A への展開

　4 年後にはどの計画にも "事業戦略" という言葉が登場するようになったように，産振センターのみならず，商工会議所・商工会から県の主要産業である林業まで，また各種企業の資金調達を支援する信用保証協会までがこの手引を参考にした。支援団体が後押しすることで，事業戦略を策定していくことができ，元請の産業の市況，景気やコロナ禍など，外部要因だけに左右されず，骨太な産業振興の計画を作り上げてきた。

　令和に入っても，この流れは続いたが，コロナ禍に入り，向かい風の状況も確かにあった。コロナ禍は，巣ごもり需要（EC など）や衛生需要（マスクの不織布，除菌用のアルコールなど）は追い風であった中，事業戦略を持つ企業の約15％は好調に推移する一方で，約50％の企業は悪化，残り約35％の企業は生き残るためにアイデアを出しながら業績を維持しているのがやっとであった。ただ，事業戦略が無ければ，もっと危なかったかもしれない。

　また，地方中小企業では，M&A という言葉はネガティブにとらわれやすい。地方企業や中小企業として，自社が買収される/買収した経営者の親族が溶け込みづらい，閉鎖的な企業文化が蔓延している，周りからの目が気になる，などがあったであろう。しかし，このコロナ禍において，事業戦略という目標があれば，M&A はそのための手段としてとらえることができる。そのため，買収側や被買収側の双方とも「時代が求めているものは何か」を理解しやすくなり，地方でも M&A を行うことがようやく必然的になってきたかもしれない[2]。

3.2.3. 事業戦略策定の付加価値

　事業戦略は，一度策定することで恩恵を必ず享受でき，非常に意義がある（**図表 3 - 2 - 4**）。まず，"時系列" で見ると，策定過程では，思考を深めるための道具となる。また，策定後は，事業実現までの地図であり，社内外とのコミュニケーションの道具となる。

　事業戦略を策定すると，企業の方向と各部門の組織の目標が一致することにな

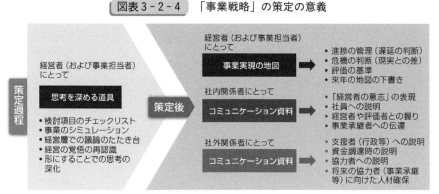

図表 3 - 2 - 4　　「事業戦略」の策定の意義

（出所）　事業戦略－策定の手引き［１］

る。ひいては，戦略策定の意義を理解した経営者が率いる企業では，人事制度までも連動させることで，個々人の目標が企業の戦略とつながったケースもあった。また，財務・会計を連動し，税金対策まで行うケースもあった。他に，経営の可視化を行うことで，巧みの技術の見える化（イメージ・マニュアル整備）を行うケースもあった。さらに，少人数の企業では，経営者のみならず，全員での検討体制で，従業員の意識が変わるケースもあった。

　事業戦略策定を行うことで，多くの中小企業において，社内に目的意識が芽生え，あらゆる好循環が起こっている。

　一方で，事業戦略シートを作り上げれば，補助金が貰えるという安直な思考になる経営者もおり，形式化して本質を見ない企業も存在する。また，意識が高過ぎて，経営者が到達不可能な目標を設定し，従業員がついてこられない企業も存在する。ただし，後者については，経営者がそのギャップに気付けば，前述のとおり，翌年から徐々に現実的に落ち着いていく。

　なお，地方の中小企業（ここでは主に製造業）の経営者は，数値に弱い場合が多い。自社の業績ですら，経理の担当者に任せっきりの場合もある。これらの経営者に対して，まずは顧客企業別・製品別の売上と利益を意識してもらうだけで現実が見え，どこに注力すればよいかが明確になる。

3.2.4.　事業戦略策定におけるデジタル活用

　デジタル活用の視点では，事業戦略シートをまずはエクセルのマクロで作り上

図表 3-2-5 事業戦略の策定における『中小企業の DX 支援のアプローチ』

ステップ	1．ペーパーレス	2．自動化	3．見える化
具体的なアプローチ	・入力した数値（例えば，自社の売上・利益）の継続的な管理	・今年度のみならず，来年度以降の戦略策定に向けた元情報の集計	・自社の現状のみならず，ありたい姿やそれに至る実現課題の可視化 ・戦略の浸透や次の戦略策定へのつながり

（出所）著者作成

げたシートに入力・管理することから始めることである。「これがデジタルか？」という疑問もあるだろう。しかし，スケジュール管理も掲示板で行っている企業にいきなり高等な DX による変革は難しすぎる。こうすることで，戦略につながる経理事務，人事評価などの仕組みまで浸透し，それらをよりつなげるためにデジタルが活用され，少しずつ効率化が図られる。

前述の『中小企業の DX 支援のアプローチ』に当てはめると，戦略の策定にいたるデジタル活用は，「守りの DX」における 1 のペーパーレスから，2 の自動化，3 の見える化までのステップに当てはまるだろう（**図表 3-2-5**）。デジタル活用は，目的でなく，あくまでも手段である。つまり，見える化が目的でなく，見えることによって，結果的に戦略の浸透や次の戦略策定などがやりやすくなるということである。

戦略の実行に至る段階では，4 の働き方改革から，5 の製品・サービスの変革に移り，6 と 7 の CX に進化していくはずである。なお，産振センターの取り組みは，製造業が中心であり，製品の変革として"新製品開発"を行う企業も実在する。さらにその後の CX のソリューション提供や CX の実現までは，道半ばではあるが，すでに実現している企業があるかもしれない。

戦略的な目標ですら，当初は定性的な場合もある。これは当初は致し方ない。翌年度に定量化していくことで，徐々に企業の目標意識が変わっていき，それを達成するためにはどうしていくか，組織や人が個別に考え出していく。実際に高知県の中小企業では，そういったことが行われている。こうした地方中小企業の地道な取り組みが，デジタル活用〜DX への第一歩として非常に重要である[3]。

なお，産振センターは，2022年度からデジタル化に関する相談窓口を設け，DX を推進している。

3.2.5. 事業戦略策定の他県展開に向けて

　大企業が行う企業や事業の戦略策定は，もっと高度でより洗練されているであろう。しかし，中小企業が一足飛びにその方法にはたどり着けない。まずは，事業戦略シートや手引をもとに，定性的から定量的に進化させ，毎年の事業戦略を策定していくことで，企業体質が変革されていくはずである。これらが束となることで，その地方の産業群の業績・体質が改善されていく。コロナ禍では，巣ごもり需要や衛生需要の関連の企業くらいしか業績を上げられないという状況もあったが，事業戦略策定を個々の企業が行うことで，地方の産業がスケールアップしていくことにつながるはずであり，すでにそれが実証されている。

　事業戦略策定を標榜した高知県の当時の尾崎正直知事は，著書［4］において，在任中の産業振興計画では「結果として，最も好評だったのはこの施策だったように思う」と評価している。

　高知県の中小企業のみならず，他県の中小企業においても参考にできるはずだが，課題ももちろん存在する［5］。しかし，ある県においてすでに参考にされている。特に地域を牽引する大企業が不在である県に有効であると考えられる。牽引する企業が存在する場合，戦略策定に不慣れな行政が牽引するとうまくいかない可能性が大きくなってしまう。したがって，地方の産業が衰退しかけている県で特に有効であり，全く同じやり方でなくとも同様な取り組みを急ぐべきであろう。戦略策定自体は，どの地域の中小企業でも有効である。

　他県に展開する際は，まずは簡単なフォーマット作成から始め，高知県よりもDX が進んでいる場合は，デジタル技術を大いに取り入れ，『中小企業の DX 支援のアプローチ』の高レベルのステップ（段階）までを意識すると良い。

　いずれにせよ，こういった事業戦略策定の取り組みが，地方の中小企業を奮い立たせることは間違いない。

【参考文献】

［1］　安岡寛道監修『事業戦略－策定の手引き＜第 3 版＞』（公財）高知県産業振興センター，2019年 4 月
［2］　分林靖博『「中小企業」M&A の時代が来た』H&I，1999年 4 月
［3］　安岡寛道『地方創生につながる戦略策定とデジタル活用による DX の第一歩』経営情報学会誌31(1)，47-50ページ，2022年 6 月
［4］　尾崎正直『至誠通天の記 尾崎県政12年回顧録』ぎょうせい，2021年 9 月

［5］　安岡寛道『地方中小企業の事業戦略策定とDX活用～高知県の取り組みを主な事例として～』明星大学経営学研究紀要（第19号），2022年10月

3.3. デジタル技術での地方創生

3.3.1. 概　要

　政府から発表されたDXレポートによると，日本はデジタル社会の推進に向け舵を切っており，政府の情報システムおよび地方自治体システムの「ガバメントクラウド（Gov-Cloud.）」利用が進み，共通的な基盤・機能を提供する複数のクラウドサービスでの開発が進む。これにより多くの地方SIerは業態を変更せざるをえないほどの変化が求められている。そこで各IT企業は地方創生のカギとなる最新の武器（デジタル技術）を持ち，中小企業を含む日本のDX化を推進していくことになると考える。ここではデジタル技術としていくつかを取り上げ，地方創生につながるものについて事例を含めて解説する。

①　顔認証や5Gなどの技術
②　VRを活用した街づくりや防災

3.3.2. 技術紹介と事例の内容

3.3.2.1. 顔認証や5Gなどの技術活用

　顔認識システムは，カメラで映し出された画像から，人を自動的に検知しその人の顔を識別するためのシステムである。画像内にある顔の部分を抽出し，あらかじめ登録している顔の画像データベースと照合し識別を行う生体認証の1つである。日本における入退館システム向け顔認証の市場規模は，この数年急激に伸びていて生体認証システムの中で一番のビジネス規模となっている。顔認証システムでは，人の顔のパーツの相対位置や大きさ，目や鼻，ほお骨やあごなどの形や間隔を特徴として利用し，情報として登録をし，機械学習させて人の判別を行う。特徴点データは数値化しているものなので，個人を特定できるものではなく，サーバへの保存のしかたによってセキュリティを担保していて，第三者がデータを取得しても問題はないように設計されている。

　現在は世界各国で顔認証システムを開発しており，日本ではNECが羽田空港などに導入しており，中国，韓国の顔認証システムも存在している。今回は，特

に NTT ドコモが採用している米国リアルネットワークスの「SAFR（セーファー）®」に注目し，地方の課題解決や地方創生 DX としての技術を紹介する。「SAFR®」は顔認証システムとしても AI（人工知能）を活用することで99.87％の精度で判別できると公言している。日本においては，厚生労働省が主導している医療機関や薬局等の受付時にマイナンバーカードを使った健康保険証の本人確認に利用しており，他にも自動改札や入館ゲートなど高いセキュリティを必要としながらもウォークスルーで認証が求められるものにも対応している。また，コロナ禍においてマスクを着用したままでも高い認識精度で認証することができる。

　5 G とは，第 5 世代の移動通信システムのことを言う。特徴としては 3 つあり，高速大容量，低遅延，多接続と言われている。

　高速大容量については，第 4 世代に比べ，幅広い周波数のため，送るスピードも増え，大きなデータを速く送ることができる。低遅延については， 5 G ではいくつかの技術の改善や工夫がなされ，短い時間でデータを送ることで低遅延を実現。多接続は，スマホや各センサー，各接続デバイスなど IoT に必要不可欠な同時多接続が可能となっている。ただ， 5 G 環境の整備には費用がかかるため全国津々浦々に 5 G 環境を整備するというよりは，より必要な地域を中心に整備していく方針がとられている。

　顔認証システムにおいては，画像データを瞬時に判断し，顔の表情など細かい認証が必要であり， 5 G とは親和性も高く 5 G を利用することでさまざまなサービスが可能となり，地方の課題にも適した技術の組み合わせと言える。

3.3.2.1.1. 事例の実証内容

　熊本県荒尾市の荒尾ウェルビーイングスマートシティにおける実証実験を事例に地方創生への必要な技術を紹介する。

　概要（**図表 3 - 3 - 1**）には以下のように記載している。

　「生体認証技術（顔認証など）により手ぶらでも小学生の登下校見守り（平時）や高齢者の避難所逃げ遅れ把握（災害時）などを実現する。また，2025年目途にマイキープラットホーム（MKPF）やデータ連携基盤（都市 OS）との連携によるユーザーオリエンテッドなデータ利活用を目指し，ウェルビーイングな快適未来都市を創造する。」

　荒尾市の実証実験では，地域の課題として以下を示している。

① 　先端技術や情報通信技術の積極的な活用であらゆるモノや情報が「つなが

図表3-3-1 荒尾ウェルビーイングスマートシティ概要

荒尾ウェルビーイングスマートシティの概要
(あらおスマートシティ推進協議会)　　1

生体認証技術(顔認証など)により手ぶらでも小学生の登下校見守り(平時)や高齢者の避難所逃げ遅れ把握(災害時)などを実現する。また、2025年目途にマイキープラットホーム(MKPF)やデータ連携基盤(都市OS)との連携によるユーザーオリエンテッドなデータ利活用を目指し、ウェルビーイングな快適未来都市を創造する。

■ 対象区域の概要
○名称:熊本県荒尾市
○面積:57.15 km²
○人口:51,011人

■ 都市の課題
①先端技術や情報通信技術の積極的な活用であらゆるモノ/情報が「つながり」、新たな価値を生み出し、暮らしの利便性を高める(Society5.0の実現)
②人や地域コミュニティなど「つながり」を維持・充実させることで、暮らしの安心感を創出する

■ 解決方法
画像認識プラットフォーム(顔認証エンジン)を活用した顔認証連携基盤を用い、顔認証を活用したサービスを活用する実証実験を通して、その有効性や課題を調査・分析する。

■ 運営体制

■ KPI(目標)
①災害起きたとき不安であると感じる市民の割合
(R4:26.7%)

②教育環境が整っていないと感じる市民の割合
(R4:17.0%)

(参考)
荒尾市まちづくりアンケートより

(出所)　国土交通省令和3年度　スマートシティ実証調査　実証報告書

り」、新たな価値を生み出し、暮らしの利便性を高める（Society5.0の実現）
②　人や地域コミュニティなど「つながり」を維持・充実させることで、暮らしの安心感を創出する

　今回の解決方法として、画像認識プラットフォーム（顔認証エンジン）を活用した顔認証連携基盤を用い、顔認証を活用したサービスを活用する実証実験を通して、その有効性や課題を調査・分析するとしている。顔認証を利用して防災時に避難所での市民の確認を容易にし、誰が逃げ遅れているのかを判別することや小学校での不審者侵入検知や子供たちの見守りなど、市民の顔を登録することでさまざまな行政サービスが展開できると考えている。
　実際に実証実験で得られた成果・知見は報告書にもあるように、保護者が登下校に顔認証による見守りサービスを利用することで、状況が把握でき、コロナ禍での体温測定忘れも防ぎ、防災においても住民の把握が容易となる。また、デジ

図表 3 - 3 - 2　顔認証システム実証実験について

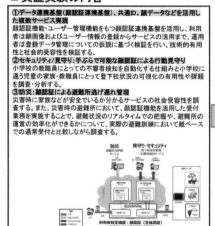

（出所）　国土交通省令和 3 年度　スマートシティ実証調査　実証報告書

タル化によって教職員の業務効率向上や時間削減という効果も得られている。しかし，顔認証登録には個人情報保護法の利用目的の特定と全市民による同意が必要で，今後の課題はメリット/デメリットを明確にした上で，利用者の同意を得ていくことが重要となっている。

　具体的には，スマートフォン未所持者への対応や登録周知方法，登録手続き内容の精査などもあり，利用者目線を考えた必要最小限の登録情報でサービスが利用できるような工夫が必要である。見守りサービスについては，顔認証端末を学校のみに設置すると限定された見守りになり，範囲に限界があり，逆に，端末の配置数を増加するとコスト面やメンテナンス面等の検討が必要となる。今後，防災を含め検討するにあたり，児童だけでなく高齢者などに対象範囲を広げ，平時からの活用目的とした設置場所の拡大検討と，未登録者への周知徹底などを実施することで，避難所規模に加え，コロナ対策を考慮した動線や機材の配置，システム影響がない環境に応じた検証が必要になる。最終的に費用対効果を荒尾市全

図表3-3-3 荒尾市のスマートシティの将来像・ビジョン

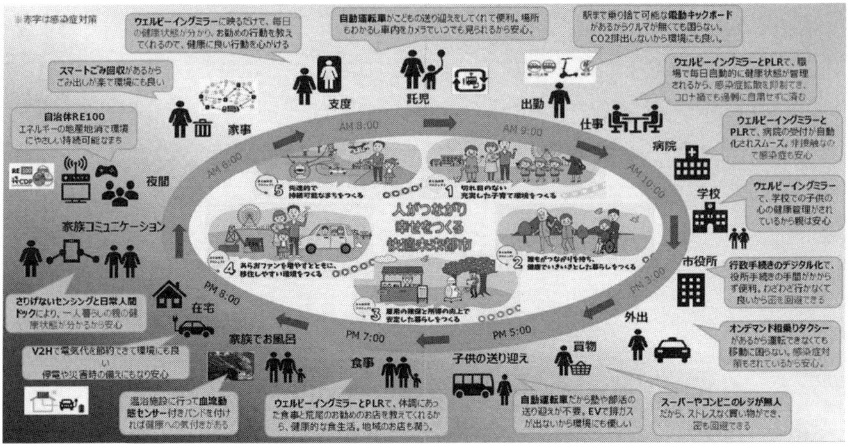

（出所）国土交通省令和3年度 スマートシティ実証調査 実証報告書

体の避難所に全て配置するとなると400台ほどの運用が必要となり，自治体間連携をすることで災害規模が大きい場合に備え，情報の相互やりとりのできる仕組み作りが必要と考える。

いずれにしても，新しい技術をスマートシティに組み込んでいくことで，地方創生に効果的なものとなる。

この「荒尾ウェルビーイングスマートシティ」の取り組みにより，荒尾市は，「人がつながり幸せをつくる快適未来都市」を目指している。顔認証や5Gを利用することで，業務効率にもつながり今後の人口減少や防災など地方の町づくりに貢献できる技術といえる。

まちの将来像やビジョンとして**図表3-3-3**を描いている。

今回の計画の途中経過として，2022年9月22日現地を視察し，顔認証による実証実験の成果を確認した。

視察において，今回の取り組みを聞いたところ，まずは最初の実証実験ではモデル校の選定を行い見守りサービスを実施し，その結果を報告書にまとめている。人口減少によりマンパワー不足等が社会課題となっているが，防災や見守りをすることで安全安心なまちづくりを計画しており，2021年度からスタートした取り組みは，引き続き2022年度フィールド実証および，ビジネスモデル検証を実施する。さらにマイナンバーカードを活用して有効性を検証していくとのこと。これ

図表 3 - 3 - 4　　2022年度における実証実験概要

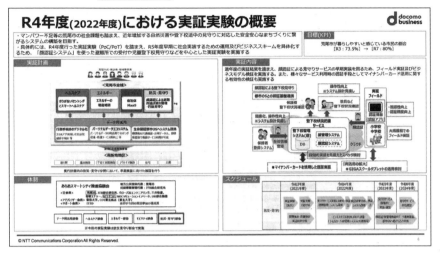

（出所）　視察説明資料より NTT コミュニケーションズの取組について（2022年9月22日 SAJ 視察）

図表 3 - 3 - 5　　顔認証を活用した取り組み

（出所）　視察説明資料より荒尾市「荒尾ウェルビーイングスマートシティ」について（2022年9月22日
　　　　SAJ 視察）

により見守りサービスは2024年度には本格運営を実現する計画が組まれている。

　荒尾市では，さらに防災面でもこの顔認証システムを活用して，市民の避難状況の把握や安否管理，避難所運営など行政のマンパワー不足を補っていく取り組みを進め2023年度の早期実装を目指すとのことである。

3.3.2.2. VR（仮想現実）を活用した街づくりや防災

　VRと聞くとゴーグルを使用して仮想現実に没入することを想像するが，AR（拡張現実）のように観光地でもスマホやタブレットを利用し，過去のものを現実かのように見せたりするものもある。ここではVR技術を利用して災害時を想定しシミュレーションを実施し，人の動きや災害予測をすることで，実際に起きたときどのように行動するべきかを検討し，トレーニングすることができることを紹介する。

　内閣官房 国土強靱化推進室が2020年4月に刊行した「国土強靱化 民間の取組事例集」は，国土強靱化の取り組みを通じて，「事業が中断しないように備えたい」，「取組をビジネスにつなげたい」，「社会貢献をしたい」など，さまざまな目的に応じて活用できるように，先導的な取り組みを収集したものである。この中にフォーラムエイトの事例があり，「VRやシミュレーションで防災・減災対策

図表 3 - 3 - 6　津波がどのように遡上してくるのかを体験できるVR

（出所）　株式会社フォーラムエイトのホームページ

の『見える化』」,「VRシステムを応用した被災の疑似体験」が継続事例として掲載されている。

　この事例はフォーラムエイトが主催する第15回3D-VRシミュレーションコンテストで審査員特別賞"地域づくり賞"を受賞した「津波迅速避難教育システム」（秋田県産業技術センター/秋田大学）の作品である。

　災害は，地震/津波/火災や台風/土石流/河川氾濫避難などさまざまなものが複合化しており，被害も同様な傾向にある。地方都市における計画，ハザードマップ作成，防災・避難教育などには必要なシミュレーションであり，VRを活用することで，持続可能で強靭な国土とインフラ整備が可能となる。

3.3.2.2.1. 事例の実証内容

　現在，佐賀県武雄市で一般社団法人ソフトウェア協会スマートシティ研究会での取り組みで水害におけるVRシミュレーションを実施し，どのように治水すると洪水が防げるのか，災害時の避難経路などを事前に調べる予定である（今後の活動報告については一般社団法人ソフトウェア協会ホームページに掲載予定（https://www.saj.or.jp））。

3.3.3. 2つの技術活用事例の付加価値

　事例の成果については，どちらも街づくりの中で，社会課題の解決および地方創生のためにスマートシティ化が必要である。その中でITを利用しデジタル化による人材不足を解決する仕組みであり，政府の取り組みでもある「デジタル田園都市国家構想」を地方の課題解決視点で行っているものである。

　荒尾市の事例では，市長はじめ市の職員や，あらおスマートシティ推進協議会で取り組みを協議し，成功モデルを他の地域に展開していくものである。ドコモの先進技術やICTサービスを活用して，地域活性化および市民サービスの向上を図ることで地方創生とDXを推進するものとなる。

【参考文献】
［1］「SAFR®」について　https://safr.com/home/?lang=ja　2022年10月13日
［2］　5G技術について　https://www.ntt.com/business/lp/5g.html　2022年10月13日
［3］　熊本県荒尾市「荒尾ウェルビーイングスマートシティ」　https://www.mlit.go.

jp/toshi/tosiko/content/001481276.pdf　2022年10月13日

［4］　国土強靱化 民間の取組事例集（令和2年4月）（内閣官房）　https://www.cas.go.
jp/jp/seisaku/kokudo_kyoujinka/r2_minkan/index.html　2022年10月13日
［5］　「あらゆる産業分野で横断的に活用できる世界各地域のVRモデルの構築」
（フォーラムエイト）　http://ftp.forum8.co.jp/forum8lib/pdf/news200410.pdf　2022
年10月13日

3.4. 地方の空き家活用

3.4.1. 概　要

　全国に空き家が増加している。本節では，空き家活用を行っている広島県庄原市の事例を中心に取り上げる。ここでは，空き家の特徴や課題を明らかにし，広島県独自の空き家活用のためのデジタルによるマッチング，さらには近年数多く登場してきた他地域と連携した空き家活用サービスなどを紹介する。

3.4.2. 空き家の現状

　全国における空き家はどのくらいあるのであろうか。

　2018年の総務省の調査によれば，846万件の空き家が存在する。これは全戸数の13.55％に達し，実に7軒のうち1軒が空き家である。野村総合研究所の調査によると，2033年には2,146万戸，30.2％に達するという。「その他空き家」は特に明確に管理者がいない，対応が必要な空き家である。

　全国的には，人口ピークは2008年であるものの，世帯数ピークは2023年であろうと言われている。人口が減っても少子化，高齢者の1人住まいの増加などで，

図表3-4-1　全国空き家の状況

	2013年	2018年
賃貸用	429万戸	431万戸
売却用	30万戸	29万戸
二次利用（別荘など）	41万戸	38万戸
その他空き家	320万戸	348万戸
合計（対総戸数比率）	820万戸（13.52％）	846万戸（13.55％）

注）2008年の空き家合計は756万戸（13.1％）。
（出所）総務省空き家統計

世帯数は減ってこなかった。しかし，今後は世帯数も減少に向かう。

　市区町村レベル（政令都市は「区」単位で集計）で最も空き家数が多いのは東京都世田谷区で49,070戸（9.4％）であり，小さい比率ではない。一方，住宅新規着工件数は2014年〜2018年の 5 年間合計で21,220戸，同期間の世帯数増減は24,080世帯増加である。増加世帯数に匹敵する新規住宅着工が行われている。空き家への入居者も一定数，流入人口により賄えるが，相当数の新規着工件数が存在し，人口流入があっても，空き家が減らない要因である。

　一方，空き家率の最も大きい自治体の 1 つが1960年前後には人口10万人を超えており，2021年末時点では7,145人まで減少している北海道夕張市である。全住宅戸数6,730戸に対して空き家戸数は2,030戸，空き家率30.2％という高い水準にある。2014年〜2018年の住宅新規着工件数は16戸，世帯数増減は763世帯減少である。住宅新規着工は微少であるが，人口・世帯数減少が空き家数の増加をもたらすのは必然である。

　全国的に人口減少の中，都市部でも今後は地方部と似た状況になるであろう。

　空き家の弊害として，景観悪化，治安悪化，老朽化による倒壊などの問題がある。基本的には個人所有の不動産であり，個々に対応せざるを得ないが，所有者が不明，連絡不能，あるいは相続が完了していない（できない）ケースもあり，個々の対応もできず，道路建設などに支障をきたすこともある。

　2000年に施行された「空き家等対策特別措置法」によって，①空き家の活用促進，②特定空き家＊に対して，助言・指導・勧告・命令ができ，罰金や行政代執行が可能，などが整備された。2024年には「相続土地国庫帰属法」が施行され，不動産を相続したものの全く利用しない場合，一定条件を満たせば所有権を国に移転できる。この新法により，空き家の減少につながることが期待されているが，土地に上物がないこと，樹木や残置物などがないこと，担保権が設定されていないこと，境界が確定しており隣人とのトラブルがないことなど，国が引き取る際に条件が設けられ，さらに，この制度の申請者は10年分の管理費相当額を国に納付する必要があるなど，実効性に疑問もある。

　前述のとおり，都市部と地方部では空き家率はそれほど大きく変わらなくても，空き家の状況の取り組みに対する考え方は大きく異なると考えられる。

　都市部では，空き家を埋めるポテンシャルのある人口流入が存在するので，如何に空き家を流入者に埋めてもらうか，という視点が重要になるが（新規着工数

が適切かどうかを精査する必要もある），地方部では人口減少が続き，流入者に空き家を埋めてもらう以前に流入者を増やす必要がある。実際，著者が確認したいくつかの人口減少が続く自治体では，将来の人口目標ビジョン値を予測値より高く設定しているが，それでもなお人口減少が続くシナリオである。

　危険な空き家の撤去とともに，空き家，および，撤去後の空き地の活用は地方活性化，人口流入のために活用するべき資産である。しかし，全国で人口減少に転じた今，転入拡大は非常に困難である。その中で，空き家を活用していくには，定住人口の転入だけに頼るよりも，交流人口，関係人口の増加，2拠点生活，複住生活の1つの拠点化にも注力するべきだと考えられる。例えば，コロナ禍で話題になったリモートワーク拠点，ワーケーション拠点もその例であり，経済評論家の森永卓郎氏やノンフィクション作家の神山典士氏などが推奨する「トカイナカ」構想［1］もその1つである。

3.4.3. 空き家対策の事例（広島県庄原市）

　広島県庄原市は2005年，旧庄原市と比婆郡の5町，および甲奴郡総領町の合併によりできた市である。広島というと，温暖な瀬戸内を思い浮かべることが多いが，庄原市は鳥取県，島根県とも隣接する，いわゆる中山間地域であり，西日本随一の豪雪地帯でもある。合併により大きくなった面積は，関西以西の自治体と

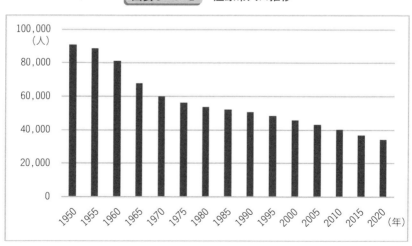

図表3-4-2　庄原市人口推移

（出所）　国勢調査

しては最大（全国では10番目）で，東京都全体の面積の半分以上であるが，その人口は約33,000人（2022年7月末現在）である。大きな市域は22の自治振興区という独自の区分で運営されている。自治振興区は概ね旧町村単位によって区分けされており，行政機関ではないが，「地域内のコミュニティを醸成し，地域の主たる担い手として，地域特性を活かしたまちづくりを進める役割」（庄原市自治振興区連合会）を持ち，概ね5〜10年間で地域の構想をまとめた「地域振興計画」を住民自身で策定し，それに沿った活動が行われるものとしている。

戦後の人口動態を見ると，現在の庄原市に相当する地域で，終戦直後昭和22年（1947年）の92,240人をピークに3分の1近くにまで減少している。また全人口における65歳以上の高齢化率は44％である。2030年には高齢化率こそ横ばいであるが，人口は28,392人まで減少し続けると推定されている。

空き家の状況に目を向けると，前述の2018年調査で全国の空き家率13.55％に対して，広島県全体では11.9％，庄原市では24.3％にのぼり，2013年からの5年間で5.6％，実数では1,040戸の増加，この期間で世帯数は460戸，人口は6,345人減少している。当市では，広島県対応指針に基づき，2016年に独自に空き家実態調査を実施した。この調査における空き家の件数は国の空き家の基準と異なるので，完全一致はしておらず，国の調査より，数字が少し小さい傾向はある。

この調査に基づき，自治振興区では個別の家を継続的にフォローしている。固定資産税課税台帳の納税義務者情報，法務局不動産登記簿情報，当該空き家等の所有者等の住民票情報や戸籍謄本等に加え，電気，ガス等の供給事業者と連携し，当該空き家等の電気，ガス等の使用状況やそれらが使用可能な状態にあるか否かの確認までも行っている自治振興区もある。

図表 3 - 4 - 3　庄原市空き家等の状況

項目	庄原市		うち口和自治振興区 （旧口和町）	
時期	2022年7月末	2019年10月	2022年7月末	2019年10月
人口	32,956	34,999	1,807	1,948
世帯数	15,157	15,528	756	800
空き家数	（未確定）	1,622 (10%)	（未確定）	141 (18%)
うち特定 空き家	（未確定）	383	（未確定）	47

（出所）　庄原市ホームページ

　以下に庄原市，および1例として1つの自治振興区である口和自治振興区の空き家の状況を示す。

　日本全体で見ると2008年をピークに人口減少に転じたが，庄原市のように地方部では，「集団就職」，「出稼ぎ」という言葉が普通であった高度成長期からの沿岸部，主要都市圏への人口流出が続き，すでに2世代を経過した現在，高度成長の頃の人口分布に戻すことは極めて困難である。

　「日本列島改造論」で論じられたように，全国の交通インフラの整備により，地方にも都市部と同じような便利さをもたらす，という方策も，都市部での集中を進めるという皮肉な結果をもたらした。

　一方，人口減少がこれ以上続けば，インフラを維持することすら困難である，という声がある。庄原市を東西に走る，市内唯一の鉄道であるJR芸備線は，赤字路線の代名詞の1つであり，廃線の議論が巻き起こっている。高速道路の整備など，物流のインフラは向上しているが，通学などを含む社会インフラは縮退しており，住民だけでなく，観光客など来訪者にとっても簡単に訪問できるところではない。

　学校も統廃合が進み，口和自治振興区では1970年代には5校あった小学校が2021年の口南小学校と口北小学校の統合により，口和小学校1校に減少してしまっている。

　多くの自治体で実施されていることであるが，転入，空き家の利活用促進に関して，さまざまな補助金，奨励金が規定されている。庄原市の場合は，①まちなか活性化補助金（空き店舗等活用創業支援事業～空き店舗等を活用し，新たに創業する場合，借上料と改装費に対し補助金を交付），②まちなか活性化補助金（店舗改装支援事業），③住宅リフォーム支援事業補助金，④木造住宅耐震改修促進事業補助金，⑤定住促進奨励金（定住するための住宅の取得等を行った転入者に対し，奨励金を交付），⑥空き家家財道具等処分支援補助金（空き家バンクへの登録を目的に所有者等が空き家内の家財道具等を処分する費用の一部を補助），などが規定されている。

3.4.3.1. 空き家活用へのデジタルソリューション

　庄原市では，空き家の情報をデータベース化し，オフラインでの情報収集とデータベース更新で状況の管理を行い，継続的なモニタリングと空き家解消に努めている。

　また，所有者から賃貸し，または販売の同意をとった物件については，広島県で運営している「ひろしま空き家バンクみんと。」の中の「しょうばら空き家バンク」［2］に登録を進め，借主，買主を探している。

　2022年 8 月末現在，「しょうばら空き家バンク」には66件の物件が登録されている。これは全空き家数の 4 ％程度に相当する。過去数年の実績を見ると，毎年，20件程度の新規の登録があり，累計40件の成約があった。空き家数に対して2.5％程度の成約率である。

　国土交通省では全国レベルの空き家バンクを 2 つの民間事業者(LIFULL，アットホーム)に委託し，2022年 4 月時点で約600自治体(全自治体の約 3 分の 1)が掲載している。自治体独自運営のサイトに比べ，地域横断的な検索が可能であり，地域を特定せずに物件を探すユーザーには探しやすいはずである。

　運用開始以来約 4 年間で約10,700件の成約に至っている。全国のその他空き家の数はほぼ350万件であることから，その 3 分の 1 の自治体は約100万件の「その

図表 3 - 4 - 4 　しょうばら空き家バンクの画面

（出所）　庄原市「しょうばら空き家バンク」ホームページ

図表3-4-5 「みんと。」での庄原市の空き家情報の活用状況

項目	数値	情報源
空き家数	1,622	2018年空き家調査
うちその他空き家	383	同上
「みんと。」登録物件数	66	2022年8月末現在
売り物件	51	同上
賃貸物件	4	同上
売り・賃貸可	11	同上
田畑付き物件	42（内24件は山林も有）	同上
月間アクセス数	約200〜250/月・物件	2022年5月〜8月のアクセス数から推計
成約数	3	2022年5月〜8月合計
月間新規登録件数	3	2022年5月〜8月平均
月間成約数	1	2022年5月〜8月平均
平均築年数	62年	登録物件のうち，築年数が判明しているものの平均

（出所）「みんと。」サイトから著者作成

他空き家」を保有していると推測し，1万件強の成約が実現できていることから，1％の成約と言える。この数字から，地域を限定した「みんと。」のようなサービスでも全国版と同程度以上の効果があると言える。

広島県の場合，県独自の空き家バンクサイトである「みんと。」[3]に，県内の23自治体がすべて参加（掲載物件があるのは15自治体）している一方，アットホームには7自治体のみの参加（掲載物件があるのは6自治体）である。またアットホームに掲載されている物件はほとんど「みんと。」にも掲載されている。

庄原市の「みんと。」の利用状況を見てみよう。

登録物件数が100件以内である中で年間に換算すると10件近い成約，すなわち年間10％以上の成約率であり，また，「その他空き家」383件に対しては3％になる。前述の国土交通省委託民間事業者での成約状況と比べて，高い成約率であり，全国を横断的に見ることのできるマッチングサイトと比べて，単一自治体のマッチングサイトの効果は低いとは言えない。

庄原市の空き家サイトに登録されている物件から，当市の空き家の特徴として以下のことがあげられる。

①　非常に古い物件が多い。築年数が記載されている物件の平均築年数は62年で

ある。最古のもので，150年，明治初期のものである。古民家ブームである反面，多かれ少なかれ補修が必要となる。

② 田畑付き，山林付きの物件が多い。口和自治振興区で言えば，2020年の世帯数が794であるのに対して，中小農家数（農地3 ha 未満）の数は289であり，3分の1以上の世帯が農地を持っている（2000年には中小農家数は541であり，40％もの農家が減っている）。

農業，林業に関わりたい人に向いた移住先である。一方，これらは耕作放棄地，無管理森林となっているか，なるおそれがある。しかし，農業，林業を営んだり，家庭菜園用に利用したり，域外からの訪問者に「体験」を経験してもらうことも可能である。

③ 片付けが終わっていない物件も多い。売り先，賃貸先が決まってから片付けを始める持ち主，片付けが大変なため，売らない，貸さない，空き家サイトに出さない，という所有者（もちろん，居住していない）も多いようである。山内自治振興区では，空き家の家財の仕分けやごみの分別，家の掃除，庭木の剪定，敷地内の草刈りなどの活動を行うボランティア「てごし隊」が活動している（庄原でお手伝いを意味する「てご」に由来する）。

一方，自治体単位でのマッチングサイトの仕組みでの問題は，その地域，自治体に興味を惹く仕組みがなければ，近隣地域以外からアプローチができない。

庄原市では，もちろん，各種パンフレットでの広報を行っている。例えば，東京でも，一般社団法人移住・交流促進機構（JOIN）が運営する東京駅至近の「移住・交流情報ガーデン」や広島アンテナショップ「TAU」でも取得できる。

また，デジタルプロモーションでも，庄原市ホームページでの紹介，情報提供に加えて，各自治振興区がFacebook アカウントを持ち，庄原市および各自治振興区をアピールする情報発信を行っている。Instagram や YouTube も活用している。しかし，Facebook 各ページの「いいね！」の件数は（口和）431件/（総領）550件/（山内）388件/（上高）475件（2022年6月現在）などで，自治区内，庄原市内の閲覧者も一定数いることを考えれば，域外への露出は極めて限定的と言える。

テーマに沿った多くの団体やサイトなどとのデジタル・非デジタルのリンクを貼っていくことが必要と言える。

地域課題やニーズとして存在する，福祉充実や子育て支援，地域コミュニティの活性化等に対応するためには，空き家等を住宅としてだけでなく，集会施設，

交流施設，宿泊体験施設等，多様な用途で活用し，地域資源として活用する施策もとられている。空き家が直接的に転入者の増加につながるものではないが，間接的に転入を促進する施策と言える。

口和自治振興区内で，珍しく古民家とは言えない瀟洒な建物は広島市に本社のあるＡ社のワーケーションプレースである。改装直後の空き家を賃借した物件である。Ａ社は従業員の大半が女性の会社であり，子供がいても働きやすい会社を標榜している。そのため，ワーケーションプレースの中には保育園と見間違えるような，おもちゃが散らばった部屋があり，子供連れで訪問できるようになっている。敷地内には100坪ほどの大きさではあるが畑もあり，近くには魚釣りもできる川にも隣接している。

施錠は，本社で操作するリモートキーと，物理的な鍵の二重施錠でセキュリティを管理し，定められた社員家族のみが使用できるようになっている。もちろん，セキュリティカメラも設置されている。畑は，社員が来た時に施肥，除草などの体験作業を行うが，普段はタイマー付きスプリンクラーで自動的に水やりができる。スプリンクラーはリモコン稼働のものにすることも可能であろう。

このように単にインターネット環境があり，遠隔地からでもテレワークができる，というだけでなく，いくつかのデジタルソリューションが利用され，法人としてのワーケーションの場所ができている。

以前，大企業は健康保険組合などを通じて，保養所を多く保有していた。しかし，2000年に全国に約1,600あった保養所は2016年には約350にまで減少している（日本経済新聞　2018年1月8日）。ベンチャー企業などが，独自にそれぞれの付加価値を求め，コロナ禍でブームとなったテレワーク，ワーケーションの拠点として，設備の整った場所を確保したいニーズもあるだろう。

3.4.4. 空き家対策のビジネスサービス

空き家を活用するためのサービス，他地域と連携して空き家の活用可能なサービスが数多く登場しており，新たなサービスもビジネスとして立ち上げ，既存の方策と連携し，移住を含む空き家への呼び込みを促進することができる。その多くはデジタルと関係し，新しいビジネスサービスの構築も可能である。

いくつかすでに提供されているサービスもあるが，新しいビジネスサービスを紹介しておこう（**図表3-4-6**）。

図表 3 - 4 - 6　空き家対策の新しいビジネスサービス

サービス	概要
移住スカウトサービス	鎌倉に本拠を置く㈱カヤックが提供するサービスである。移住希望者が登録し，受入れたい地域がスカウトを届ける。通常の空き家サイトは登録した自治体に移住希望者など空き家を利用したい人がアプローチするのに対して，地方移住に興味のある人に地域がアプローチするという，地域から見て「待ち」とは逆向きの「攻め」のマッチングである。
空き家サブスクサービス	最も有名なサービスに「他拠点生活プラットフォーム」として展開している ADDress（https://address.love/）がある。月額44,000円〜の定額で全国に230ヶ所以上の登録されている拠点に自由に宿泊できる。定住住所を持たずに，ADDress の設備を転々とする会員もいる。交流/関係人口の拡大に期待できる。
墓参り代行サービス	合掌，清掃，供花，線香，写真撮影などと合わせた多くの代行サービスになる。「墓もりくん」「お墓参りサポートタクシー」「きたよ」など，全国レベルで提供するサービスもある。遠隔地の参拝者とリアルタイムで接続すれば「代行」でなく，「遠隔」墓参りサービスもできる。地元から他地域転出者との関係を維持できる。
おてつたび	旅行先で地元の文化体験，手伝いをしたい旅行者と，お手伝いの受入れを希望する受入れ希望者をマッチングするサービスである。受入れ先は，農林水産業系の手伝い希望が多い。労働力の不足を補う以上に，交流人口や将来の移住希望者の拡大につながることが期待される。
仏壇管理サービス	仏壇を置いておきたい，今の家に持っていきたくない，そのために空き家をそのままにしておくしかない，という状況もある。「みんと。」掲載物件の写真に仏壇が映り込んでいるものがいくつもある。仏壇管理サービスとして複数家の仏壇を集約する。仏壇の一時預りサービスはいくつもあるが，長期間の預りを前提として，日々の献花やお線香などのサービスで付加価値を増し，デジタルを活用したリモート法要もできる。集約場所には空き家を活用する。
家財保管サービス	後片付けサービスの延長として，廃棄，リサイクル供出以外で，しばらく置いておきたいもの，記念品など捨てられないもの，を保管するサービスを提供してはどうか。都市部ではマンションに付随しているようなレンタル倉庫などの地方版である。もともとの荷物があった場所の地域で保管することで，地域との関係維持もできる。もちろん，保管場所としては空き家を活用できる。 保管管理や，入出庫管理にデジタル技術を活用することもできる。
リモート農園管理サービス	農業は人手のかかる作業である，という時代から「農業もデジタル化」の時代に変わりつつある。実際に農地に来なくても，多くの作業が可能になっている。スマホでの遠隔操作，各種のセンサー設備，ドローン，自動トラクターなど大型機器までさまざまなものが揃いつつある。水やり，追肥，除草剤配布，害虫駆除などはもとより，作物によっては苗付け，収穫まで自動化できる。 移住し，田畑を取得し，事業としての農業に従事するに至らなくても，レンタル農園や，シェア農園で農業を経験したいというニーズは多いと推測され，実際にそのようなサービスも全国的に展開されている。ただし，時間的，距離的に農作業を年間通して行うことは難しいケースも多い。
セキュリティサービス	空き家を取得，賃借する人の中には，定住としての利用ではなく，セカンドハウスとして利用するケース，シェアハウス，サブスクリプションサービス，または企業のワーケーションプレースなど複数人で利用するケースも考えられる。デジタルキーの活用などで，入退許可や不許可者侵入のチェック，また，周辺での異常発生時などの連絡なども行う。

（出所）　各種情報より著者作成

なお，リモート農園管理サービスでは，遠隔モニターで遠隔操作の仕組みを提供することも考えられる。また，簡易な作業は代替する，という付加サービスも可能であれば，サービスレベルが向上する。このようなサービスを地域として，または近隣地域との協力の上で構築していくことが必要であろう。

このような仕組みにより，移住受入れに至らないまでも，交流人口，関係人口の増加が期待され，場合によっては海外居住者も受け入れられる可能性がある。空き家もそのような人々を受け入れる場所としての活用が考えられる。

以上から，新しくビジネス創出するものを含むデジタルサービスとの連携強化により，地域を他地域に認知させ，「人」「ビジネス」を呼び込み，定住，交流，関係の人口を確保し，空き家課題への対応を進めてみるのもよいだろう。

【補注】
＊）特定空き家：そのまま放置すれば倒壊等著しく保安上危険となるおそれのある状態又は著しく衛生上有害となるおそれのある状態，適切な管理が行われていないことにより著しく景観を損なっている状態，その他周辺の生活環境の保全を図るために放置することが不適切である状態にあると認められる空き家等である。

【参考文献】
［１］　トカイナカで暮らす｜都会×田舎で理想を叶える複住スタイル　https://fukuju-style.jp/531　2022年10月29日
［２］　庄原市「しょうばら空き家バンク」　https://shobara-akiya.jp/　2022年10月29日
［３］　庄原市の空き家情報「ひろしま空き家バンク　みんと。」　https://minto-hiroshima.jp/　2022年10月29日

第4章

事例紹介②人材を育成する

4.1. 大学における SDGs ポイント活用

4.1.1. 概　要

　国内においても，"SDGs 経営"を標榜する企業や団体はかなり増加し，SDGs 達成に向けて2030年までに世界で「年間12兆ドルの経済価値が生まれる」と『SDGs 経営ガイド』（経済産業省，2019年 5 月）では予測を発表している。しかし，個人の意識まで本質的に理解しているとは言い難い。

　明星大学（日野市）では，SDGs ポイントの提供を通じ，未来を担う学生に SDGs の重要性を楽しみながら体験して本質的な理解を促進するとともに，大学としてこれらの取り組みを社会に訴求する活動を2021年 9 月に開始した。

　SDGs ポイントは，これまでにあったエコポイントやマイナポイントなどのように，本来の目的を達成するための学生向けのインセンティブを導入したものである。インセンティブのポイント収集を楽しみながら，期間単位で景品を獲得し，SDGs の学習を継続しながら，その本質の理解を深めている。

　この活動は試行錯誤を繰り返しているが，"SDGs 経営"の本質は個人の行動や意識という点に焦点を当てている。そのため，SDGs ポイントの課外活動の教育を通じて，学生個人の自発的な SDGs の行動を促し，それを発信することで，東京多摩地区の学生主体の地方創生に貢献している。また，一地域のみならず，最終的には日本社会やさらに地球環境に貢献していくことを目指している。

4.1.2. SDGs ポイントの取り組み

4.1.2.1. SDGs ポイント導入の目的と効果想定

　目的は「SDGs に関するポイントプログラム（SDGs ポイント）を通じた学生体験と社会訴求」を行うことである。本プログラムは，SDGs に焦点を絞った，大学における自発行動型のポイントプログラムで，これからの社会を担う学生に SDGs の重要性を理解してもらい，その成果を日本社会に訴求し，最終的には地球環境に貢献することである。

　近年，SDGs を推進する"SDGs 経営"を行う企業も多くなり，コロナ禍において社会的にも認知度が上がってきた。しかしその内容を本質的に理解している人は未だ少ないのが現状であり，日本社会において大きな課題でもある。一方で，グリーン家電エコポイントやキャッシュレスポイント還元事業，マイナポイントのように，ポイントプログラムの提供を通じた取り組みが，活動の推進に好影響を与えている。したがって，SDGs とポイントプログラム，そしてオンライン学習で使う LMS（Learning Management System，オンライン授業で使う"学習管理システム"のサイト）を活用することで，学生は楽しみながら実践し，SDGs を本質的に理解できる。この成果を学業成績とは別に評価をすることで，学生の自己実現を後押しするものである。

　効果として，主に以下のような事柄が挙げられる。なお，長期的ビジョンとして，他大学や系列の中・高等学校等でも実践し，SDGs のさらなる理解と貢献を目指している。

① 　学生は，SDGs の取り組みに対して，ポイント収集をゲーム（競争）感覚で楽しみながら継続し，その実践によって SDGs を本質的に理解する。

② 　大学は，学生の成績とは"異なる視点の貢献"を認識するとともに，SDGs の取り組みの情報収集や発信を行い，日本社会や地球環境へ貢献する。その功績による，志望/入学/卒業学生への誇りを醸成する。

4.1.2.2. SDGs の意味と課題

　SDGs は，Sustainable Development Goals（持続可能な開発目標）の略称（図表 4 - 1 - 1 ）である。2015年 9 月の国連サミットで加盟国の全会一致で採択され，2030年までに持続可能でよりよい世界を目指す国際目標である。この SDGs は，17のゴール・169のターゲットから構成され，地球上の「誰一人取り残さない（leave

図表 4-1-1　SDGs の17のゴール（目標）

（出所）"SDGsジャーナル"から引用

no one behind)」ことを誓い，発展途上国のみならず，先進国が取り組む普遍的
なものである。日本においても，政府や企業をはじめとして，積極的に取り組も
うとしている［1］［2］。そのため，日本の未来を背負う大学生においても，本質
的な内容に関する認識レベルを上げ，貢献していくことが迫られているが，その
内容を本質的に理解している学生は極めて少ないのが現状である。大学教育にお
いても，由々しき問題である。また，昨今は"SDGs経営"を標榜する企業もかな
り増加したが，その構成員である個人が本質的に理解しているとは言い難い。企
業自体も，オフィスビルのカーボンニュートラル化（二酸化炭素の放出と吸収が
相殺されている状態）にし，社員のエコ推進などを掲げている場合が多いが，個々
人の取り組み，その意識まで踏み込まなければ，オフィスの老朽化，エコ活動の
マンネリ化によって，持続していくことはできない。

4.1.2.3. SDGs ポイントの内容（構想）

　SDGs の重要性，内容の本質な理解および実践を行うため，SDGs ポイントを
2021年 9 月から開始した［3］。SDGs ポイントは，学生が希望して登録されれば，

図表4-1-2　「SDGsに関するポイントプログラムを通じた学生体験と社会訴求」の全体像

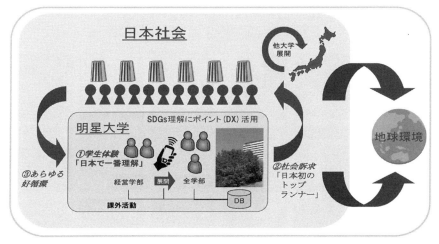

（出所）　著者作成

ICT（スマホなど）を活用して参加できる。学生はポイント収集を楽しみながら，SDGsの自発的な学習を行い，"SDGs分野を日本で一番理解した学生"になってもらうことなどの狙いがある（**図表4-1-2**）。

　SDGsポイントは，2021年度「明星大学教育新構想」事業（萌芽）の1つとして，授業そのものの活動ではなく，課外活動として著者を中心に立ち上げたものである。経営学部の参加希望者100名程度の学生から1週間単位の投稿形式で開始され，半年後は全学部に展開した。2022年3月に一旦終了したが，同年6月に1ヶ月単位の投稿形式で再開した。

4.1.2.4. SDGsポイントの実施方法

　SDGsポイントに参加する方法やポイント付与方法は，以下のとおりである。

　参加学生が実践した"SDGsの取り組み"をスマホのブラウザまたはアプリからLMSに行き，そのSDGsポイントのコース上から，ある一定期間（例：1週間〜1ヶ月）単位で1日ずつ，その内容と写真をレポート機能から投稿してもらう。これを複数のメンバーで判断し，認定された場合にポイントを付与する。複数のメンバーとは「明星大学（経営学部）SDGsポイント事務局」の教職員（著者など）

および学生である。

　学生は，ある期間単位で最大でその日数分（1週間で7ポイント）が付与される。なお，LMSを使うことにより，相応の開発費用がかかるポイントシステムを用いず，どの地方，どの大学においてもSDGsポイントを実装できる。

　これらの"取り組み"と"認定"を定期的に繰り返し行うことにより，学生が実践できるSDGsの取り組みを教職員が把握し，学生と教職員もSDGsの本質的な理解が深まる。

　SDGsポイントは，TポイントやPonta，楽天ポイント，dポイント，PayPayポイントなどのように商品の交換や値引きに使える「流通ポイント」ではなく，JAL（日本航空）のフライオンポイントやANA（全日本空輸）のプレミアムポイントのように成果を評価する「行動ポイント」（図表4-1-3）である［4］。この「行動ポイント」は，学生にとっての大きなインセンティブであるが，安易な金銭交換だけの目的で醸成されるものではなく，自己実現を後押しするものである。

　さらに，SDGsポイントを蓄積することにより，一定期間の上位者を発表し，学業とは"異なる視点の貢献"者を表彰する。これにより，以下に述べるような成果があった。

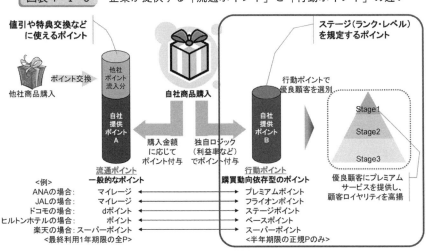

図表4-1-3　企業が提供する「流通ポイント」と「行動ポイント」の違い

（出所）　著者作成

4.1.2.5. SDGs ポイントの成果（途中結果）

　SDGs ポイントは，目的のとおり，社会に訴求するため，情報発信に資する SDGs の定性的な取り組みや，その定量的な情報を適宜アピールする必要がある。昨今の企業広告においても，SDGs を標榜し，"SDGs 経営"を推進していることをアピールしている。大学においても同様で，社会的な訴求は，メディアなどで取り上げられると浸透していくため，継続的にアピールしていく必要がある。

　2022年6月再開時において，150名を超える学生（1年生〜4年生）が参加登録されていたが，2021年9月の開始から2021年末（12月度終了の1月2日まで）を振り返る。

　毎週の投稿内容は，学生の申告ベースで，SDGs の目標1〜17において，**図表4-1-4**のようになった。この時点で目標1の投稿は0であるが，上記の期間以降には投稿されている。月別は，2ヶ月目の10月度（10月4日〜10月31日）がピークであり，4ヶ月間で合計255件の投稿があった。曜日別は，開始曜日と終了曜日の取り方によって変わる可能性があるが，月曜日〜日曜日の1週間単位で前半に多い傾向があった。

　SDGs の目標別に振り返ると，最も多かった目標が「12.つくる責任つかう責任」であった。次いで，「7.エネルギーをみんなに そしてクリーンに」，「3.すべての人に健康と福祉を」と続く。学生たちの，モノに対するエコ消費，節電・節水，身体障がい者への対応などへの関心がうかがえる。

図表4-1-4　「SDGs ポイント」の月（9月度〜12月度）別・目標(17)別の投稿数

SDGs目標	9月度 (9/1-10/3)							10月度 (10/4-10/31)							11月度 (11/1-12/5)							12月度 (12/6-1/2)							小計
	月	火	水	木	金	土	日	月	火	水	木	金	土	日	月	火	水	木	金	土	日	月	火	水	木	金	土	日	
1																													0
2		1		1		2	1	1		2			2		2				1				1						16
3		1	1	3	1		1	2	2	2	1			3	2	1		2	1	1			1	1	1	1			28
4			1		1	3	1	1	1	2	1			1	3					1	1								17
5											1		1			2													3
6		1	1											2	1		1												8
7	4		1	1	3	1	2	1				1	3	2	2	3		2	2				2		1			1	34
8			2					1	2							1	1			1									8
9		1	1																										2
10				1															1										2
11	4	2	1		1	1		3	2					1	1	2		1	1			1				1	1	1	24
12	3	4	3	1		2	2		3	3	2	1	1	3	2	2	1		1	3	5		1	2			1	1	47
13	3		2						1	2	2	1	1	2			3	2						1	1	1			22
14	1	3							2	2	4	2		1	2	1						1				1	1	1	22
15	1	2						1	1						1	1										1	1	1	10
16		1										1				1									1	1			5
17				1		1						1	1		1					1								1	7
小計	17	14	13	11	10	10	9	14	14	16	14	13	12	15	11	9	8	7	5			3	3	4	2	2	1	3	
合計				84							98							55							18			255	

（出所）著者作成

4.1.3. SDGs ポイントの付加価値

4.1.3.1. すでに実績有り

SDGs ポイントの取り組みの価値評価は，他者が今後行っていくべきであるが，開始当初は，各種のメディア掲載（CNET Japan，ペイメントナビ，ポイ探など）があった。また，2021年10月30日には，「情報文化学会大賞」［５］を受賞した。さらに，2022年２月15日開催の「脱炭素チャレンジカップ2022」においては，ファイナリスト28団体に選ばれ，当日の投票で上位２団体に贈られる「マクドナルドオーディエンス賞」［６］［７］も受賞した。なお，投票結果は１位（**図表４-１-５**）であった。このように，開始１年未満ですでに注目された。

ただし，SDGs ポイントの参加学生は増えても，常時投稿する習慣化された学生は多くはない。また，LMS の UI 部分のスマホアプリ化（Android 版）を行ったが，都心や地方を問わず，他大学でも取り組むには，共通アプリへ展開することが必要になる。実績もあるがこのような課題もあり，試行錯誤を繰り返している［８］。

図表４-１-５　脱炭素チャレンジカップ2022　Web 投票ランキング

順位	団体名称
1	明星大学（経営学部）SDGs ポイント事務局
2	前田酒造株式会社　西関東支店　川崎営業所
3	横浜市青葉区　堀之内地区まちづくり協議会
4	森と子ども未来会議
5	株式会社竹中工務店

（出所）脱炭素チャレンジカップ2022 報告書

4.1.3.2. 目的意識と危機意識の比較

企業のみならず，大学においても，“SDGs 経営”の本質は，個人の行動や意識という点はいずれにしても代え難い。そのため，SDGs ポイント参加の学生個人が，自発的に“目的意識のみ”で投稿する学生と，授業の単位取得のための“危機意識も取り入れ”て投稿する学生について，その意識による差を比較分析した。その結果，危機意識を取り入れると，投稿件数では約4.6倍，投稿者数で約4.3倍となった［９］。つまり，SDGs の共通目標を達成するためにも，目的意識のみと危

機意識を取り入れた場合では，4〜5倍程度の大きな差が生じる。

　"SDGs経営"を標榜する企業も増えたが，個人の意識まで本質的に理解しているとは言い難い。そのため，地方創生のみならず，日本社会やさらに地球環境に貢献するSDGsのような取り組みにおいて，企業においても，この個人の意識差を上手く活用し，個人の意識改革を促すことが望ましい。

4.1.4. SDGsポイントにおけるデジタル活用

　デジタル活用の視点では，先に述べたとおり，LMSの仕組みを活用している。明星大学のLMSは，manabaという学習管理システムであり，コロナ禍で広まったオンライン学習において，多くの大学で利用しているシステムでもある。このLMSには，他にも国内ではMoodle Share，Udemyなどがあり，大学などで活用されている。

　中小企業ではないが，前述の『中小企業のDX支援のアプローチ』を当てはめると，SDGsポイントのデジタル活用は，「守りのDX」における1のペーパーレスから，2の自動化，3の見える化までのステップに当てはまるだろう（**図表4-1-6**）。デジタル活用は，目的でなく，あくまでも手段である。つまり，見える化が目的でなく，見えることによって，SDGsの取り組みがやりやすく，わかりやすいということである。

　SDGsポイントは，㈱ベストプランニングの協力のもと，インターフェース部分のみアプリ化ができており，Android版はGoogle Playで公式アプリとなった（ただし，2022年末に終了）。iOS版はAppleの公式化が厳しいため，非公式のアプリ（通称：野良アプリ）のままであった。SDGsの取り組みの投稿やポイント確認の方法など，もっと洗練された会員管理までできる共通アプリ化が試みられれば，アプローチの「攻めのDX」にまで至るであろう。しかし，大学での取り組みは，目的が異なる面もあるが，企業に比べると収益化が難しく，予算化の規模が

図表4-1-6　SDGsポイントの『DX支援のアプローチ』

ステップ	1．ペーパーレス	2．自動化	3．見える化
具体的なアプローチ	・スタンプカードではない，ポイントの仕組みの提供	・LMSでのオンライン授業と同等で対応可能 ・ポイント付与・照会はある程度可能	・取り組みの投稿によって，その履歴が残る

（出所）　著者作成

小さいため，簡単なステップアップというわけにいかない点は課題である。

4.1.5. SDGs ポイントの関連事例と参考点

　"異なる視点の貢献"にポイントプログラムを活用する事例は，以前から一部の企業で既に行われている。

　例えば，環境貢献（社会貢献）への評価として，エレベーターを使わずに階段で昇り降りする社員に対して，人事評価と"異なる視点の貢献"でエコ奨励評価のポイントを付与している。これは事務機器メーカーにおいて，社員向けのサンクスポイントとして提供されている。また，継続貢献への評価として，派遣社員に対して，継続的に派遣される方に，派遣会社から（給与以外の）共通ポイント（T ポイントなど）を付与している。

　寄付を前面に出すポイントプログラムも近年，数多く提供されるようになった。例えば，ポイント交換先には NPO などへの寄付として，共通ポイント（T ポイントなど）がある。また ESG（環境・社会・ガバナンス）や SDGs を推進する企業に投資家が集まるため，証券会社のポイントプログラムでも，ポイント交換先として NPO を指定できる場合がある。さらには，地域社会への貢献のため，各地域ポイントや地域展開するサイモンズポイントは，ポイント交換先として地域のNPO などを指定できる場合がある。特にサイモンズは，余ったポイントの期限が到来すると，自動的に寄付先へ交換される。

　SDGs ポイントと類似な事例も存在する。例えば，神奈川県を中心として，「まちのコイン」（地域コミュニティ通貨）のアプリを活用した「SDGs つながりポイント」，愛知県豊田市を中心とした「とよた SDGs ポイント」などである。これらの事例のポイントの種別は，**図表 4 - 1 - 3** で示した「流通ポイント」であり，SDGsポイントは「行動ポイント」である。また，類似事例のポイントの付与基準は，ある決まった行為にポイントを付与するものであり，固定的である。それに対して，SDGs ポイントは"SDGs の取り組み"を学生が独創的に考えて投稿し，それを評価してポイントを付与するものであり，流動的である。

　以上の独自性もありながらも，地方の一大学のみならず，他大学や他団体でも，LMS のような汎用的な管理システムを用いて実施することが可能である。

【参考文献】
［1］　外務省ホームページ『JAPAN SDGs Action Platform』　https://www.mofa.go.

jp/mofaj/gaiko/oda/sdgs/index.html 2022年1月31日

［2］ 池上彰(監修)『世界がぐっと近くなるSDGsとボクらをつなぐ本』学研プラス，2020年2月

［3］ 明星大学ホームページ『明星大学経営学部の課外活動に「SDGsポイント」を導入します～ポイントプログラムを活用して自発的なSDGs学習を促進～』 https://www.meisei-u.ac.jp/2021/20210827p1.html 2021年8月27日

［4］ 安岡寛道『ポイント会員制サービス入門』東洋経済新報社，2014年6月

［5］ 情報文化学会『2021年10月30日全国大会・顕彰報告』 2021年10月

［6］ 脱炭素チャレンジカップ『脱炭素チャレンジカップ2022』 https://www.zenkoku-net.org/datsutanso/ 2021年2月15日実施・発表

［7］ 明星大学ホームページ『明星大学独自のプログラム「SDGsポイント」の取り組みが「脱炭素チャレンジカップ2022」にてマクドナルドオーディエンス賞を受賞しました』 https://www.meisei-u.ac.jp/2022/20220225p1.html 2022年2月25日

［8］ 安岡寛道『SDGs経営の促進に向けたインセンティブの研究～明星大学「SDGsポイント」に見る学生の取り組みに関する一考察～』明星大学経営学研究紀要（第18号），2022年3月

［9］ 安岡寛道『「SDGポイント」における目的意識と危機意識の比較分析』国際戦略経営研究学会・年次大会，2022年10月1日

4.2. Blended な人財育成とネットワーク構築

4.2.1. 概　要

　2020年から新型コロナウイルス（Covid-19）の感染拡大の影響により仕事の現場のみならず教育環境においてもデジタル化が余儀なくされオンラインやリモートが浸透した。

　OECDによると世界188か国の約15億人が休校や学校の閉鎖の影響を受けている。教育現場でのオンライン化やEdTechなどデジタル化が世界規模で加速する要因になったと思われる。また、ほぼすべての調査対象国でオンラインプラットフォームを利用した教育の場が提供され，90％近い学生がインターネットに接続し学習できる環境にあるとOECDの調査では発表されている。

　教育現場でのオンラインによる授業の導入は、どこでも・いつでも・だれでも学べるという環境となる。アクセスのしやすさや選択肢が広がることにより学習能力の格差の解消のみならず，より専門性の高い教育環境にアクセスが容易となり，能力を高めることも可能となる。教師が不足している地域では，他の地域と

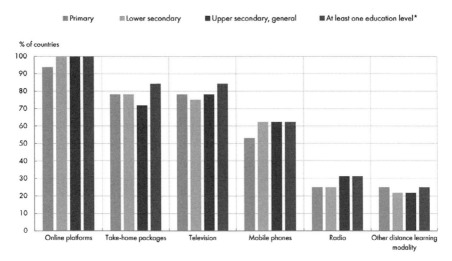

図表 4-2-1　コロナ禍における教育の現状

Figure 2.1 • Distance-learning solutions offered in participating countries during 2020 and/or 2021

（出所）　OECD/UNESCO-UIS/UNICEF/World Bank Special Survey on COVID. March 2021「The state of school education-one year into the COVID pandemic」

連携して分野の補完をすることも可能となり，連携により他の地域の取り組みを知ることや，地域間連携など新たな関係や効果も期待できる。

　遠隔で業務に関わる選択肢も増える中，ネット環境が整ってさえいれば，都市部以外でも教育や広い意味での人財育成となるネットワーク構築なども期待できる。そこで本節では，国内外の事例をもとに，教育の機会をデジタルと対面を"融合した"（以降，手段は Hybrid であるが，戦略的な実施として"Blended"と表記する）取り組みを紹介する。

4.2.2. ネット環境の整備とネットワークにより優位性を発揮

　諸外国には，内陸で貿易に向かず，小国で工業など製造業に向かない国もある。内陸小国モデルと私が名付けている事例の1つであるアルメニアの事例を紹介する。

　コーカサスの小国であり，旧ソ連に属していたアルメニアでは，1856年ソ連時代にエレバン・コンピューター研究所が設立されて以降，80年代はソ連のシリコンバレーと呼ばれるほどハイテク産業が発展した。

図表 4 - 2 - 2 アルメニアの代表的な IT サービス

ITサービス	サービス内容	URL
Joomag社	インタラクティブデジタル出版ソフトウエアを提供しており、既に世界で30万の出版社がソフトウエアを利用してデジタル・インタラクティブ雑誌やニュースレター、ブログ、カタログ、ブローシャー、電子書籍を出版している	https://www.joomag.com/
Triada Studio社 (Shadowmatic)	iOSアプリを開発している約20年の歴史を持つコンピュータグラフィックとアニメ作成のTriada Studio社が開発したShadowmaticは、Apple Design Awardを2015年に受賞している3Dコンピュータグラフィックスエンジンである。2017年にはAndroid版も公表されており、モバイル・ゲームメーカーとして著名である	https://www.shadowmatic.com/
PicsArt	モバイル写真編集アプリである。現在、月間100万人のアクティブユーザーがいる	https://picsart.com/explore?hl=ja
SoloLearn	200カ国で数百万人のユーザーがいるコード学習コミュニティである。5年前に立ち上げられ、現在、800万人のミレニアム世代のプログラマーが世界中にいる	https://www.sololearn.com/
Triple-E	3D／2Dアニメーションモデル、ビデオ、オーディオ、ゲームなど、さまざまな種類のコンテンツでAR（拡張現実）サンプルを作成、表示、および共有できるARize Augmented Realityプラットフォームを開発、提供している	http://arize.io/index
Teamable	このオンラインプラットフォームは、企業が既存のソーシャルネットワークへの登録情報を活用し、採用活動を行うことで、採用コストの削減を図る。Uber社、Facebook社、Lyft社、Hipanalitics社、Stripe社、オラクル、Intuit社などの企業と連携している	https://www.teamable.com/
Volterman smart wallet	スマートフォンと離れるとアラームが出たり、モバイルバッテリーを内蔵していたり、Wi-Fiホットスポットの情報を内蔵していたり、盗まれた場合に財布を開いた人の顔を自動撮影してスマートフォンに転送したり、グローバルGPSとの提携で場所をトラッキングできるような機能の付いた皮財布の開発と販売	https://www.volterman.com/
Inapptics	リアルタイムのアプリ分析プラットフォームでユーザーの行動を追跡し、実用的な洞察を得てアプリを改善することが可能になる	https://inapptics.com/

（出所）　NRI 知的資産創造「アルメニアの政治経済の変化とビジネスチャンス」

　山国であることや IT 技術の高さから、シリコンマウンテンと呼ばれており、欧米の IT 企業がアルメニアの IT 企業を買収し、現地に進出し開発機能の一部を分担させるなどの事業活動が展開されている。

　2001年に IT 産業育成のためのマスタープランが作成され、強化が図られてきたが、隣国のトルコやアゼルバイジャンと歴史的経緯から関係の良くないアルメニアは、資源も乏しく、農業や製造業の輸出に不利であるため、高品質な通信回線さえ整えば立地を選ばない IT 産業を強化した。能力の高い人材や人件費の安さは競争優位性をもたらしている。

　世界初の IT 教育機関として設立された TUMO センターは、12歳から18歳の子供たちが IT について学ぶことができる無料の教育機関となっており、アルメニアの IT 企業から多くの教師が招かれ、子供たちは放課後にいつでも自由に参加し、自分のレベルに合わせてアプリケーションやゲーム、ロボティクスなどの開発や IT 技術を学ぶことができるクラブ活動のような場が用意されている。当該センターの上階部は IT 企業のオフィスとして貸し出し、その賃料やアルメニア系慈善団体 AGBU からの寄付で、TUMO センターは運営されている。各国の

図表 4 - 2 - 3　　世界初の IT 教育機関 TUMO センターで学ぶ子供たち

（出所）　［世界の地域］暦の起源や世界最古の醸造所など長い歴史を持つアルメニアは，シリコンマ
　　　　ウンテンと呼ばれる IT 立国。古くて新しい国（アルメニア政府提供）

図表 4 - 2 - 4　　世界各国におけるアルメニア人人口

（出所）　http://www.haias.net/news/_armenian-population.html

　要人や著名人がアルメニアに訪れた際に視察する施設となっており，ジョージ・クルーニーやカニエ・ウェストなども視察に訪れたといわれている。

　アルメニアは人口が300万人に満たない国であるが，華僑や印僑のように世界各地に分散するディアスポラのネットワークの力が強固であり，欧米からの投資や海外への事業展開につながっている。技術力のみならず人的なつながりもポイントである。

4.2.3. 世界トップレベルの教育をオンラインで受講

　近年，オンライン MBA のプログラムが増えており，現地に留学するよりも生活費を含むトータルで考えた場合にコストはおさえることができ，自国で働きながら受講できることから人気が高まっている。入学条件も留学と比べハードルが低い大学やプログラムも多い。

　MBA ランキングの評価機関として，Bloomberg, Financial Times, Forbes, Economist, Eduniversal, QS World Rankings などがあげられる。それぞれ評

図表 4-2-5　世界の MBA のランキング例（評価機関別，2022年）

順位	Financial Times	Economist	QS World Rankings
1	University of Pennsylvania : Wharton	Harvard Business School	Stanford Graduate School of Business
2	Columbia Business School	University of Pennsylvania : Wharton	Harvard Business School
3	Harvard Business School	Northwestern University, Kellogg School of Management	University of Pennsylvania : Wharton
4	INSEAD	Columbia Business School	HEC Paris
5	Northwestern University, Kellogg School of Management	MIT Sloan	MIT Sloan
6	Stanford Graduate School of Business	Duke University−Fuqua School of Business	London Business School
7	University of Chicago : Booth	HEC Paris	IE Business School
8	London Business School	Stanford Graduate School of Business	INSEAD
9	Yale School of Management	University of Chicago : Booth	Columbia Business School
10	IESE Business School	University of Michigan (Ross)	IESE Business School

（出所）　Financial Times, Economist, QS World Rankings

| 図表 4 - 2 - 6 | オンライン MBA のランキング（2022年） |

順位	学校名	国
1	Warwick Business School	UK
2	Imperial College Business School	UK
3	IE Business School	Spain
4	University of North Carolina : Kenan-Flagler	US
5	University of Florida : Warrington	US
6	Politecnico di Milano School of Management	Italy
7	Durham University Business School	UK
8	AGSM at UNSW Business School	Australia
9	University of Nebraska-Lincoln	US
10	University of Bradford School of Management	UK

（出所）　Financial Times

価基準が異なり，給与・学び・ネットワーク・起業などの 4 要素を中心に評価しており，卒業後の昇給度合いを定量定性的に評価したものや，卒業後 5 年間でMBA の投資回収ができたかどうか，卒業生の職業，国際化基準（国際認証の有無）など評価基準は少しずつ異なる。

　多くのランキングでは，ハーバード・ビジネス・スクールやペンシルベニア大学ウォートン校など上位校は米国の不動の名門校が名を連ねている。しかし，オンライン MBA では，アメリカだけでなくヨーロッパやオーストラリアの学校もランクインしている。

　学ぶ機会が多様化する中で，目的に合った選択が必要となる。キャリアアップのために知識を習得することが目的の場合と，ある程度経験を積んだ後で足りない知識や経験を身につけたり，同じような経験をする仲間とのネットワークを求めたりする場合では，学ぶ場所や学ぶスタイルは変わってくる。

　2023年 1 月からペンシルベニア大学ウォートン校は，女性リーダー育成のためのオンライン講座を日本で開講することを2022年 9 月に発表した。ライフプランとキャリアを両立しながら，世界トップクラスの教育を受講する機会があることは魅力的である。通訳付きの講座となっており，場所や時間のみならず言語のハードルにも対応している。

　公益財団法人野村マネジメント・スクールでは，ハーバード・ビジネス・スクールやペンシルベニア大学ウォートン校，マサチューセッツ工科大学の講師が教鞭

> **図表 4 - 2 - 7** オンラインオープンキャンパスに登壇したハーバード・ビジネス・スクールのジョセフ・バダラッコ教授

（出所）　野村マネジメント・スクールの Web サイト

をとる講座を提供している。当該スクールの特徴は,（コロナ禍ではオンライン開催などを実施したものの）対面でのスクールの運営と日本語環境での講座の提供である。さらに, 各企業が選抜し派遣される経営幹部候補生が受講生であることからネットワーク構築の効果もあり, 日本の産業発展に寄与している。

　近年, オンラインオープンキャンパスの開催をしており, 教鞭をとる世界一流の講師による講義をオンラインで聴講することができる。一流講師と経営者の討議や講師陣によるディスカッションなどコンテンツも工夫されており, タイムリーなテーマの講演の聴講が可能である。

　現地に留学しなければ聴講する機会のない講義がオンラインで聴講できることは教える側と学ぶ側の距離を縮め, 新たな学びの機会を創出している。

　しかし, オンラインのみでは得ることのできない学びも多く, 当該スクールでは対面での講義をベースとしている。これは, 講師と受講生, 受講生同士がインタラクティブにコミュニケーションをとることにより多くの気づきや示唆があることやネットワーク構築につながるからである。

　また, 国際会議などでも活躍する一流の通訳や経験豊富で専門性の高いスタッフによる翻訳やプログラムの設計によって完全な日本語環境での受講が可能となっている。それぞれが自国の言語でコミュニケーションをとることで講師と受

講生や受講生同士の議論が深まることにより，経営者として活躍する受講生は，
他の受講生から学びを得る機会も多い。

4.2.4. 将来へつながる学びとネットとリアルの利活用

　学校法人角川ドワンゴ学園では，ネットの高校を展開している。

　好きなときに，好きな場所で学習できる新しい学びのスタイルに加え，好きな
ことを好きなだけ学ぶことができる興味深いサービスである。

　プログラミングや酪農体験など，課外授業として学ぶものや部活として実際に
株式投資などを体験し社会や経済の仕組みを学ぶ。

　投資体験は，実際に株式を購入し運用したり，データから企業を分析したり，
企業訪問なども実施する，まさに投資家さながらの経験をする。さらにイラスト
の授業では，アニメの背景画の作成など職業体験に近い経験が将来の選択肢を広
げ起業の機会などにもつながっている。

　ネットとリアルの双方でコミュニケーションをとれる学びのスタイルやコンテ

図表 4-2-8　課外授業・ネット部活のイメージ

eスポーツ　農業体験　ファッション　酪農体験　起業　留学　投資　語学　プログラミング　小説　声優　ダンス　大学受験対策　イラスト

（出所）　学校法人角川ドワンゴ学園　N 高等学校・S 高等学校 Web サイト

ンツの幅広さ，さらに各界で活躍する著名人による特別授業では，例えばゲーム
の宣伝屋によるゲームの宣伝などテーマの設定もオリジナリティがある。

　プログラミングやイラストは言語の壁を越えたテーマであるため，ネット環境
が整っていれば，どこでも・いつでも・だれでも学ぶことが可能である。地方部
で最新鋭の教育にアクセスできるのみならず，新興国や途上国の育成や産業の創
出などに役立つかもしれない機能やコンテンツも多い。

4.2.5. 地域の活性化と新たな学び

　地方部でも活躍する機会やポテンシャルがあるもののうまく活かせない理由の
1つとして，ノウハウを得る機会や顧客に知ってもらう機会など，都市部と地方
部での差を指摘する人がいる。

　しかし，オンラインで学ぶ機会があれば，どこでも・いつでも・だれでも学べ
る。例えば地酒のブランディングや古民家でカフェ開業などであっても経営や
マーケティング，メニュー開発など，オンラインで学ぶ機会もあり，SNSなどを
活用したPRやネットワーク拡大も可能である。

　地方部にわざわざ都市部から足を運びたくなる店舗をつくり，人と人が対面で
ふれあい，輪が広がり，関係も深くなる。そんな効果も期待できる。

　顧客とのネットワーク構築や他の事業者との出会いもオンラインで可能な時代
となったが，コラボレーションや深い関係づくりは対面だからこそできるもので
もある。

　農林畜産分野での六次産業化でも周辺分野との連携や他の企業とのコラボレー
ションなど，オンラインを取り込んだ興味深い事業が多くあり，地域の活性化に
もつながっている。

　オンラインの活用により，どこでも・いつでも・だれでも学ぶことが可能とな
り，遠隔地間での距離が縮まり，地方部でも学ぶ環境，育成の機会を得ることが
できるようになった。

　インプットの場としてのオンラインの活用は，便利で効果的である。そして多
くの機会があるとより多くの人が学ぶ機会を得ることができる。しかし，学ぶ場
で重要なポイントは，直接顔を合わせて話し合い，他の人の意見を聞くことであ
る。

　人財の育成には，オンラインと対面のBlendedスタイルでの教育は有効である
と考える。インタラクティブなコミュニケーションは，人と人とのつながりを生

み，地方部でのビジネスや活性化にも重要な役割を果たしている。

【参考文献】

［1］　植村哲士，アンドレイ・P・ロジオノフ，谷口麻由子著　知的資産創造　シルクロード沿線諸国の現状と日本企業のビジネスチャンス「アルメニアの政治経済の変化とビジネスチャンス」　2019年 3 月

［2］　谷口麻由子著［世界の地域］暦の起源や世界最古の醸造所など長い歴史を持つアルメニアは，シリコンマウンテンと呼ばれる IT 立国 古くて新しい国　2020年 9 月

［3］　公益財団法人 野村マネジメント・スクール　https://www.nsam.or.jp/　学校法人 角川ドワンゴ学園　https://nnn.ed.jp/　2022年11月 8 日

［4］　Financial Times　https://rankings.ft.com/home/masters-in-business-administration　2022年11月 8 日

［5］　Economist　https://whichmba.economist.com/　2022年11月 8 日

［6］　QS World Rankings　https://www.topuniversities.com/mba-rankings/2022　2022年11月 8 日

［7］　Forbes　https://www.forbes.com/business-schools/list/　2022年11月 8 日

［8］　Bloomberg　https://www.bloomberg.com/business-schools/　2022年11月 8 日

［9］　Eduniversal　https://eduniversal-ranking.com/　2022年11月 8 日

［10］　OECD　https://www.oecd.org/about/　2022年11月 8 日

4.3. 技術研修による地方課題解決

4.3.1. 概　要

　新型コロナウイルス感染が広がる中，政府は社員の 7 割テレワークの推進を目指し，各業界に対して指示している。その広がりの中でワーケーションという地方の活用方法も出てきた。ここでは地方でのワーケーションと，地方の課題解決のためのアイデアソンを組み合わせ，研修企画として若手エンジニアのグローバル化に向けたクリエイティブ研修の成果を紹介する。

　事例は，一般社団法人ソフトウェア協会（SAJ）と SAJ 行政会員である袋井市で行われた"ワーケーション×アイデアソンで思考改革"と題した研修である。

　研修生の充実した学びと地域資源を生かした非日常的空間を取り入れた研修で，英語でランサムウェアの基本と対策を学び，袋井市現地では市内をめぐりアイデアソンのテーマとなる地域を見学し，デザイン思考を学びつつ DX の視点から地

域資源の活用についてまとめていく。

　本節はその研修企画を通して，地域課題をデジタル化によって解決提案するとともにサービスの事業化を実現する活動を明らかにする。

4.3.2. オンラインセミナー×アイデアソンによる研修で人材育成＝地域課題解決

　SAJ技術委員会では，毎年若手エンジニアの人材育成を目的に，海外研修を実施してきたが，コロナ禍で海外での研修実施は難しく，さらにテレワークにより社内外の人とのコミュニケーションが希薄になるなど，さまざまな課題が存在している。そこで，海外講師によるオンラインセミナーを織り交ぜ，英語力の向上を目指しSAJ行政会員でもある袋井市の協力も得て現地合宿研修を実施することになった。袋井市の協力を得たことで，合宿中は宿泊地からワーケーションを実施，さらに地方の課題解決のために現地を見学し，参加者をグループ分けの上，アイデアソン研修を主軸に地域資源の活用，ITサービスの企画を立案した。

　研修後は，所属企業の上長の前で発表し，競技性を取り入れ，袋井市長賞や技術委員長賞，技術委員会賞を授与した。

　この研修では，若手エンジニアの人材育成だけでなく，地域の課題解決など地方創生にも役立つ研修企画となった。

<研修スケジュール>

2021年11月4日（木）	オリエンテーション
2021年12月1日（水）	英語によるランサムウェア研修
2021年12月8日（水）～10日（金）	袋井市合宿研修
2022年1月26日（水）	研修（アイデアソン）発表会

4.3.2.1. 英語によるランサムウェア研修

　はじめに，海外研修の代わりに英語によるセミナーをオンラインで実施した。ソフトウェア開発者において英語は必要性が高く，海外サイトや海外エンジニアから情報収集することも多く，近年ランサムウェアによる被害も多くなっていることから，外国人講師による英語でのセミナーを実施した。今回はSAJ理事企業でもあるトレンドマイクロ株式会社に講師を依頼した。コロナ禍によるセミナーは集合研修と違い，オンラインで開催でき，地域（講師はフィリピン居住で海外より配信）による影響もなく，テレワーク時でも受講が可能となった。

図表 4-3-1　オンラインによる研修風景

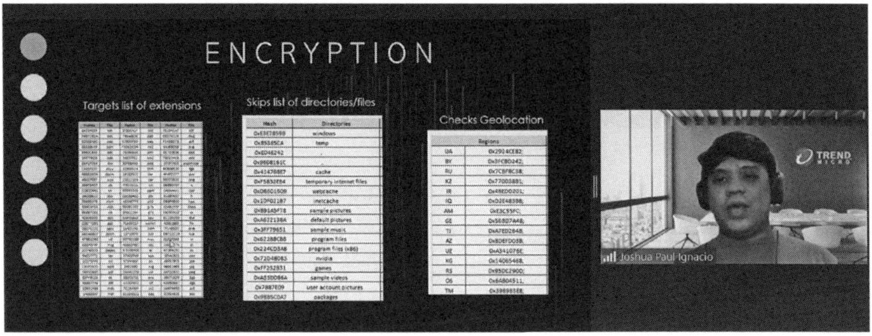

（出所）　SAJ 技術委員会：若手エンジニアのグローバル化に向けたクリエイティブ研修　https://
www.saj.or.jp/NEWS/committee/technical/2021training_report.html

4.3.2.2. 袋井市合宿研修

　12月８日〜10日に袋井市で14名の若手エンジニア参加による合宿研修を実施した。

　この合宿では，まずは袋井市の課題として３ヶ所（**図表 4-3-2 〜 4-3-4**）の活性化をテーマにアイデアソンを実施するために，参加者を４グループに分けて見学し，それぞれがテーマとなる地域を決めて合宿中にデータサイエンスやアイデアソンの仕方を学びながら議論をまとめる。合宿後発表までにメンバー間でさらなるブラッシュアップを実施の上，最終発表会で袋井市長賞や技術委員長賞，技術委員会賞を決定した。

　エコパはコロナ禍でイベントが中止となり，施設整備の費用で課題を抱えている。これからの時代，公園（資産）をどう運用（ソフトパワーを意識）していくかが鍵となる。緑とオープンスペースが持つ多機能性を最大限引き出し，新たな活用方法を生み出すことをテーマとした。

　袋井市の防潮堤として概ね12年間（2025年度完了見込み）で標高12m（レベル２の津波高に対応），総延長5.35kmを整備する。そこにはサイクルロードや釣り場があり，さらに防潮堤の内側には体育館や野球場がある。ここでは沿海部のスペースを活かし，賑わいのある街づくりがテーマになった。しかし，まだ，ほとんど空き地しか活用されていない。

　原野谷川周辺は豊かな自然風景を活かした人の交流な街づくりがテーマであるが，旧東海道宿場エリアの袋井駅周辺は美しい地域であるもののシャッター街で

営業中の店が少なく寂しい印象がある。

図表4-3-2 小笠山総合運動公園（エコパ）会場案内

（出所）　小笠原総合運動公園_パンフレット（研修配布資料）

図表4-3-3 浅羽海岸　〜防潮堤・命山など沿岸部利活用〜

（出所）　浅羽海岸資料（研修配布資料）

図表4-3-4　原野谷川の水辺を活かした街づくり
　　　　　　〜街中の水辺をもっと楽しい空間に〜

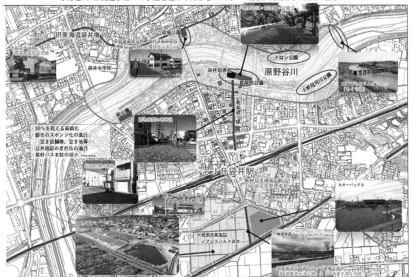

（出所）　原野谷川周辺資料（研修配布資料）

<袋井市合宿研修>

12月8日（水）　到着後課題となる3ヶ所を見学し，袋井市役所を訪問

日程	時間	内容
12月8日	13：00	掛川駅集合 →集合場所到着後，健康チェックシート提出
	13：15	小笠山総合運動公園エコパ　着 →施設見学・施設概要紹介と現状の課題
	15：00頃	親水地域・浅羽海岸 →周辺散策・現状の課題
	16：00頃	袋井市役所：袋井市長表敬訪問
	17：30頃	ヤマハリゾート北の丸　研修・宿泊先到着
	18：30	夕食・休憩

12月9日（木）　アイデアソン実施に向けた研修

日程	時間	内容
12月9日	～9：00	自由時間/社内報告等ワーケーションタイム
	9：30	出発
	10：00	エコパスタジアム着
	10：00～12：00	データサイエンス研修 講師：水野　信也氏（静岡理工科大学　教授） https://www.sist.ac.jp/teacher/1271.html
	12：00～13：00	休憩
	13：00～17：30	アイデアソン 講師：市川　博之氏（東京造形大学　特任教授） http://ichi-den.sakura.ne.jp/wp/
	17：30～	終了・移動
	18：30	夕食・グループワーク

12月10日（金）　4チームで分かれて課題解決に向けた議論と中間発表

日程	時間	内容
12月10日	～10：00	自由時間/社内報告等ワーケーションタイム
	10：00～12：00	アイデアソン
	12：00～13：00	休憩
	13：00～16：00	アイデアソン
	16：00～16：30	中間発表/1チーム5分程度
	16：30～17：00	片付け・出発
	17：30	掛川駅着

　それぞれ朝の自由時間はワーケーションを実施し，各自自社へ報告。

　参加者14名を4チームに分け，袋井市の職員や現地の人たちにも参加してもらい，それぞれテーマとテーマ地域を決めてアイデアソンを実施した。

図表 4-3-5　袋井市合宿研修の様子

（出所）　SAJ 技術委員会：若手エンジニアのグローバル化に向けたクリエイティブ研修レポート
https://www.saj.or.jp/documents/NEWS/committee/technical/2021/2201_engineerkensyu_
report.pdf

4.3.2.3. 研修（アイデアソン）発表会

　アイデアソンの研修を終え，最後に 4 チーム（グループ A～D）において，発表
会を実施した。結果として，グループ C とグループ D に各賞が授与された。

袋井市合宿研修のグループとテーマ/提案および各賞

グループ A＜グループ名：ふくシェア＞ テーマ：シェアリングサービスによる資源活用のご提案 提案：マッチング・予約システムアプリ「ふくろいマッチング」の導入。
グループ B＜グループ名：袋井ホライゾン＞ テーマ：「好きなこと・趣味」から世界が広がる!! 提案：コミュニティ参加・主催促進サービス「Join 袋井」の提案。
グループ C＜グループ名：SOOFT＞　❀SAJ 技術委員会賞/技術委員長賞 テーマ：産学官民共同開発による袋井市地域活性化サイクル構築への寄与－ALL　FUKUR- 　　　　OI－皆がスマイルに関われる ICT のまちを目指して 提案：産学官民共同「袋井市地域活性化コンソーシアム」設立をし，check in local spot 　　　"CHELOS（チェロス）"を提案。
グループ D＜グループ名：ぬくもり袋井＞　❀袋井市長賞 テーマ：原野谷川が繋ぐ輪 提案：場所×人×体験を実現するマッチングシステムで 1 つの輪を作り出すシステムを提案。

4.3.3. 若手エンジニア研修事例（IT×地方の課題解決＝地方創生）

　ソフトウェア協会では，若手エンジニアの育成が重要と考え，毎年研修企画を検討し，以下の3つを目的としている。

① エンジニアとしての知識を学び，経験を積む。

② 非日常空間で発想力を高める。

③ 自社のみならず社外の人たちとの交流，さまざまな考え方に触れる。

　今回の研修は，地方行政機関と協力し，「IT×地方の課題解決＝地方創生」を目指した研修企画である。

　「若手エンジニアのグローバル化に向けたクリエイティブ研修」は，以前は協会会員企業各社から若手エンジニアを募集し，米国シリコンバレーで英語研修を現地視察，帰国後はグループごとに体験してきたことを英語で発表することで，グローバル人材を育成する研修企画であったが，コロナ禍で渡米が困難になったことから企画内容の一部を変更した。もともとの目的は変更せず，アイデアソンの実施により新たなITサービスの企画から事業プラン，収益計画など事業企画の経験を積み，さらに袋井市の協力を得たことで，地方の課題解決をテーマにした地方創生が可能な研修企画となった。

　袋井市としても「第3次袋井市ICT推進計画・官民データ活用推進計画」を策定し，ITやデータ利活用をし，地域課題解決や産業振興など，産学官民が連携・協働して，取り組むことを計画していた。この研修企画で両者の思惑が一致したものとなった。これにより新しい価値が生み出され地方創生にもつながり，協会と地方行政機関との結びつきも強くなった。さらに協会ではDX人材の育成の上で新たなITサービス事業を生み出すきっかけ作りにもなった。

　最後に，それぞれ研修企画の内容と成果をまとめる。

　グローバル人材の育成は簡単にはいかないが，必要となる英語によるセミナーを実施することで，英語を身近に感じさせ，内容も身近なセキュリティの内容とした。エンジニアとしての知識も同時に学ぶ内容である。

　非日常空間で発想力を高めるために，袋井市の高級リゾート施設「ヤマハリゾート葛城北の丸」で合宿研修とし，非日常を味わい，ワーケーションも経験できた。

　今回のグループは4チームだが，それぞれ所属企業が違うだけでなく，袋井市役所職員や現地に居住する人たちも参加することで，地域課題を直接聞くことが

でき，さらに現地の状況や意見を取り入れることが可能となった。これにより自社のみならず社外の人たちとの交流，さまざまな考え方に触れる目的も果たすことができた。

　合宿研修で得られる知識もデータサイエンス研修やアイデアソンのベースとなる考え方やビジネスモデル/事業化プラン/収支計画/提案の強み/成功の鍵などの新しい IT サービスの企画を検討する力を養うことができた。

　データサイエンスでは，[数学]×[データ]×[ICT]によって，データを可視化分析し，「社会の課題解決」を図る考え方を学び，アイデアソンではファシリテーターの存在が重要でユーザー目線によるデザイン思考と地域課題解決のための新事業立案方法を学んだ。

　合宿研修終了後には，約 1 ヶ月後に発表・表彰を設定しており，その間は企画した内容をチームごとにブラッシュアップするために，引き続きオンライン上でコミュニケーションをする。最後に競い合いを取り入れることで，より真剣なものとなり，実現可能な IT サービス企画を立案できた。

　今回の研修後には，それぞれ出た内容について，袋井市が引き続き，収支プランを検討の上，導入するものを検討し予算化あるいは参加企業と連携し，実現することで地方創生に役立つことができる。

4.3.4.　研修事例の工夫点

　主眼は若手 IT エンジニアのグローバル人材育成だが，地方行政との連携をすることで，地方の課題解決をテーマにアイデアソンを実施し，地方創生に役立つ事例である。

　工夫点として，以下が挙げられる。
・IT 関連業界団体と地方行政機関での企画（IT×地方の課題解決＝地方創生）
・データ活用による地域課題解決をしっかり学ぶ
・事業性，起業家マインド育成に加え，IT サービスの実現
・競技としてそれぞれ点数化し，表彰するとともに事後の事業化の可能性

【参考文献】
［1］　袋井市 ICT 政策課 DX 推進室「第 3 次袋井市 ICT 推進計画・官民データ活用推進計画」　https://www.city.fukuroi.shizuoka.jp/soshiki/ict/1/ict/1558667428379.html　2022年10月13日

［2］ 一般社団法人ソフトウェア協会技術委員会「若手エンジニアのグローバル化に向けたクリエイティブ研修」 https://www.saj.or.jp/NEWS/committee/technical/2021training_report.html 2022年10月13日

4.4. イノベーション創出の拠点

4.4.1. 概　要

　全国に先駆けて人口減少や少子高齢化が進んでいる，福岡県大牟田市の「イノベーション創出促進事業」を取り上げる。ここでは，「人と人」，「人と企業」，「企業と企業」をつなぐ新たな交流やネットワークを生む事業が行われている。例として IT 等情報関連企業の誘致，地域企業の IT 導入支援，IT 人材育成，先進技術等の実証試験などを紹介し，今後の展開を示唆する。

4.4.2. 大牟田市における産業の現状（課題）

　大牟田市は，石炭産業の隆盛により繁栄をとげ，それを中心とした雇用が生み出されてきた。炭鉱閉山後は，石炭産業に代わる新たな基幹産業を目指し，石炭産業がもたらした蓄積を活用し，環境・リサイクル産業，新エネルギー産業の育成を進めている。その一方で，国が公表している「地域の産業・雇用創造チャート」（2012年経済センサス）によれば，大牟田市の稼ぐ力，競争力のある産業としては「化学工業」「水運業」「非鉄金属製造業」等，雇用を吸収している産業としては「医療業」「飲食業」「社会保険・社会福祉・介護事業」等となっており，これが大牟田市の産業の特徴となっている。このことから，製造業が必ずしも雇用の大きな受け皿には成り得ていないことがわかり，今後，まちとして生き残るためには，製造業だけに頼るのではなく，若い世代が求める雇用の場の創出を念頭に置いた産業の多様化が特に必要とされる。

　他方で，社会経済の動向に目を向ければ，デジタル化の進展のほか，企業の成長戦略としてのオープンイノベーションの採用や柔軟な働き方の浸透，さらには，IT 企業を中心に人材確保に向けた地方拠点化の動きが出ている状況である。しかしながら，地域経済分析システム（RESAS）の全産業の全体像のデータによれば，大牟田市の第 2 次・第 3 次産業の事業所数計4,020社のうち，情報サービス業者の事業所数は 9 社となっており，市内の地域企業の IT 化への対応や成長戦略

としての新たなビジネス展開を支えることができる事業所の数は少ないといえる。

　このような状況を踏まえ，企業が集積し，近郊市町の地域経済や雇用を支える大牟田市における新たな取り組みとして，2021年度より「イノベーション創出促進事業」を進めることとした。全国に先駆けて人口減少や少子高齢化が進み，国より20年先行するといわれる10万人規模の地方都市であり，福岡県南および熊本県北における地域経済や雇用を支える中核的な機能を担う大牟田市の特性を活かしたイノベーションや新たなビジネスモデルを構築していくことは，大牟田市と同様に近隣自治体の中核を担う全国の地方都市における先駆的モデルとなると期待している。

4.4.3. イノベーション創出促進事業の展開

4.4.3.1. イノベーション創出促進事業の全体像

　大牟田市が進めるイノベーション創出促進事業を進めるにあたり，まずはシンボル的な事業として，貸しオフィスやコワーキングスペース，イベント・交流スペース，カフェなどの機能を一体的に備えた開放的なイノベーション創出拠点を整備することとした。

　同様の施設は，福岡市をはじめ，商業やサービス業が数多く立地する都市において，すでに立地が進められている。しかしながら，大牟田市においても，イノベーションの創出に積極的に取り組む姿勢を内外に広くアピールするとともに，福岡都市圏と熊本都市圏のほぼ中央に位置するその立地優位性により，より多くのIT関連企業の立地を促進することをその目的としている。

　本施設においては，市内外の若い世代が積極的かつ持続的に参加・チャレンジできる環境を整備するとともに，産学官金で構成する「（仮称）大牟田市イノベーション推進協議会」（以降，協議会）によるサポートをはじめ，「人と人」，「人と企業」，「企業と企業」の新たな交流やネットワークを生む仕掛けづくりを進めていく。あわせて，イノベーション創出を加速化する取り組みとして，大牟田市IT関連企業等立地促進補助金の交付やIT人材育成事業を実施している。

　この取り組みを通じ，次世代の人材育成を図るとともに，若い世代が大牟田市の地域経済や地域企業への興味や関心を深め，地域企業において働く定住人口や，または地域企業のパートナーとして積極的に活躍していく関係人口の創出に繋げていく。さらには，この取り組み実績を全国に広くPRし，IT企業などの情報関連産業の企業誘致を積極的に進めることで，大牟田市の産業の多様化につなげ，

図表4-4-1　大牟田市イノベーション創出促進事業の概要

（出所）　大牟田市作成資料（2022）

若い世代の働く場所の選択肢を広げていく。また，地域企業のIT化やイノベーション創出による新たなビジネス展開を加速させることで，稼ぐ力を向上させ，若い世代にとって魅力があり，選ばれる企業の大牟田市への集積を促進していくものである。また，本事業については，2021年度に内閣府の地方創生推進交付金の採択を受けている。

4.4.3.2.　イノベーション創出促進に向けた主な事業
4.4.3.2.1.　イノベーション創出拠点整備・運営費補助事業

　大牟田市では，これまでIT化やイノベーション創出などを目指す人材や企業が交流できるような拠点施設がなかった。そのため，開放的なイノベーション拠点を整備し，若い世代を中心としたさまざまな人材と地域企業が交流し，人材・企業の双方が育成されるとともに，「人と人」，「人と企業」，「企業と企業」の新たな交流やネットワークを生み，地域企業の人材不足や若い世代の流出に歯止めを

かけ，市外からの新たな交流・関係人口を創出することで，移住人口の増加を図ることが必要である。

そこで，福岡市や熊本市など都市圏とのアクセスが良好な中心市街地活性化エリア内に，「貸しオフィス」や「コワーキングスペース」，「イベント・交流スペース」などの機能を一体的に備えた開放的な拠点づくりを行うことで，若い世代が積極的かつ持続的に参加・チャレンジする環境を創り出すこととした。

あわせて，民間企業や大牟田柳川信用金庫，大牟田商工会議所，有明高専や学校法人帝京大学などの関係機関，および市による産学官金により構成される協議会を設立し，その強固な支援ネットワークを通じ，人材・企業の育成やさまざまな交流の創出を目的としたオープンイノベーションやビジネスマッチングなどの多様なソフト事業を展開することとしている。

なお，拠点の整備および運営にあたっては，民間事業者が主体となることで，民間事業者が持つノウハウ，アイデア，スピードを活かし，社会経済の変化や時代のニーズに柔軟に対応できる体制を構築するため，民間事業者が所有または賃借する施設の改築や新築で実施し，市が整備費の一部補助を行う民設民営方式としたところが大きな特徴である。そのため，整備後の管理・運営は，民間事業者が本施設の施設賃借・使用料やソフト事業による収入，施設内での運営事業者の基幹事業の展開等の収入により，維持・管理に係るコストを賄うこととなり，民間事業者が責任を持って管理・運営し，自走していくことで，持続可能な取り組みの実現を企図している。

実際の取り組みの経過としては，2021年6月，公募型プロポーザルにより，中心市街地活性化エリア区域内において，イノベーション創出促進事業の中核的な役割を担う「イノベーション創出拠点」の整備・運営を行う事業者を募集した。審査の後，福岡県久留米市に本社を置く「株式会社ベストアメニティホールディングス」（以降，BA社）に事業者が決定し，同社が所有する旧大牟田商工会館（1936年建築）を改修し，2022年9月にイノベーション創出拠点としてオープンする予定となっている（2022年10月にオープンした）。

拠点内の貸しオフィスについては，大牟田市においても，後述するIT等情報関連企業誘致事業などの支援を行いながら，情報関連企業等の誘致を積極的に進めているところである。その結果，「凸版印刷株式会社」が次世代DX開発の拠点として入居を決定しているほか，情報通信システム開発関連会社など，拠点のオープン前より多数の企業から問い合わせが入っている。あわせて，有明高専との連

図表4-4-2 大牟田市のイノベーション創出拠点の説明

（出所）大牟田市作成資料（2022）

携により，「産学連携サテライトオフィス」の設置を予定しており，さらなる産学連携の推進も図ることとしている。

　今後も，協議会を中心とした連携機関の専門的な知見やネットワーク等を活用しながら，持続的に事業の推進を図るとともに，BA社が自社グループ企業で行う多数の事業のノウハウや他社との関係を活かすことで，拠点施設運営の早期自立を目指すこととしている。

　なお，本事業は信金中央金庫（SCB）が企業版ふるさと納税を活用して初めて実施している支援事業「SCBふるさと応援団」にも採択されている。官民で実施されているさまざまな支援事業や企業版ふるさと納税を活用することで地域外からの資金も調達し，持続可能な運営を実現していく予定である。

4.4.3.2.2. IT等情報関連企業誘致事業

　先述のとおり，地域経済分析システム（RESAS）の全産業の全体像のデータに

図表4-4-3　大牟田市 IT 関連企業等立地促進補助金の概要

大牟田市ＩＴ関連企業等立地促進補助金について

1　対象業種
- ・情報サービス業
- ・映像情報制作・配給業※
- ・デザイン業※
- ・インターネット付随サービス業
- ・広告業※
- ・イノベーション創出に特に寄与する事業
　（※ デジタルを活用したものに限る。）

2　補助要件
（1）市内で新たに貸オフィス等に入居し、上記の事業を行う事業者。
（2）オフィス等の床面積に応じた役員及び従業員数であること。ただし、従業員は雇用保険法の被保険者とする。

床 面 積	20㎡未満	20㎡以上～40㎡未満	40㎡以上～60㎡未満	60㎡以上～80㎡未満	80㎡以上～100㎡未満	100㎡以上
役員及び従業員数	1人以上	2人以上	3人以上	4人以上	5人以上	6人以上

3　補助制度の概要

区分	対象	補助率等	限度額
家賃支援金	入居施設・駐車場の賃料 ※事業の用に供するものに限る。	①1～3年目：1/2 ②4～5年目：1/4	①100万円/年 ②50万円/年
雇用奨励金	新たに雇用され、1年以上市内に居住する市民	30万円/人	3,000万円
人材育成支援金	外部研修等による専門人材の育成に要する経費	1/2（イノベーション創出拠点施設での開催分は3/4）	受講者1人あたり20万円 ※事業開始後1年間に限り、100万円/社を限度。

4　その他（オフィス改修補助）
入居時におけるオフィス改修については、既設の「まちづくり基金」を活用できます。

地 域	中心市街地	都市機能誘導区域	その他
補 助 率	1/3	1/5	1/10
助成額（上限）	300万円	40万円	20万円

【都市機能誘導区域】
各小学校区単位で生活利便施設（病院、スーパー等）が集積している地域。市内14カ所（中心市街地含む）を指定している。

（出所）　大牟田市作成資料（2022）

よれば，大牟田市の情報サービス業者の事業所数は9社となっており，地域企業のIT化への対応や成長戦略としての新たなビジネス展開を支えることができる事業所の数は少ない状況である。若い世代の働く場所として，選択肢を広げるとともに，地域企業の成長戦略やイノベーション創出を支えるため，若い世代に選ばれるような情報関連企業等を誘致することが必要である。

　こうしたことから，2021年10月，IT関連企業が市内で新たに貸しオフィス等に入居をする際の家賃や雇用，人材育成に関して支援をする「大牟田市IT関連企業等立地促進補助金」を創設し，積極的な誘致活動を進めている。

4.4.3.2.3. 地域企業 IT 導入支援事業

　イノベーション創出を推進するためには，IT関連企業の誘致に加え，地域企業のデジタル化の促進や競争力強化を図る必要がある。大牟田市では，2021年から，地域企業のITツールの導入等による生産性向上や事業効率化，新たなビジネス

図表4-4-4 大牟田市中小企業IT導入支援事業費補助金

※2021年度利用実績10件

---

(1)補助対象者
　中小企業基本法に規定する中小企業者（個人事業者を含む）であって，次の要件すべてに該当する者
　　①大牟田市内に店舗又は事務所等を有し，かつ市内において1年以上事業を営んでいる者
　　②大牟田市の市税を滞納していない者
(2)対象事業
　AIやITツールを活用した，生産性向上・事業効率化・新たなビジネスモデルの創出・付加価値の高い新サービスの提供などに関する事業
(3)補助率等
　　①補助率　2分の1以内
　　②補助上限額　100万円
　　　※ただし，費目ごとの補助金額は「補助対象経費×2分の1」又は「50万円」のいずれか低い額とする
　　　※補助対象経費の合計額が，10万円未満の事業は補助事業の対象外

（出所）大牟田市作成資料（2022）

モデルの創出，付加価値の高い新サービスの提供などに要する経費の一部を支援している。

4.4.3.2.4. IT人材育成事業

　イノベーションの創出においては，IT関連企業等の誘致を進めるとともに，合わせて，地域企業内において，当該企業のIT化を支えるIT人材の育成が必要である。このため，2022年2月から3月にかけて，地域企業を対象としたeスポーツによる課題解決型研修（全3回）とITパスポート研修（全3回）を実施し，4社12名の企業が参加した。

　本研修では，人工知能（AI）活用事業等を行う木村情報技術株式会社（本社：佐賀県佐賀市）取締役CIOである橋爪康知氏が，eスポーツによる課題解決型研修を担当し，チームビルディングや業務上の課題抽出，PDCAサイクルなど，座学やワークを通した体験型の研修を実施した。さらに，福岡を拠点に活躍するプロeスポーツチーム「Sengoku Gaming」のコーチを務めるXhanZ（ざんず）氏も講師を務め，自身の体験を通したチームビルディングやeスポーツ講習を行った。あわせて，有明高専准教授である石川洋平氏を招き，IT基礎力を身につけることを目的としたITパスポート研修を実施した。

　本研修では，DXやIT化は目的ではなく手段であるということを主眼に置き，

図表 4 - 4 - 5　e スポーツによる課題解決型研修の様子

【研修風景】新入社員から社長まで幅広い年代が参加

（出所）　大牟田市資料

部署横断的に意見を出し合える場の形成や，手段としての IT 化を考えられる人材の育成のため，「部署横断での情報共有から導き出される課題の抽出」と「IT の基礎を学ぶ」ことを目的としている。PDCA サイクルを回すことやチームビルディングのための共通言語を作ることなど，e スポーツと企業の強い組織作りが類似していることに着目し，e スポーツを体験しながら学ぶことができる，全国的にも珍しい研修となった。

　参加企業からは「他部署とのコミュニケーションが増えた」「今後の実務でも PDCA サイクルに取り組んでいきたい」「IT パスポートを今後受験したい」などの声があがった。

　今後は，協議会により，継続して IT 人材育成事業を行う予定としている。

4.4.3.2.5.　先進技術等実証試験

　イノベーションの創出にあたっては，より多くの企業を巻き込みながら，大牟

田市をフィールドとした先進技術等の実証試験を展開していくこととしている。その一例として，2021年度は観光振興に係る取り組みとして，大牟田市動物園における近距離モビリティ「WHILL」の実証試験を実施した。

　大牟田市動物園は，動物福祉をテーマにした取り組みが全国的な注目を集めており，2021年には開館80周年，そして同年10月には園内に「ともだちや絵本美術館」がオープンするなど，大牟田市を代表する観光スポットとなっている。その一方で，施設の老朽化が進み，特に，園内には数多くの段差や高低差が存在している。そこで，自動運転機能を備え，従来の車イスでは難しかった，5 cm程度の段差の乗り越えが可能な電動車イス「WHILL」を無償で貸し出し，利便性や使用感などをアンケートで集約することにより，高齢者や長距離の歩行に困難を抱える方などの園内の快適な移動手段としての検証や，園内のみならず他の観光施設における楽しく快適に見学していただくための方策について検討を行うこととした。

　今後は，協議会の有するさまざまな専門的見地やネットワークを活用し，より多くの企業を巻き込みながら大牟田市をフィールドとした実証実験をサポートする事業を実施していく。

図表 4 - 4 - 6　　WHILL に試乗する関大牟田市長

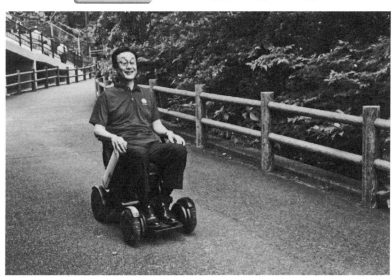

（出所）　大牟田市資料

4.4.3.3. eスポーツ等デジタル技術を活用したまちづくり事業

　近年，他自治体においてもeスポーツを通した地方創生の取り組みが進められているが，大牟田市においても，イノベーション創出促進事業の一環として，今後，本格的にeスポーツを通した地方創生の取り組みを進めることとしている。

　2022年6月には，木村情報技術株式会社，有明高専，学校法人帝京大学，大牟田市の4者で「eスポーツ等デジタル技術を活用したまちづくりに関する連携協定」を締結。本協定において，eスポーツ等デジタル技術を活用し，社会課題や地域課題の解決，にぎわいの創出や人材育成など，まちづくりの推進に寄与することを目的に，それぞれの技術やノウハウ等を出し合い，相互に連携，協力を図っていくこととしている。

　今後の具体的な取り組みについては，高齢化の進む大牟田市における大きな課題である高齢者のいきがい・健康づくりにおいて，eスポーツによる心身の活動

図表4-4-7　eスポーツ等デジタル技術を活用したまちづくりに関する連携協定締結式

左から，学校法人帝京大学　沖永理事長，木村情報技術株式会社　橋爪取締役CIO，有明工業高等専門学校　八木校長，大牟田市　関市長

（出所）　大牟田市資料

の活発化による認知症の予防や，外出の機会やコミュニケーションの機会の創出はもとより，地区公民館等のインターネット環境が整った施設における地域の交流の機会や多世代交流の機会の創出になるのではないかと考え，現在事業化に向けた検討が進められている。

4.4.4. イノベーション創出の課題と展開

大牟田市の三池炭鉱全盛期を知る人の多くは，「大牟田はすっかり寂れたまち」という認識を持つ人が多いのは事実である。

しかしながら，これまでも述べてきたとおり，三池炭鉱における合理化が進む中，人口が大きく減少したのは事実ではあるが，まちの基盤となる石炭化学コンビナートを中心とする地域産業は現在でも堅調に伸びており，人口も10万人を維持する有明圏域の中心都市である。

大牟田市におけるイノベーション創出に向けた取り組みは，まだ緒に就いたばかりであるが，そこで取り組む新しい技術や新しいビジネスを作る仕組みづくりをはじめ，人と企業の垣根を越えた交流の促進，何より，行政やBA社のみならず，商工会議所や金融機関，有明高専，そして市内外の多くの企業による「オールおおむた」による取り組みにより，そうしたまちのイメージを大きく変えていきたいと考えられたものである。

さらに，イノベーション創出拠点として今回大きく生まれ変わることとなった旧商工会館は，1936年に建造された大牟田の経済界の歴史が詰まった建物であり，この建物が新たな大牟田のシンボルとして「未来を見据えたビジネスが生まれる，そんなワクワクする場所」として再構築されることは，大牟田の地域経済に大きなインパクトを与えるとともに，多くの自治体が抱える課題である中心市街地の活性化にもつながることが期待されている。

このイノベーション創出拠点を中心に生まれた新しい技術やシステムなどを活用し，大牟田市が抱えるさまざまな地域課題の解決，あるいは地域産業のさらなる発展につながるよう，「オールおおむた」によるIT関連企業を中心に誘致活動を進め，多くのプレーヤーが活躍できるような場所にしていきたいと考えている。

【参考文献】
［1］ 大牟田市作成資料，2022年
［2］ 宇都正哲他『人口減少下のインフラ整備』東京大学出版，2013年

［３］　宇都正哲「人口減少下におけるインフラ整備を考える視点」日本不動産学会誌 Vol. 25, No. 4, pp.44-49, 2012年

［４］　M. Uto, M. Nakagawa, S. Buhnik, *"Effects of housing asset deflation on shrinking cities : A case of the Tokyo metropolitan area"*, Cities, Volume 132, January 2023, pp.1-16. https://doi.org/10.1016/j.cities.2022.104062

4.5. 自治体 DX の人材獲得と育成

4.5.1. 概　要

　国は，2020年12月に「自治体 DX 推進計画」を策定しているが，DX 推進のために，外部人材の活用と職員の育成による体制構築を重点課題にあげている。一方，総務省「デジタル専門人材の確保に係るアンケート」によると，「人材を見つけられない」や「適切な報酬が支払えない」などの課題が上位を占めている（**図表 4-5-1**）。

　本節では，デジタル専門人材を外部から招聘することに成功した，福島県西会津町の事例をとりあげる。招聘に至った経緯や現在の取り組みなどについて，西会津町企画情報課デジタル戦略室担当の佐藤泰久課長補佐と，町が2021年度から最高デジタル責任者（Chief Digital Officer）（以降，CDO）として招聘している藤井靖史氏へのインタビューを中心に明らかにする。

図表 4-5-1　デジタル人材を確保するにあたっての課題

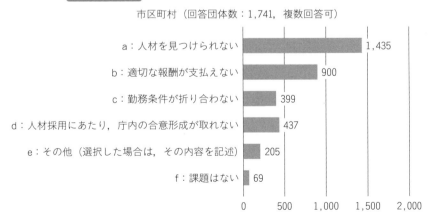

（出所）　総務省

4.5.2. 西会津町デジタル戦略の概要

4.5.2.1. 町の概要と課題

　福島県西会津町は，福島県と新潟県の県境に位置する人口5,770名，65歳以上の人口が47％を超える過疎地域である＊1。北方に飯豊山を控え，町を横断する阿賀川に沿って旧越後街道（現：国道49号線）が走り，かつては宿場町として栄えた。近年は，急速な人口減少によって，空き家や耕作放棄地，鳥獣被害などさまざまな課題が顕在化している。とりわけ，社会的共同生活の維持が困難な状態にあるとされる，65歳以上の高齢者が50％以上の自治区，いわゆる限界集落が増加している（**図表4-5-2**）。このような町の課題を克服すべく，2021年3月に西会津町デジタル戦略が策定された。

図表4-5-2　西会津町内自治区における高齢化の現状

	野沢地区	尾野本地区	群岡地区	新郷地区	奥川地区※	西会津町全体
自治区数	22	21	9	17	21	90
65歳以上が自治区人口比50%以上（限界集落）	7	11	6	14	20	58
	31.8%	52.4%	66.7%	82.4%	95.2%	64.4%
65歳以上が自治区人口比70%以上	0	2	1	4	12	19
	0.0%	9.5%	11.1%	23.5%	57.1%	21.1%
65歳以上が自治区人口比70%以上かつ9世帯以下の自治区（危機的集落）	0	2	0	2	3	7
	0.0%	9.5%	0.0%	11.8%	14.3%	7.8%

※奥川地区には弥生を含む
（出所）西会津町，2022年

4.5.2.2. デジタル戦略につながる町の先駆的な取り組み

　西会津町のデジタル戦略策定の背景には，ICTに対する町の先駆的な取り組みがある。まず1997年に，県内初のケーブルテレビ局を開局し，2003年にはインターネット接続サービスの開始，2008年から2011年にかけて，伝送路の光ファイバー化を行い，町内全世帯に超高速大容量の通信環境を整備した。
　2018年には，小学校の児童にタブレット端末の配付を行い，学習ソフトを活用した授業，家庭学習を試験的に導入した。このような取り組みが功を奏し，コロ

ナ禍の2020年11月には，町内の小中全生徒へのタブレット端末の配付を完了した。文部科学省のGIGAスクール構想＊²によって，小中学校における１人１台端末の利用が急速に拡大したのが2021年度以降であることを考えると，この取り組みはかなり先進的であると言えよう。2021年度から始まったデジタル戦略推進への流れは，西会津町のこうした取り組みの背景がある。

4.5.2.3. デジタル戦略の概要

　西会津町のデジタル戦略は「笑顔つながり　夢ふくらむまち　～ずーっと，西会津～」を基本理念とし，６つの戦略から構成されている。

　６つのうち，「行政のDX」をのぞく５つの戦略は，地域の住民に還元されるサービス創出を図るものである。基本方針に掲げる「主役は町民」を意識した戦略構築となっていることが特徴と言える。この点は，多くの自治体が行政DXに留まるなかにおいて参考となる視点であろう。

　この６つの戦略を策定する過程において，町と二人三脚で取り組んだのが，町が2021年度からCDOとして招聘した藤井氏である。町と藤井氏の接点は，CDOとして招聘される１年前に遡る。藤井氏の会津地域での活躍を耳にした町がデジタル戦略策定のアドバイザーとしてアプローチをしたことがCDO招聘へのきっかけとなった。

図表４-５-３　西会津町デジタル戦略

基本理念　笑顔つながり　夢ふくらむまち　～ずーっと、西会津～

戦略１　しごとのDX
デジタル変革で連携や仕組みの変化を促進し、地域産業の振興、新産業・サービス創出等により地域の活性化を図る。

戦略２　招致・もてなしのDX
あらゆる地域資源を活用し、移住定住の促進、関係人口・交流人口の拡大を図り、活力みなぎる地域づくりを進める。

戦略３　くらしのDX
子どもからお年寄りまで健康で自分らしく、安全・安心に、笑顔で暮らせるやさしさにあふれ、自然と共生する持続可能な地域社会を目指す。

戦略４　学びのDX
ＩＣＴを活用し、年齢、性別等に関係なく誰もが人生を豊かにする学習機会を得られる町を目指す。

戦略５　行政のDX
誰もが必要な行政サービスを適切にかつ容易に受けられるよう、業務最適化による利便性の向上を目指す。

基本方針　主役は町民
　　　　　町民参加
　　　　　情報の共有
　　　　　協働
　　　　　男女共同参画

基本姿勢　思いやり　共創・共治　イノベーション

戦略６　対話・コミュニケーションのDX
町民、団体、企業等と行政の情報共有を図り、課題解決や価値創造等に向けて協働のまちづくりを一層推進するための基盤を構築する。

（出所）西会津町，2022「西会津町デジタル戦略の概要」

4.5.3. CDO 藤井氏の獲得

4.5.3.1. 藤井氏と町の接点

　藤井氏は，京都府出身で，日本企業やカナダ企業でキャリアを積み，自ら起業経験も持つキャリアを歩んできた。2015年に，会津大学の産学イノベーションセンター准教授に就任し，会津地域での活動をスタートさせた。また藤井氏は，CODE for AIZU の創設者でもある。

　CODE for X * 3 という活動が全国に広がっているが，CODE for AIZU もその1つで，従来の行政主導型の地域課題解決のアプローチから，「利用者目線」を起点とした活動を目指している。創設以来，「オープンカフェ会津」と名づけられた交流拠点を設け，さまざまな地域課題に対して，参加者と協働した解決策をアプリやウェブサービス等のデジタル技術を取り入れながら実践している。

　CODE for AIZU の活動を通じて，会津地域の13自治体とも広域のネットワー

図表 4 - 5 - 4　CODE for AIZU 開催の様子

（出所）　藤井氏による写真提供

ク（会津地方振興局）を形成した。西会津町もこの13自治体に含まれる。藤井氏は，西会津町とは直接かかわりがなかった地域外の人材ではあるが，西会津町との接点は，このような「自然の流れ」があった。西会津町では，この藤井氏を中心とした組織体制が整っている。

4.5.3.2. 町がデジタル化を進める意図

　藤井氏は「デジタル化を目的化しない」と明言している。つまり，デジタル化はあくまで手段であり，地域におけるさまざまな課題解決，町民の利便性の向上や，行政サービスの向上等を見据えた道具に過ぎないと考えている。この点は，西会津町のデジタル戦略にある基本方針にある「主役は町民」や6つの戦略などにも合致している。

　さらに，「デジタル化は出口である」と述べている。デジタル化という解決策を導くまでの仕事が藤井氏の仕事であり，デジタル化ありきで仕事を進めるのではないとの見解を示している。そのためには，デジタル技術をただ地域に導入する役目ではなく，地域課題を探索的に概観できる CDO という立場は非常に効果的であるという。

　国が定めている自治体 DX の重点取り組み事項[3]には，「マイナンバーカードの普及促進」や，「自治体の行政手続きのオンライン化」など，一見するとデジタルありきの項目が並ぶ。また，この取り組みが地域住民にとって，どのような価値や効果をもたらすかの具体的な記述がなく，DX 化導入を急ぐ自治体にとっては，導入自体が目的化するリスクは否めない。藤井氏の「デジタル化を目的化しない」というスタンスは，これから DX 化を目指そうとする他地域にとって参考になりうる視点であろう。

4.5.4. デジタル推進の取り組み

　取り組みの実態について概観する。顕在化する課題の一例を挙げると，他の市町村と比較して，「窓口サービスにおける接客時間が長い」ということである。他地域のデータを活用し，職員自らが課題を発見した結果だ。本来窓口に来訪する高齢者自身が書類に手書きするべき項目を，職員が代筆していた事実が判明した。高齢者にとっては煩わしい作業が軽減される一方で，結果的に窓口での待機時間が長期化するという新たな課題ももたらすこととなった。藤井氏は「この問題に関する解決方法は悩ましかった。」という。住民目線で考えるのであれば代筆する

西会津中学校での Decidim を活用したワークショップの様子

（出所） 西会津町による写真提供

サービスは正しいが，住民のさまざまなオーダーに全て応えていくことも難しいからだ。住民目線に立ちつつ，行政側の負担を減らすことができないかを考慮し，デジタルによる基本項目の事前登録化やマイナンバーからの基本情報の転用を行うことが検討されている。藤井氏のいう「デジタル化は出口」を象徴する事例である。

　新しいサービス創出の取り組みも始まっている。1つは，Decidim（デシディム）と呼ばれるデジタルプラットフォームの導入である。もともとスペインのバルセロナで開発されたデジタルプラットフォームであり，近年兵庫県加古川市など国内自治体でも活用事例が増えている。Decidim は，住民と行政をつなぐインターネット上の対話の場であり，住民間の意見交換や，町側とのまちづくりの協働が期待でき，中山間地域の新たなコミュニケーションツールとなりえる。西会津町では，教育現場での活用がすでに始まっている。2021年12月から，町内の西会津中学校3年生が，スクールバスの買い物利用，空き家の活用，VR での魅力発信，フードロス解消等の課題解決策について，Decidim を活用して地域の民間企業や地域住民らと意見交換を行った。

　もう1つは，2021年の実証実験を経て，2022年4月より本格的にサービスが開

図表4-5-6　西会津町 AI オンデマンドバス

（出所）　西会津町による写真提供

始した，AI オンデマンドバスの運行である。AI オンデマンドバスの導入によって，利用者はスマートフォンでの乗車予約が可能となり，乗車前にはバスの現在地を確認できる。また既存のバス停に加え，利用者の要望に応じて乗降が可能な，「バーチャルバス停」を100ヶ所増設した。オンデマンドバスの導入によって，町内を訪れる観光客の二次交通の利便性向上にも期待がかかる。

　人口6,000名に満たない西会津町は典型的な過疎の町である。公共交通の需要率の低下も進む一方で，地域の足としての公共交通の存在は欠かせない。特に高齢者ドライバーの運転免許返還などの課題もあり，公共交通の維持は地域の優先課題と言えるが，西会津町においてもいち早く導入が決定した。「主役は町民」を基本方針とする住民のニーズを具現化したデジタル化の代表事例と言えよう。

4.5.5. デジタル化を通じた地域づくりへのスタンス

　藤井氏は，地域づくりを「味噌汁」にたとえ，地域に向き合うスタンスについて語っている。味噌汁は熱いうちは，味噌とだし汁がほどよく混ざり合うが，冷めると分離してしまう。茶碗の内と外に生じる温度差から「対流」が生じているこの現象を地域づくりにも援用したいと述べている。つまり，地域住民が本来持っている熱（思いやニーズ）を，いかに混ざり合わせるか，対流を起こさせるかが重要であると主張する。また，地域づくりとデジタルの関係を，畑にたとえている。デジタル化を進める前の体制づくりは，肥えた土づくりであるというのだ。肥えた土ができて，そこにデジタルという種を植えることで，たくさんの花が咲く。地域に対流を起こし，肥えた土づくりがまず優先されるべきことで，その先

にデジタルという種を植える。藤井氏のデジタルに対する思いはここに集約されている。

　では，このような対流を起こす仕組み，つまり，住民の思いやニーズをどのように吸い上げるのであろうか。西会津町は定期的に「デジタルよろず相談室」という地域住民のデジタルデバイド対策のための「場」を設置している。藤井氏が中心となって，町内の公共施設にデジタルよろず相談室を開設し，地域住民の声に耳を傾けることで，リアルなニーズを引き出している。デジタル社会が浸透する一方で，独居老人が増える過疎地域では，デジタルに関する不安や問題は日常的に頻出する。身近な対話から，新たな地域課題が見つかる「場」の設定は重要であるという。また藤井氏は，「地域はPDCAではなく，ウーダループ（OODA）*4で見る目が必要である」と主張する。中でもO（観察）の重要性に言及していた。昨年からCDOとして着任した藤井氏は，まさに今，西会津町内をじっくりと観察し，土づくりを進めている。

| 図表4-5-7 | デジタルよろず相談室開催の様子（藤井氏（中央）と地域住民） |

（出所）　藤井氏による写真提供

　CDO の藤井氏を中心とする西会津町の体制は，他の自治体とも共通する点である。一方，デジタルありきで，DX の導入を急ぐのではなく，その前提に「土づくり」と藤井氏が称する，DX までの地ならしをじっくりと実践する点が，他地域との大きな違いであろう。外部人材を招聘する以上，招聘する地域側としても何らかの成果を求めがちである。また，そのような地域からの期待を察知し，外部から招聘される側も，デジタル化を目的化した活動にならざるを得ない。多くの地域で抱えるジレンマであろう。西会津町の事例は，こうしたジレンマを解消する，デジタルに向き合うスタンスの理解に役立つであろう。実際，デジタル化推進の取り組みを視察するために，首都圏をはじめ全国の自治体が西会津町に来訪している。藤井氏と西会津町の二人三脚の取り組みに，今注目が集まっている。

【補注】
＊１）2020年10月の国勢調査を基にした西会津町推計値。
＊２）GIGA スクール構想とは，文部科学省によって2020年に打ち出された「多様な子供たちを誰一人取り残すことのない，公正に個別最適化された学びを全国の学校現場で持続的に実現させる」という趣旨にもとづく政策で，児童生徒１人１台端末を前提とした高速大容量の通信ネットワークを整備する取り組みである（文部科学省，2020年）。
＊３）CODE for X とは，IT で地域課題の解決に挑戦する団体のことで，Code for Japan や CODE for AIZU をはじめ，全国に約80の団体が活動していると言われている（Code for Japan ホームページ）。
＊４）ウーダループ（OODA）とは　観察(O)→情勢判断(O)→意思決定(D)→行動(A) という４つのフェーズをサイクルではなく，ループさせることで，目の前で起こっている環境に合わせた判断を現場レベルで下し，組織で目的を達成するための意思決定スキルのこと［5］。

【参考文献】
［1］　文部科学省（2020）「GIGA スクール構想の実現について」 https://www.mext.go.jp/a_menu/other/index_00001.htm　2022年９月２日
［2］　Code for Japan「ブリゲードとは」 https://www.code4japan.org/brigade　2022年９月２日
［3］　総務省（2020）「自治体 DX 推進計画」
［4］　西会津町（2022）「西会津デジタル戦略の概要」
［5］　チェット・リチャーズ（2019）『OODA LOOP（ウーダループ）』東洋経済新報社

第5章

事例紹介③人流をつくる

5.1. 地域内関係人口による地域再生

5.1.1. 概　要

　今日，デジタル技術（DX）の進展により，地域内外を問わず多様な関係者が相互にコミュニケーションをとり合うことが可能となった。その結果，地域の内と外という地理的境界をボーダレス化し，相互の関係性を促進させる。今後地域側は，地域内外の関係者を戦略的に巻き込みながら，地域を持続的に発展させていくことが必要となる。

　このような，地域内外の関係者の「多様な関わり」を政策的に取り入れようとするのが，関係人口政策である。総務省は関係人口を「移住した『定住人口』でもなく，観光に来た『交流人口』でもない，地域や地域の人々と多様に関わる人々」と定義している。

　本節は，奈良県斑鳩町の観光地域づくり法人・地域DMO＊1（以降，DMO）に着目する。今まで地域づくりに関与してこなかった（消極型）関係人口＊2が，どのような経緯で地域づくりに参画し，地域内でどのように関係者を巻き込み，人流をつくっていったかについて，当事者とのインタビュー調査にもとづいて検証する。

5.1.2. 斑鳩町の事例

5.1.2.1. 対象地域と背景

　今回，ケースとして取り上げる地域は，奈良県北西部に位置する斑鳩町である。

人口約27,000人のこの町には，聖徳太子が約1400年前に建てたとされる世界最古の木造建築の法隆寺や藤ノ木古墳など，歴史・文化的遺産が数多く存在し，日本で有数の観光拠点となっている。また，法隆寺は1993年に日本で初となる世界遺産に登録されており，ピーク時には，年間110万人を超える観光客が，国内外から来訪している。

　斑鳩町は，2021年度からはじまった，第2期総合戦略において，基本政策の柱の1つとして「世界遺産法隆寺を核としたにぎわいと活力の創出」を掲げている。町は，観光による経済波及効果や，雇用創出効果を期待し，DMOを核とした，自立的・継続的な観光地域づくりを目的としている[1]。

　古くから斑鳩町は，世界遺産法隆寺という強大な観光資源に恵まれていた。一方，この強大な観光資源に長年依存してきた結果，新しい観光資源の開発には消極的であった。しかし，少子化による修学旅行客の減少，観光形態の団体化から個人化への流れ，物見遊山型から体験型という観光客の嗜好の変化等に影響を受けた結果，法隆寺の拝観数を軸とする町内の観光客数は大きく減少の一途を辿ることになる（**図表5-1-1**）。

　このような状況に危機感をもっていた町は，2011年に，初の「まちあるき観光戦略」を策定した。法隆寺依存から脱却し，新たな観光資源の発掘や開発を目指し，町内への観光客の滞留を促進させる「まち歩き」を開始した。

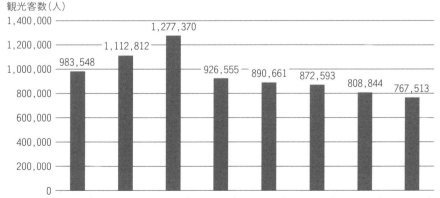

図表5-1-1　斑鳩町の観光客数の推移

観光客数（人）

（出所）　文献[2]より著者一部修正

5.1.2.2. 調査の対象者と目的

　斑鳩町が2011年度より開始した「まち歩き」において，事業者の立場からかかわったのが，今回の取材対象者の１人である井上雅仁氏である。もともと，家業である不動産事業を営んでいたが，まちづくりに興味関心があり，2013年に社内にまちづくり事業部を開設した。さらに，2017年には，DMO 候補法人に登録し，観光まちづくりに本格参入している。本ケースでは，井上氏の他，行政の立場として，井上氏と二人三脚で観光まちづくりに取り組んできた斑鳩町役場の柳井氏，および井上氏の呼びかけで，花屋を営みながら観光まちづくりに参画する「オレンジの庭」の堤氏の３名にインタビュー調査を依頼した（図表５-１-２）。井上氏と堤氏は，もともと斑鳩町出身であり，地域内関係人口である。

　本ケースでは，本業である不動産や花屋を営みながら，地域の観光まちづくりに参画した事例である。彼らが消極的関係人口から積極的関係人口にどのように変容していったかを，観光まちづくり参画のきっかけや，行政や他の関係者との活動の実態を通して明らかにする。

図表 5-1-2　インタビュー対象者

氏名	所属	肩書き
井上雅仁	地域 DMO・斑鳩産業株式会社	代表取締役
柳井孝一朗	斑鳩町役場	都市創生課課長補佐
堤　　彩	くつろぎ空間・オレンジの庭	代表

5.1.3. 事例から導き出せる付加価値

5.1.3.1. 異業種から観光事業への参画（井上氏のインタビューから）

　井上氏は，商工会の活動を通して，廃業や継承先がない事業者をみているうちに，斑鳩の強みを活かす新たな仕事の創出を考えるようになった。その点，観光は他業種からの参入障壁が低く，「観光業かそうでないかは，観光客を相手にするかどうかという，ターゲットの違いだけであり，町のうどん屋さんや，八百屋さんも，考え方一つで観光業になれる」と述べている。また「世界遺産であり，多くの観光客が訪れる法隆寺は，だいたい２時間程度でバスに乗って帰ってしまう。この通過型の観光客を町に滞留させることはできないか」と問題意識を持っていた。2013年に社内にまちづくり事業部を開設後，2017年には DMO の候補法人登

録（地域DMO）を行い，本格的に観光まちづくりに参画した。井上氏は，周囲の事業者たちに「あなたも観光業者になれる」と説得して回った。DMO設立を契機とし，地域内に異業者を巻き込むことで，新たな人流をつくった。

　観光まちづくりに参画して間もなく，法隆寺を中心とする半径100mのエリア内に，2014年に開業した布穀薗（**図表5-1-3**）を皮切りに5店舗の飲食店ができた。観光客だけでなく，多くの地域住民が店を利用する。また2019年には，宿泊施設「和空法隆寺」が町内にオープンし，コロナ禍にもかかわらず，2020年度は前年の約8倍の5,985名の宿泊者が滞在し，着実に成果も見え始めている。また最近では，体験型観光コンテンツのバギーを運転している井上氏に，近隣の農家の方が手を振ってくれる等，今までにない地域住民とのコミュニケーションの機会を創出する効果がみられる。

　2021年4月には，DMOが中心となって，斑鳩町を含む近隣6自治体による広域連携事業である「WEST NARA　広域観光推進協議会」が発足し，井上氏が事務局長として就任した。隣接する大阪や兵庫といった周辺地域から観光客を呼び込むことを目的として，5年後のエリア内観光客数500万人を目指している。

図表5-1-3　布穀薗

（出所）　斑鳩町による写真提供

図表5-1-4　井上氏（左）と堤氏（右）

（出所）　著者取材時に現地にて撮影

5.1.3.2. 法隆寺依存からの脱却を目指しDMOを設立（柳井氏のインタビューから）

　2011年度に，町の総合計画に観光を柱にするという方針が盛り込まれた。行政として，観光まちづくりに本格的に参画するタイミングで，柳井氏も観光の部署に異動した。背景には，ピーク時には100万人を超えた法隆寺の拝観者数が，約半減するまでに落ち込み，法隆寺依存からの脱却を図る必要性に迫られていた。法隆寺が世界遺産に登録された1993年当時は，拝観者数もピークに達し，「これ以上観光客が増えると受け入れが出来なくなるという状態で，むしろ新たな観光客の受け入れを抑制しようという雰囲気さえあった。実際行政側も，将来的な観光動向を推測せず，危機感はなかったのではないか」と柳井氏は当時を回想する。

　そこから井上氏との二人三脚が始まる。しかし当時は，お互いに「観光の素人同士」であり，「先進地の真似事や思いつきで意見をぶつける」ような状態だったと柳井氏は言う。

　2017年のDMOの候補法人に斑鳩産業が登録されたことを契機に，さまざまな

図表 5 - 1 - 5　ポケモンマンホール

（出所）　斑鳩町による写真提供

情報が町外から入るようになった。柳井氏と井上氏の周辺にも，商工会や観光協会といった地域内関係者だけでなく，他の自治体や，JNTO，中小企業基盤機構関西観光本部など，地域外とのネットワークも広がってきている。

　コロナ禍における観光需要を，DXによって呼び戻そうとする動きも見られる。町は2020年7月に，京都市にあるIT会社アドインテと提携を結び，町内6ヶ所に独自のIoT機器を設置した。観光客の町内での足取りを把握することで，効果的な観光プロモーションに活用しようとしている。

　このようなネットワークから得られた情報からヒントを得て，2021年1月から「ポケモンマンホールプロジェクト」もスタートした。法隆寺を訪れる観光客とは違った，新しいターゲット層の掘り起こしを目論んでいる。

5.1.3.3. 観光業から本業への知識移転効果（堤氏のインタビューから）

　堤氏は，観光まちづくり参画のきっかけは，2012年に，奈良県商工会青年部連合会で会長をしていた井上氏からの誘いだったという。当時，祖父の代に開業した福祉施設を運営する傍ら，趣味で始めた花屋の経営に行き詰まりを感じていた。

図表 5 - 1 - 6　花屋「オレンジの庭」の店内の一部

（出所）　著者取材時に現地にて撮影

何らかの打開策につながればと思い，幼馴染で「信頼していた」井上氏からの誘いに対し，商工会青年部に女性事業者第1号として加わった。

　最近では，DMO を通じて紹介を受け，大阪の事業者の大きなイベントにもかかわっている。また，フラワーアレンジメントの体験に来た観光客が，自身の SNS に体験の様子を投稿したことがきっかけで，講師業という新たな仕事が生まれた。また別の観光客からのアドバイスで，店内の BGM を変えたことで，今までと違った層の顧客の獲得につながるなど，ネットワークの広がりを実感している。

　堤氏自身，フラワーアレンジメント体験に訪れる観光客の色使いやアレンジを参考にし，本業（花屋）に活用している。観光客を介した，本業への知識移転を実現させ，観光業と本業との相乗効果を生み出している。

5.1.4. 考　察

　インタビュー調査から得られたインプリケーションをまとめる。

5.1.4.1. 地域貢献活動への参画

　今回取材した３名は，各々「観光」の素人であった。町内の象徴ともいえる世界遺産・法隆寺の観光資源に着目し，観光まちづくりへ関心を持った井上氏と，法隆寺依存から新しい観光資源開発を目指した町の戦略方針が合致し，井上氏と柳井氏の観光まちづくりへの取り組みが開始した。一方，花屋を営む堤氏においても，法隆寺に訪れる観光客を目の当たりにしながら，観光を商売につなげるアイデアは持ち合わせていなかった。たまたま幼馴染であった井上氏から，商工会青年部入会への呼びかけがあり，観光まちづくりへの参画を決意した。不動産や花屋，役場での日常業務から，観光まちづくり活動に参画することで，地域への関与を深めていった。つまり，消極型関係人口から積極型関係人口への変容がみられたと言える。この変容の背景には，観光業の参入障壁の低さに着目し，商業から観光業への転身を決断した井上氏の先見性があった。

5.1.4.2. 人と情報の集約拠点としてのDMOの役割

　2017年に町内にDMOが開設されたことを機に，DMO自体が，情報と人が集まる拠点として機能するようになった。商工会や観光協会，事業者や生産者等の町内の各関係機関や関係者を巻き込んで，組織的な観光まちづくりを展開するようになった。町内には新たな飲食店やお土産物ショップ，観光体験施設，宿泊所などの観光資源が出現した。井上氏や柳井氏が中心となって，「法隆寺依存からの脱却」をコンセプトとした，対話の場が生成されるようになった。

　コロナ禍のなか，2021年４月から始まった，斑鳩町を含む６つの自治体の連携事業「WEST NARA　広域観光推進協議会」は，さらなる関係者を巻き込んだ，広域連携の場としての機能が期待される。すでにJRやJALといった国内大手企業のみならず，UNWTO（国連世界観光組織）も交えた多様な観光システムを形成しつつある。町内で醸成された知識と，町外の関係者から持ち込まれた知識が統合され，新たな知識を生みだす知識創造の好循環サイクルが生まれている。ここでも，井上氏を中心としたDMOが事務局として機能している。現在DMOの設立は，観光庁が主導し進められているが，中でも地域DMOは全国に拡大している。斑鳩町の事例のように，情報と人を巻き込む拠点として機能した事例は，地域連携の役割も兼ねた新たな地域DMOの成功事例として注目に値する。

5.1.4.3. 新たな関係人口を獲得する好循環

　井上氏や堤氏は，観光まちづくり活動を通して獲得した知識を，自らの日常業務に活用している。井上氏は，観光まちづくりにおける多様な関係者とのコミュニケーション活動は，自社若年社員の人材育成のヒントになると述べていた。斑鳩産業は，2022年に県外から新たに新卒の国立大学院生を受け入れた。地域の担い手候補であり，積極型関係人口の獲得事例と言える。また，堤氏は観光客からのアドバイスを取り入れることで，新たな顧客の獲得に成功している。こちらは，観光客という潜在型関係人口の獲得にもつながっている。このように，観光まちづくりと自らの本業である実践場を往還しながら，実践的な知識を獲得することで，新たな関係人口を招き入れるという好循環サイクルが起きている。

5.1.5. まとめと今後の課題

　本節に登場する 3 人は，地域内にいたからこそ，法隆寺という観光資源がもつポテンシャルに魅力を感じていた。一方，どのように「観光」というコンテンツを活用して，観光まちづくりを展開するかは未知数であった。そのような状況の中，DMO が人と情報を集約する組織として機能したことで，地域内外の関係者間の交流が促進され，多様な知識が創造されることとなった。そしてその中心には，井上氏や柳井氏といった，「観光の素人」から，観光まちづくりの中核となるリーダーに成長した人的資源の存在も大きい。

　我が国の急速な少子高齢化と人口減少は，地域における担い手不足問題を顕在化しているが，「関係人口」という従来になかった「量」から「質」への人口政策の変換は問題解消策の 1 つとなりうる。また本研究で取り上げた地域内関係人口は，従来の地域外から人を招くという発想を逆転させる，新しい地域主体のあり方を提言する方策と言えよう。

　国は2024年度に，関係人口の創出・拡大に取り組む地方公共団体の目標数を1,000団体としている。この数は日本の全地方公共団体の60％近くにのぼる。一方，少子高齢化の先進国としての日本の関係人口政策を，世界モデルとして発展させるためには，いくつかの課題もある。例えば，地域の担い手候補としての積極型関係人口の獲得を急ぐあまり，「ゆるく」関わりたいという関係人口を結果的に阻害してしまっては本末転倒となる。数的な目標指標に振り回されれば，第 1 期地方創生に見られた，定住人口や交流人口政策の量的拡大の取り組みと変わりがなくなる。2020年から始まった第 2 期地方創生政策では，地域に多様に関与す

る人材間の関係性のあり方，つまり量より質的な関係向上が問われている。

　我が国におけるインバウンド観光需要は，コロナ禍において大きく落ち込み，今後も大幅な回復は，当面見られそうにない。今後はより計画的，戦略的な方策を検討する必要がある。その中核を担うのは，DXであろう。斑鳩町では，2021年度から日本政府観光局（JNTO）の賛助会員となり，海外向けの各種動画配信をスタートした。今後，インバウンド需要の回復を見込み，デジタルプロモーションの強化を目論む。古都のまちの新たな観光戦略がスタートしている。

【補注】
＊1）観光地域づくり法人（地域DMO）…原則として，基礎自治体である単独市町村の区域を一体とした観光地域として，マーケティングやマネジメント等を行うことにより観光地域づくりを行う組織のこと（観光庁）。
＊2）消極型関係人口（地域内関係人口）…著者は関係人口を4つに類型化している（TAHARA，2022）。地域内に居住し地域づくり活動等地域に深く関与する「積極型」と距離を置く「消極型」，地域外にいてボランティアや地域産品購入等地域にゆるやかに関与する「支援型」と，地域に関心はあるが関与はしない「候補型」の4類型である。このうち「積極型」と「消極型」を地域内関係人口と整理している。ソトコト編集長の指出一正氏は，2020年に開催された国土交通省のシンポジウム「関係人口とつくる地域の未来」において，コロナ禍の関係人口の新たな傾向として，地域内関係人口の事例を紹介している。

【参考文献】
［1］　斑鳩町ホームページ（2021）：第2期斑鳩町まち・ひと・しごと創生総合戦略
　　https://www.town.ikaruga.nara.jp/0000002045.html　2023年1月7日
［2］　斑鳩町観光戦略（2017年3月版）　https://www.town.ikaruga.nara.jp/cmsfiles/
　　contents/0000000/710/honpen.pdf　2022年10月10日
［3］　観光庁「観光地域づくり法人（DMO）」　https://www.mlit.go.jp/kankocho/
　　page04_000049.html　2022年9月16日
［4］　Hiroki, TAHARA（2022）: Involvement of Related Popula tions in Tourism
　　Community Development : DMOs in the World Heritage Horyuji District, IAFOR,
　　The 8th Asian Conference on Education & International Development (ACEID),
　　March 21-23, 2022.
［5］　国土交通省「関係人口とつくる地域の未来」　https://www.mlit.go.jp/report/
　　press/content/001331017.pdf　2022年9月16日

5.2. 地域交通（MaaS）の活用

5.2.1. 概　要

　福岡県大牟田市の地域交通における MaaS（Mobility as a Service）の実証実験（三池/玉川地区）を取り上げる。本事例は，公共交通の利用者減少が続く中で持続可能性を高め，将来的に「鉄道⇔路線バス⇔予約型乗合タクシー」の移動手段を"つなぐ"ことを目指した「大牟田市版 MaaS」の取り組みである。

5.2.2. 地域公共交通の現状（課題）

　大牟田市の公共交通は，鉄道，路線バス，倉永地区生活循環バスの圏域で，市内居住地が概ねカバーされており，鉄道駅およびバス停までの徒歩圏である人口カバー率は約81.3%となるなど，比較的交通網の充実した都市である。

　しかしながら，これらの公共交通の利用者数は，1965年ごろをピークとし，以

| 図表 5 - 2 - 1 | 大牟田市公共交通の年間利用者数および人口の推移 |

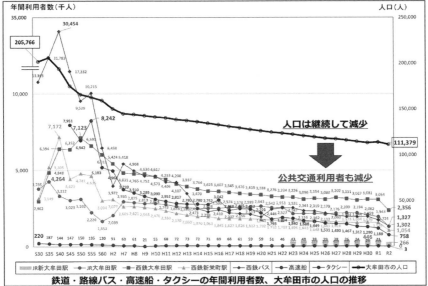

（出所）　大牟田市地域公共交通活性化協議会資料（2021）

降は減少を続けている。鉄道利用者数はピーク時の約半数，路線バス利用者数はピーク時の約10分の１まで減少したものの，現在は横ばいの状況にある。

　図表５-２-２は，市内路線バス（西鉄バス）の運行便数および公共交通による人口カバー状況を示している。大牟田駅周辺の市内中心部においては，路線バスは１時間に４往復以上の高いサービス水準（国道208号で運行頻度の高い幹線）となっている。一方で，放射状に運行されている路線バス（幹線から各方面への支線）については，１時間に２～３往復，１～２往復の路線も多く存在するものの，郊外部において１時間に１往復未満といった低いサービス水準の路線が見られる。

　そうした大牟田市においても，公共交通空白地域が存在している。鉄道駅，路線バス停までの一定距離（800m，300m）圏外の人口に関し，三池小学校区の一部エリアについては，人口が広く分布している中において高齢化率が高く，高低差があり歩行移動に支障がある地形であることから，外出や移動の利便性が低い公共交通空白地域となっている。

図表５-２-２　　１日当たりのバスの便数および公共交通による人口カバー状況

（出所）　大牟田市地域公共交通網形成計画（2018）

5.2.3. 大牟田市における実証実験

5.2.3.1. 三池校区における取り組み

5.2.3.1.1. 三池校区の概況

　三池校区は市の東部に位置し，小学校区別の公共交通による人口カバー率が低い上に高齢化率が高く，山間部があることにより地形の高低差がある地域である。

　先述のとおり，大牟田市地域公共交通網形成計画において，三池校区を公共交通空白地域と位置づけ，生活利便性確保を目的とした公共交通サービス水準の向上を目指すこととしている。

　実証実験の実施にあたっては，道路幅員も狭いことから小型バス，タクシー型車両等の小型車両での乗り入れを検討することとした。

5.2.3.1.2. 取り組みの経過

　三池校区では，大牟田市地域公共交通網形成計画に基づき，2020年度に予約型乗合タクシーによる実証実験を予定していたが，新型コロナウイルス感染症の影響により延期することとなった。

　2021年度には，改めて地域との調整を図り，感染症対策を徹底した上で実証実験を行うこととした。なお，本実証実験の実施主体は市となる。

　実証実験の手法としては，高齢者が多いことによるドア to ドアによる移動の必要性や既存の路線バスの活用など，総合的な観点から予約型の乗合タクシーで行うこととし，実証実験の概要は以下のとおりとなっている。なお，移動傾向等を把握することを目的として，OKI より GPS 機器を借り受け，タクシーに搭載することとした。

　【運行概要】

　運行期間：2021年 5 月18日（火）〜2021年 9 月30日（木）

　運行日時：火曜，木曜，土曜（祝日も運行）

　運行便数：6 便/日（9，10，11，13，14，15時）

　運　　賃：1 乗車につき，大人300円，小学生100円，未就学児は無料

　運行範囲：校区内の医療機関 2 箇所，商業施設 2 箇所，地区公民館，路線バス停付近 2 箇所

図表 5 - 2 - 3　三池校区予約型乗合タクシー利用方法周知チラシ

（出所）　大牟田市作成資料（2021）

5.2.3.1.3. 取り組みの目標と成果

　将来的な地域公共交通網の再構築の足がかりにするため，利用者が「鉄道⇔路線バス⇔予約型乗合タクシー」と移動手段を適宜組み合わせて利用すること（モーダルミックス）を期待し，利用の2割程度をバス停付近で乗降されることをひとつの定量的な目標とした。

　一方で，登録者や利用者数については定量的な目標の設定は難しく，初回の実証実験ということもあり多くの人に周知を図り，体験してもらうことを目標として実施した。

　以下，実証実験の主な結果を記す。

○登録者数は84人。うち，75歳以上が63人（約75％）であり，65歳以上となると78人（約93％）を占める。
○利用者は59日の運行中53人が利用されており，1日運行当たり約0.9人が利用したことになる。1日の最大利用者数は4人である。

○利用者のうち性別でみると，51人（約96％）が女性であり，年齢別でみると，すべて65歳以上の方が利用されている。

○利用者の時間帯別でみると，11時台が19人（約36％）と最も多く，午後に比べ午前中の利用者が44人（83％）と多い。

○利用者の乗車場所別でみると，今山が24人（約45％）と最も多く，三池新町バス停や普光寺バス停での乗車はなかった。

○利用者の降車場所別でみると，向坂クリニックが20人（約38％）と最も多く，三池新町バス停や普光寺バス停での降車はなかった。

　三池校区の住民7,872人（2021年5月1日現在）のうち，登録者数が84人はいかにも少ないが，1つの要因として新型コロナウイルス感染症の緊急事態宣言と期間が重なったことがあげられる。外出への自粛が働いたこと，対策はするもののタクシーという空間に他人と一緒になること，また市としてはこまめな周知活動ができなかったことが，利用が伸びなかった要因として考えられる。また，期待したバス停付近での乗降はゼロであり，現状では乗継ぎでの遠方への外出ニーズはないという結果になった。

　しかしながら登録者，利用者の多くが65歳以上の高齢者であることは実証実験の狙いの1つであり，既存の公共交通機関とは別の移動手段としての理解が深まれば地域に定着していくことが期待できるのではないかと考えられる。

5.2.3.2. 玉川校区における取り組み
5.2.3.2.1. 玉川校区の概況

　市南東部に位置する玉川小学校区は，校区の多くが山間部，中山間部であり，スーパーやコンビニエンスストア，病院や介護サービス事業所といったサービスを受けるためには，一定の距離の移動が必要な地域である。また，路線バスが校区内を横断しているものの，住民の高齢化率が高いこともあって利用者が少なく，一時は路線バスの見直しも検討の俎上に上がったことがある。

　そのような中，玉川校区に居住している高齢者を対象とした移動手段の確保や見知った者同士が相乗りすることによる交流の場づくり，安心安全に外出できることにより高齢者が活躍できるまちづくりなどを主目的とし，校区まちづくり協議会を母体とし，各関係団体の参画による玉川校区移動手段検討プロジェクトが結成された。プロジェクトには校区住民の他，社会福祉協議会や地域包括支援セ

ンター，タクシー事業者，行政などにより構成されている。定期的な会合により情報共有を行いながら，新しい移動手段の検討が行われている。

5.2.3.2.2. 取り組みの経過

　玉川校区では2020年10月から約半年間，予約型乗合タクシーによる実証実験が校区内の地域に限定した形で実施された。その利用状況等を踏まえ，内容の見直しを行い2021年10月から再度実証実験を行うこととなった。

　再度の実証実験の実施にあたっては，運行範囲を前回と同様の玉川校区全域とすることで調整を進めていたが，そのような中，2021年9月30日に玉川校区を一部含むバス路線が廃止となることが発表された。廃止予定の沿線には市営住宅や住宅団地があり，多くの住民がいることから，市による代替手段の検討も行ったが，玉川校区に隣接する天の原校区の一部も本実証実験の対象に加えることで最終的な決定をみたところである。なお，本実証実験は地域主導の取り組みとなっており，福岡県の買い物弱者対策導入支援事業費補助金を活用して実施された。

　実証実験の概要は以下のとおりであるが，三池校区と同様に，移動傾向等を把

図表5-2-4　玉川校区予約型乗合タクシー制度周知用チラシ

（出所）　大牟田市作成資料（2021）

握することを目的として，OKI より GPS 機器を借り受け，タクシーに搭載することとした。

【運行概要】

運行期間：2021年10月 1 日（金）〜2022年 3 月31日（木）

運行日時：A 地区（バス廃止路線沿線）・月水金，B 地区・火木土

運行便数：1 日 2 往復（10時⇔11時，13時⇔14時）

運　　　賃：1 乗車につき，大人300円，小学生100円，未就学児は無料

　　　　　　週 1 回のゆめタウン大牟田行きは 1 乗車につき700円

運行範囲：玉川校区内及び末広町バス停付近までの医療機関 4 箇所，商業施設
　　　　　　5 箇所

5.2.3.2.3. 取り組みの目標と成果

　実証実験のそもそもの成り立ちから行けば，まずは多くの方に乗合タクシーを利用いただけるかが最大の目標ということになる。

　そこで運行範囲は異なるものの，前年度の実証実験の 1 日当たりの利用者数，約1.0人を超えることを目標として設定した。

　以下，実証実験の主な結果を記す。

○登録者数は A 地区で87人，B 地区で60人。うち，75歳以上が A 地区60人（約69％）・B 地区41人（約68％）であり，65歳以上となると約 9 割を占める。

○利用者は152日の運行中196人が利用されており，1 日運行当たり約1.3人が利用したことになる。1 日の最大利用者数は 8 人である。

○利用者の時間帯別（合計）でみると，10時台が83人（約45％）と最も多く，午後に比べ午前中の利用者が144人（約73％）と多い。

○利用者の乗車場所別でみると，A 地区では東谷市営住宅が58人（A 地区全体の約41％）と最も多く，B 地区では櫟野と教楽来が12人（B 地区全体の約57％）ずつで最も多い乗車となる。

○利用者の降車場所別でみると，A 地区では乗車と同じ東谷市営住宅で53人（約38％）と最も多く，B 地区では教楽来が12人（約27％）と最も多くなる。

　玉川校区の住民2,489人（2022年10月 1 日現在）のうち，登録者数が147人と，

三池校区における実証実験よりも多い結果となった。また1日運行当たりの利用者数も約1.3人と目標を上回る結果となった。

　しかし，最も多い乗降場所は路線バスが廃止となった沿線沿いにある東谷市営住宅となっており，約4割弱を占めていることを鑑みると，今回の実証実験では路線バスの代替手段としての利用が多く，それ以外の地域の人の利用はそれほど伸びていないと考えられる。

　また，利用者の固定化が見られ，新規の利用者数が伸びていないことを，一定地域に根付いたとみるか，一部の利用者だけにサービスが提供されていると見るかは論を俟たないところと考えられる。

5.2.3.3. 2校区の実証実験の課題と今後の展望

　三池校区の利用者は1日当たり0.9人とコロナ禍での実施であった状況を踏まえても非常に少ない利用にとどまった。また，期待したバス⇔乗合タクシーの乗継ぎも見られず，想定した結果とはならなかった。

　一方で，高齢者の一定の利用があり，より使いやすい内容とし，認知度を高めていけば徐々に浸透していく素地はあるものと想定されることから，玉川校区のように住民が自分たちで移動手段を守るという意識の醸成を図ることとした。そこで2022年度の実証実験に向けては，地元をよく知る公民館長，民生委員で検討会議を組織し，協議を重ねた上で，より地域の実情に合わせた利用手段の検討を進めた。その結果，地域が選択したのは定時定路線での乗合タクシーであり，予約型の場合と比較してどちらが利用しやすいか，確かめたいとの意向が示されている。

　玉川校区においても，1日当たり利用者は約1.3人と少ないものの，2022年4月以降も継続している実証実験では，利用者が徐々にではあるが増加している状況にある。地域や実証実験に協力いただいたタクシー会社の意向等も斟酌し，10月1日より予約型乗合タクシーで本運行へ移行することとしている。本運行後は，地域で一定の採算が取れるような仕組み作りに向け，今後も引き続き利用者の確保など，地域と行政が協力しながら取り組むこととしている。

　また，両実証実験において，タクシーにOKIから提供されたGPSの機器を搭載したものの，利用者数が少ないことに加え，共にバス停付近での乗降がなかったことなどから，行き先の把握等はできたものの，今後の新しい展開につながる有意性のあるデータ収集までには至らなかった。

　今般の実証実験については，現在進行形の部分もあり，総括しうる現状にはない。実証実験を企画する中においては，市としては，「一つの効果的・効率的な手法」を導き出し，それを「全市的に展開する」ことを想定していた。

　しかしながら，先行して実施されている「倉永地区生活循環バス」や「三池サンキューバス」，あるいは，この2つの実証実験から見えてきたことは，路線バスやJR/西鉄等による人口カバー率が80％を超える本市において，地域の課題の解決にあたっては，事業の実施主体やその運行形態など，より詳細な制度設計が必要であり，1つの手法での全市的な展開は困難ということである。

　このことは，同様の課題を抱える他自治体において，地域交通の課題解決に向けた検討を進めるにあたって，示唆に富む事例だと考えられる。

5.2.4. 大牟田市地域公共交通の今後の展望

　昨今，MaaSという言葉が新聞・テレビ等でさかんに取り上げられることで，「地域公共交通の課題解決にはMaaSさえ取り入れればよい」といった，いわば処方箋や特効薬のように語られがちである。

　しかしながら，大牟田市における地域の課題解決に向けた，創意工夫を凝らしたさまざまな取り組みは，それぞれの地域特性や活用しうる地域資源，そして，さまざまなステークホルダーの参画によって，取りうる手法もまたさまざまであることを示している。

　AI/ICTの活用は，今までなかった価値やスキームを創出し，課題解決に有用なことは否めない。しかしながら，そうした手法の導入に至る実施主体・財源/予算・住民ニーズの把握といったプロセスを丁寧に経ることが，非常に重要となってくる。

　そこで，大牟田市では，今あるものと新しく取り組むもの，それらをつなぐことこそが「大牟田市版MaaS」という考えを踏まえ，事業を入念に準備し，実証実験を行ってきた。

　新型コロナウイルス感染症の感染拡大により，期待したような実験成果を得ることができなかった面があり，2021年度はいわば足踏み状態となってしまっているが，市民生活を支える既存の公共交通を維持し，そこに外から人を呼び込み，全体をうまく回すことで人流を生み出し，公共交通の持続可能性を高めるといった基本的な方向性を今後も堅持しながら，現状を将来の大牟田市版MaaSへの橋頭堡とし，計画の目標達成に係る取り組みを進めて欲しいと考えている。

【参考文献】
［1］　大牟田市作成資料，2022年
［2］　宇都正哲他『人口減少下のインフラ整備』東京大学出版，2013年
［3］　宇都正哲「人口減少下におけるインフラ整備を考える視点」日本不動産学会誌 Vol. 25，No. 4，pp.44-49，2012年
［4］　M. Uto, M. Nakagawa, S. Buhnik, *"Effects of housing asset deflation on shrinking cities : A case of the Tokyo metropolitan area"*, Cities, Volume 132, January 2023, pp.1-16. https://doi.org/10.1016/j.cities.2022.104062

5.3. 「ひと」の想いの見える化による シティプロモーション

5.3.1. 概　要

　全国の多くの自治体が，シティプロモーションに注目し，取り組んでいる。「シティプロモーション課」のような名称で専門部署を設置している自治体は多い。さらに，近年では「シビックプライド」という概念にも注目が集まり，その醸成に取り組み始めている自治体もある。

　本節では，まずシティプロモーションとシビックプライドの概要について整理した上で，独自の視点でシティプロモーションとシビックプライドの醸成に取り組んでいる秋田県にかほ市の事例を紹介する。その上で，事例から学べるシティプロモーションにおける新たな視点について整理する。

5.3.2. シティプロモーションの定義

　シティプロモーションの定義について，文献［1］は「地域を持続的に発展させるために，地域の魅力を地域内外に効果的に訴求し，それにより，人材・物財・資金・情報などの資源を地域内部で活用可能としていくこと」と定義している。具体的には，地域や特産品等の認知度やブランディング，地域への来訪者の増加や地域への移住者や定住者の増加のためのプロモーション活動のことである。

　また，シティプロモーションは，地域外に向けた活動だけではない。地域の魅力は，地域内の住民も知らないことがあり，地域内の住民たちの地域への愛着や誇りを高めるためのシティプロモーションも重視されている。さらに，地域内の住民にもシティプロモーションの内容が浸透することで，効果的な地域活性化につながる可能性がある。

図表 5 - 3 - 1　　シティプロモーションと政策目標の位置付け

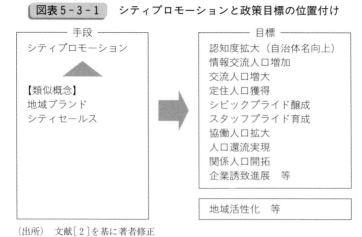

（出所）　文献［2］を基に著者修正

　上記のとおり，シティプロモーションには，交流人口や定住者の増加，地域への愛着など，多様な目標が存在している。さらに，シティプロモーションの類似概念として，地域ブランドやシティセールスがあるが，基本的な意味は同じであるため，本節ではシティプロモーションという言葉で統一する。文献［2］は，これらの多様な目標と類似概念の関係について，**図表 5 - 3 - 1** のように整理している。つまり，シティプロモーションや地域ブランド，シティセールスは，地域の抱える多様な目標を実現するための手段である。

5.3.3.　シビックプライドの概念と「ひと」の重要性

　シティプロモーションの分野において，近年，注目が集まり，多くの自治体が取り組んでいるのが「シビックプライド」の醸成である。

　シビックプライドとは，「対象となる地域に関わる市民としての自覚と責任感に支えられた，地域に対する誇り」［3］と定義されており，都市建築学に由来する概念である。シビックプライドは，いわゆる愛郷心とは異なり，都市に対して市民として主体的に活動し，地域をより良くしていこうとする市民性という意味を含んでいる。

　シビックプライドの醸成に注目が集まっている理由は，シティプロモーションの成果を高めるために有効であると考えられているからであろう。シビックプライドの類似概念として，「ソーシャルキャピタル」という考え方がある。［4］は，

ソーシャルキャピタルを「人々の協調行動を活発にすることによって，社会の効率性を高めることのできる『信頼』『規範』『ネットワーク』といった社会組織の特徴」と定義している。ソーシャルキャピタルが蓄積されている地域では市民活動が活発であり，その結果，特定の政策を実施した際に期待できる政策効果が高まるのである。

シビックプライドの醸成は，シティプロモーションの目標の1つでもある。主に地域内に対するシティプロモーションによってシビックプライドの醸成を促進させることにより，市民活動が活発化する。シビックプライドが醸成された地域では，地域内外に対するシティプロモーションの効果も高まるため，相乗効果が期待できる。

シビックプライドの醸成においては，「ひと」に焦点を当てたシティプロモーションが重要性であると考える。文献[5]は，シティプロモーションにおいて発信するコンテンツとして，「ひとの物語」の重要性を指摘している。「ひとの物語」とは「まちに『愛着』や『誇り』を持つに至った市民の，『まちとの関わり』や『まちへの思い』，『観光振興や産品開発に取り組むプロセスや背景』などをコンテンツ化したもの」である。「ひとの物語」に共感した者たちの中でシビックプライドが醸成され，シティプロモーションに対する相乗効果が期待できるだろう。

5.3.4. 秋田県にかほ市における「漁師図鑑」と「TeGAKe」の事例

「ひと」に焦点を当て，注目を集めたシティプロモーションの施策に，秋田県にかほ市による「漁師図鑑」がある（**図表5-3-2**）。

「漁師図鑑」は，秋田県にかほ市の「地域の魅力発信事業」の一環として制作され，にかほ市で活躍する漁師や漁業の魅力を紹介したウェブサイトおよび冊子である。冊子版は，2022年6月からにかほ市内や道の駅で配布されている。「漁師図鑑」は，漁師の人となりが見える記事や漁船の情報，主な漁法などを発信しており，15名の漁師たちの情報が盛り込まれている。身長や体重，好きな魚や嫌いな魚，趣味や好きな芸能人など，さまざまな側面から15名の漁師について紹介している。漁船の写真も掲載されており，にかほ市の漁師たちを理解できるウェブサイトおよび冊子である。

「漁師図鑑」は，そのユニークさから，リリース後に各種のメディアで取り上げられ，TBSテレビの情報ワイドショーである「ひるおび」でも取り上げられ，地域内外で広く認知された。さらに，一般財団法人地域活性化センターが主催の「地

図表 5 - 3 - 2　「漁師図鑑」のウェブサイト

（出所）　漁師図鑑

域プロモーションアワード2022」(優れた地域の魅力発信活動を行ったパンフレットや動画を表彰している) でも受賞している。

　にかほ市によれば,「漁師図鑑」の主な目的は,海産物の認知や販路拡大に加え,にかほ市における漁師の担い手の増加も目指しているとのことである。漁師

の仕事の実態は，地域内の人々にすら，あまり知られていない。また，将来的に後継者となる可能性のある子どもや若者たちが，漁師という職業に詳しく触れる機会は少ない。その結果，漁師という職業は，社会に出る頃には職業としての選択肢にはなかなか入らないのである。そこで，「漁師図鑑」は，まずは漁師という職業で生きている人たちを知ってもらうことに焦点を当て，子どもから大人までが楽しめるコンテンツにすることで，漁師という職業の理解の促進を目指しているとのことである。

「漁師図鑑」の制作を担ったのは，にかほ市の「地域の魅力発信事業」を受託した一般社団法人ロンド（以降，ロンド）である。ロンドは，にかほ市を拠点とするまちづくり法人である。

ロンドの代表理事である金子晃輝氏によれば，「漁師図鑑」のコンセプトは，既存のシティプロモーションとは異なる取り組みを模索した結果，創出された。漁師のプロモーションは，他の地域でも取り組まれていた。当初は，漁師のドキュメンタリー風の動画やにかほ市の漁港別の魚を紹介するメディアの立ち上げなどを検討していたが，いずれのアイデアも新奇性に欠けていた。ロンドのメンバーで企画会議をしている際，「魚の図鑑があるなら，漁師の図鑑があってもよいのでは」という意見が出て，それが直接的なきっかけとなったのである。

さらに，「漁師図鑑」のコンセプトの発案には，にかほ市の「ひと」に対するロンドの金子氏の個人的な想いも影響している。もともと金子氏は，神奈川県出身の起業家である。東京都の多摩地域にある大学に進学し，大学在学中に地域活性化に取り組むための会社を創業した。その後，さらなる成長の場を求めていたところ，株式会社ジェイアール東日本企画から，秋田県にかほ市のインキュベーション施設の創設に誘われた。金子氏は，にかほ市を訪れ，人々の温かい人柄に触れたことで，移住を決意した。移住した当初の金子氏は，漁師に対して近寄りにくいイメージを持っていた。しかし，ロンドのメンバーの親族に漁師がいたことから漁師との関係を持ち始め，漁業に命をかけて取り組む姿勢や温かい人柄に触れ，イメージを覆された。さらには網揚げ動画を動画SNSのTikTokで配信し，何十万ものフォロワーを獲得している漁師など，個性的で面白い漁師がいることも知った。「漁師図鑑」において，漁師という「ひと」に焦点を当てたメディアを制作しようと考えた背景には，この金子氏の魅力的な「ひと」を伝えたいという想いも影響している。

にかほ市の「地域の魅力発信事業」では，「漁師図鑑」に加え，地域で活躍する

図表 5 - 3 - 3　「TeGAKe」のウェブサイト

（出所）　TeGAKe

魅力的な人々を発信する「TeGAKe」（テガケ）というウェブサイトも制作している（**図表5-3-3**）。「TeGAKe」は，にかほ市の「ひと」と地域での取り組みや活動に対する想いに焦点を当て，にかほ市で活躍する人々を取材し，記事を作成している。

　「TeGAKe」では，地域で活躍する人々を①文化人，②仕事人，③遊び人の3つに分けている。①文化人とは，伝承芸能や，指定文化財といったにかほ市の文化に関係する活動をされている人である。②仕事人とは，地域産業に力を入れる企業人や，独創的な事業に取り組む起業家などである。③遊び人とは，にかほ市内の観光や，自然資源を使った暮らしの楽しみ方，地域で親しまれる地元遊びなどに詳しい人である。前述した「漁師図鑑」で紹介されている漁師たちも，仕事人として「TeGAKe」で紹介されている。

　にかほ市は，この「TeGAKe」を地域の未来を担う魅力的な人々を伝えるためのメディアのプラットフォームとして活用し，今後も地域内外に向けた情報発信を行う予定である。

5.3.5.「ひと」の想いの見える化によるシティプロモーション

　本節では，シビックプライドを醸成するためのシティプロモーションの施策と

して，にかほ市の「漁師図鑑」と「TeGAKe」の事例を紹介した。この事例から学べるシティプロモーションにおける新たな視点の1つとして，「地域の『ひと』の想いの見える化」があるだろう。

これまでのシティプロモーションでは，地域の特産品や名所に関する情報発信が中心であったと思われる。そのような情報は，地域の認知度・理解度の向上や流入人口の増加には効果が期待できるが，一過性に終わる場合も多いだろう。持続可能で効果的なシティプロモーションを実現するためには，シビックプライドを醸成することが重要である。しかし，シビックプライドを持つ市民がいても，その想いは身近な人でなければ理解できず，地域内外に対して波及させることは困難である。主体的に地域に関わる人々を増やすためには，「ひと」の地域への想いを見える化し，それを発信することにより，共感する人々を獲得することが重要である。

本節で紹介した「漁師図鑑」や「TeGAKe」は，地域の人々の魅力に惹かれ移住を決意した起業家が，自分が感じた魅力を地域内外の人々に伝えるために発案したユニークなシティプロモーションである。移住者としての新鮮な目で地域の人々の魅力の新たな側面を発見し，地域の「ひと」の想いを見える化した事例である。

【参考文献】

［1］ 河合孝仁『シティプロモーション：地域の魅力を創るしごと』東京法令出版，2019年12月

［2］ 牧瀬稔「シティプロモーションの現状と展望」『シティプロモーションとシビックプライド事業の実践』東京法令出版，2019年3月

［3］ Collins, T.「Urban civic pride and the new localism：Transactions of the Institute of British Geographers」, 41(2), pp.175-186, 2016.

［4］ ロバート・D・パットナム『哲学する民主主義：伝統と改革の市民的構造』NTT出版，2011年3月

［5］ 水本宏毅「論考：シティプロモーションとシビックプライド事業の活かし方」『シティプロモーションとシビックプライド事業の実践』東京法令出版，2019年3月

［6］ 「漁師図鑑」 https://www.ryoushizukan.com/ 2022年10月14日

［7］ 「TeGAKe」 https://tegake.com/ 2022年10月14日

5.4. デジタル時代の新たな事業承継スキーム「サーチファンド」

5.4.1. 概　要

　アントレプレナーシップ（起業家精神）をもった「人」を軸に中小企業に投資する「サーチファンド」という仕組み（スキーム）が注目されている。

　本節では，日本に「サーチファンド」の仕組みを持ち込んだ嶋津紀子氏に，この仕組みがどのように地方創生に寄与できるかを伺った内容をそのまま記載し，可能性をまとめる。

5.4.2.「サーチファンド」の仕組み

　デジタル技術がどれだけ発展しようとも，それぞれの土地で，新しいモノゴトを創り生み出すのはアントレプレナーシップをもった「人」であろう。「人」を軸に中小企業に投資する，アメリカ発の投資モデルである「サーチファンド」が日本でも注目されている。

　サーチファンドは，能力はあるけれども社長経験のない若者（サーチャー）に

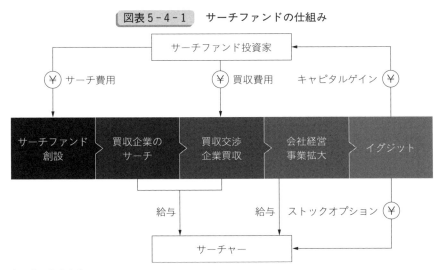

図表 5 - 4 - 1　サーチファンドの仕組み

（出所）　株式会社 Japan Search Fund Accelerator

対し，そのポテンシャルを見極めて投資し，サーチャーの「自分が社長になることで成長を加速できる会社」探しをサポートする。企業オーナーとサーチャーの想いが重なる会社が見つかった際に，オーナーから企業を買い取るために追加投資を行い，サーチャーを新社長とした事業承継を実現する。通常，5〜7年かけて企業価値向上に取り組み，上場/MBO（マネジメント・バイアウト）/第三者売却などのイグジットを迎え，投資家はリターンを得るというスキームである。

5.4.3.「サーチファンド」による地方創生

　日本に「サーチファンド」という仕組みを持ち込んだ嶋津紀子氏に，この仕組みがどのように地方創生に寄与できるかをインタビューした。

5.4.3.1.「サーチファンド」の日本導入者へのインタビュー

著者：改めまして，嶋津さんがサーチファンドに出会うまでのご経歴をお伺いしてもよろしいでしょうか。

嶋津：「嶋津紀子」と申します。「ジャパンサーチファンドアクセラレータ」という小さな会社を経営しています。まず，なぜサーチファンドをやり始めたかってところを中心的にお話しできたらと思うんですけど。

　高校1年の時に，1年間交換留学で，アメリカのミネソタ州っていうド田舎に行ったんですよ。それまで，ずっと日本で生きてきた中で，日本が中心にあるのって，自分の人生にとっては当たり前のことだったんです。当時は，日本とアメリカって，経済大国2カ国，対等な気持ちでいたんですよ。ところが，行ってみてとにかく，もう誰も日本に興味ないことにびっくりして。昔はすごかったことがあった，ってくらいの過去の話の扱いを受けていることに，衝撃を受けて。

　そこから，いかに日本を，誰が見てもまごうことなき経済大国としてもう一度確立させるかってところに，なんか競争心のような，強い想いを持つようになりました。大学に入って，社会人としてのキャリアを始めるときに考えたのが，1つの会社に入って，国内に閉じ（こもっ）て，いかに相手の会社を打ち負かすかを考えるのは不毛だなと。個別の会社の利益から解放されて，業界最適だったり，国家最適だったり，みたいなところにもう少し携われて，かつ，プレーヤーに近いようなことができないかと思い，コンサルに辿り着いたんですよね。

　コンサルに入ってしばらく，とても楽しくやってたんですけど，結局，凄く高いフィーを支払える大企業だけが対象になりますし，インパクトを感じにくいですよね。会社が大きければ大きいほど動くのもゆっくりですし，比率でみると改善は難しいんですよ。かつ自分のキャリアっていうのを考えたときに，私は日本経済全体みたいなところへの想いもあり，悩むようになって，留学に行くことにしたんです。

著者：留学先でサーチファンドに出会うんですよね。

嶋津：最初にサーチファンドの仕組みを知った時に，いろんな点がピピピって重なった感じがしたんですよ。何がそんなに気に入ったのかっていうと，いろいろありまして。1つは，改めて日本の GDP を見ると，半分以上が中小企業だっていうことに，結構衝撃を受けたんですね。企業の比率で中小企業が多いのはそうだろうなとは思ってたんですけど，金額でいっても，実は半分ないんだ，っていうところにびっくりしまして。大企業が頑張って頑張って，年に3％改善させるのって相当難しい。1％でも難しい。一方で，中小企業って伸びるとこだと30％とか恐ろしい伸び方で伸びていくところあるじゃないですか。だとしたら，中小企業側にもっとリソースを張って，そっちのほうを飛躍的に伸ばすみたいなことができたら，そのほうが日本の全体 GDP，日本全体の経済の底上げには，早いんじゃないかな，と。

　次に，後継者不在，地方創生といった，マクロレベルで叫ばれている社会課題に対しても，資本主義の方向からアプローチできることです。補助金だったり，移住支援だったり，非資本主義な取り組みってこれまでもいろんな打ち手があったと思うんですけど，やっぱり資本主義の中に生きている我々，資本主義の仕組みにのっとった形で解決策を模索しない限りサステナブルじゃないと思っていて。資本主義に合致した形で，課題を解決できるのであれば，それって勝手に広がっていく，自発的に増殖していく取り組みになるはず，だと思っているんです。

著者：ありがとうございます。では，改めて，サーチファンドを皆さんどのように捉えられていらっしゃるか，を教えていただけますか。

嶋津：2つの視点があると思っているんです。まずは「キャリア形成」の視点でいうと，サーチファンドは，アントレプレナーシップ（起業家精神）の一形態

として捉えることができます。日本では，アントレプレナーシップというと，ほぼ全て（0から1を作る）ベンチャー企業を起業する話になってしまうんですが，実は，起業するのは，アントレプレナーシップを発揮するための手段ですよね。そこに使えるものがなくて，0から作ったほうが早い，効率的，効果的なのであれば，創ればいい，という話です。

逆に，そこに使えるピースがあるのであれば，起業が最善の策ではないじゃないですか。すでにある事業を承継，買収して，それを活用しながらアントレプレナーシップを発揮していく。これがアントレプレナーシップ・スルー・アクイジション（事業承継）なわけです。

グローバルでは，この2本柱が当たり前なのですが，日本にはまだない。しかも，日本には，いろんないい技術を持った会社がたくさんあって，後継者不在でも引き継げるチャンスはある。それをまだ使ってみようと思わないって，もったいないじゃないですか。実は，0から1の起業より，この事業承継のほうが，日本の国民性に合ってるんじゃないかとすら思っています。サーチファンドというのは，このアントレプレナーシップを実現する手段の1つなんです。

もう1つ，「投資」の視点で捉えると，プライベート・エクイティ（PE）と，ベンチャーキャピタルのちょうど中間に生まれる新業態であると，個人的には考えています。なぜ，中間と考えているかというと，会社を買収して，その会社の企業価値を上げていく，大きくしていく，っていう意味では，ほとんどプライベート・エクイティですよね。

一方で，投資のプロセスや着眼点は，極めてシード期のベンチャーに似ていて。プロダクト・マーケット・フィットする前のベンチャー企業に投資をするっ

図表5-4-2　キャリア形成の視点

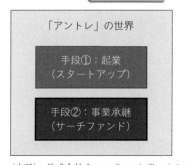

（出所）　株式会社 Japan Search Fund Accelerator

て，結局何を見てるのかというと，起業家だったり，起業家チームを見るじゃないですか。この人たちだったらうまくピボットしていけそうだとか，補完できてそうだとか。あとは，彼らのビジョンだったり，その業種が可能性ありそうか，そういうところを見て投資を決めていくと思うんですよね。これ，サーチファンドも一緒で，まだ会社が見つかっていない状態で，サーチャーをどうやって設定するのかっていうのは，この人だったら，いい経営者になるかどうかっていう，人の目利きなわけです。

　ベンチャー企業だと，彼らが作るプロダクトとマーケットのニーズがフィットして，ビジネスモデルが固まってくると，今度はチームではなくて，ビジネスで，ベンチャーキャピタルからお金を引っ張れるようになるじゃないですか。サーチファンドでは，プロダクト・マーケット・フィットの代わりに，サーチャーと会社のフィットだと思うんです。サーチャーがうまくフィットする，すなわち，サーチャーがどの業種でどんなビジネスをやるか決まると，そのビジネスに対してお金がつけられるようになるんですよ。ベンチャー投資でいう次の段階の投資の代わりに，サーチファンドから事業承継に必要な資金が投資されるところが似ていますよね。

著者：サーチファンドには，どういった投資家が出資するのですか？

嶋津：海外では，ベンチャーキャピタルと同じで，お金持ちの個人からお金集めてきたという投資ファンドが多いんですよ。地域の社会課題解決であったり，サステナビリティと紐づけてサーチファンドを語るのは，日本型サーチファン

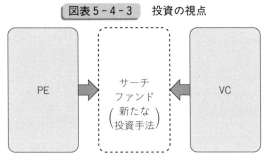

図表5-4-3　投資の視点

注）PE：プライベート・エクイティ，VC：ベンチャーキャピタル

（出所）　株式会社 Japan Search Fund Accelerator

ドのイノベーションだと思っています。結果，地方の金融機関を巻き込むことができました。

著者：地方の金融機関がサーチファンドにお金を供給するというのは世界的にも新しいのですね。具体的には，どんな地方の金融機関が，どのようにサーチファンドと協業しているのですか。

嶋津：今，野村 HD グループと一緒にやっている，ジャパン・サーチファンド・プラットフォーム（JSFP）に入ってくださっている，地方の金融機関，お名前をお出しできるところでいうと，山陰合同銀行，足利銀行，阿波銀行になります。その中で，金融機関のクライアントの事業承継への問題の解決ツールとして捉えている銀行さんからは，案件をご紹介いただくという形で，提携しています。あとは，事業承継のタイミングで，融資を引き直す必要が出てくるので，融資の面でご協力をいただくということもあります。

著者：M&A 仲介のような役割でしょうか？

嶋津：いえ，今までの M&A 仲介とは違う点で，金融機関さんにも興味を持っていただいていまして。M&A 仲介っていうのは，会社のオーナーがまず最初に売ることを決めるんですよね。まず，会社を売ろうと思って，仲介を立てる。仲介を立てると，買い手候補を見つけてもらえる，候補の中から選ぶ。このプロセスしかないじゃないですか。

　ところが，日本の中小企業さんの多くは，後継者不在で悩まれていたとしても，いきなり会社売却の判断ができないです。とはいえ売りたくないとか，もしかしたら，いつの日か孫が継ぐって言ってくれるかもしれないとか。別に明日困るわけじゃない，自分はまだ数年はやっていけるとか。仲介に相談したとしても，とにかく仲介の誰々が気に食わないとか，いきなり会社に値札を貼ってくるなんて失礼な奴だなとか，いろんな理由でとにかく進まないんですよね。

著者：80歳を超えてバリバリ現役の社長に，M&A 仲介の話なんか持っていくと，「俺がもうダメだと言いたいのか，馬鹿野郎」って言われて怒られそうですね。

嶋津：そうそう。一方，サーチファンドっていうのは，「あなたのビジネスに興味を持っている，若いやつがいます。ちょっと会ってみませんか」がスタートです。会ってみて，あんまり気が合わなければそれで終わりだし，この子面白い

な，いいなと思ったら，もう少し深い話を詰めてみて。その子に仮に承継したとしたら，どういうふうに運営していくんだとか，いろいろ話を詰めて。よし，こいつに譲ろうって思ったら，売却を決断すればいいんです。

　ですから，会社のオーナーさんにとって，最初の入り口のハードルが相当低いんです。さらにいうと，意外と自分の会社に興味を持ってもらえるって嬉しいんです。一般的な採用ではまず出会えないような，本当に優秀な方たちが自分の会社に興味を持つんだってことが驚きだったり。それで話しているうちに，若いころの自分に似ているだとか，本当は海外展開もやってみたかったんだけど，君にだったらそこは任せられるかもしれないとか。いろんなことが見えてきて，前向きに承継を検討できるようになる。そういうプロセスが実際あるんですよね。

著者：中小企業オーナーにとって受け入れやすいんですね。地方創生というと，自治体にとっても大きな課題ですが，自治体が果たす役割ってありますか？

嶋津：最近そういうケースも出てきています。福井県さんが商工会議所だったり，地元のネットワークとかから，後継者不足の企業の情報を集めてきてくださって，そちらを我々にご紹介くださる。さらに，承継がうまくいった場合に，金銭的なご支援をつけてくださっています。また，オーナー向けの説明会を共同開催するケースもありますね。

著者：地方創生という観点で，うまくいき始めている事例を教えていただけますか。

嶋津：今，承継まで至っているのは，山口フィナンシャルグループさんとの取り組みが多いのですが，よく記事に出させていただいてるところで言うと，塩見組さんを承継した渡邊さんは，事業を拡大して，会社の状態としても良くなっていますね。

著者：どのように会社を成長させることができたのですか？

嶋津：塩見組さんは，北九州を拠点としてる土木基礎工事の会社なのですが，改善余地がかなりありまして。まず，基礎工事のための大きな杭打ちの機械がありまして，この機械の稼働率が高くなかった。この稼働率を最大化するために必要なチームを作れるだけの人がいなかったんです。渡邊さんは，これを成長

余地と捉え，人を増やすことで，稼働率を上げられると考えたのです。さらに，これまでこの会社は，「杭打ち」っていう，杭を打ち込むところだけに特化してやってきました。実は，打ち込まれている杭を抜くっていう「杭抜き」っていうのも，ほぼ同じ機械で同じ技術でできるんですよ。けれど，やってこなかった。ここに技術を追加して，参入していこうとしています。

　利益面でいうと，実は工事の種類によって利益率が全然違うんですが，これまでは，その利益率をあまり見ずに，受けやすいものから受注していました。この受注の中身を見直していくということで，売上が爆発的に伸びなくても，利益率が大きく改善します。加えて，例えば家賃などのコスト面でもだいぶ下げることができました。

著者：サーチャーとオーナーさんとの関係ができた上で，サーチャーが会社に入って，こういった成長余地を分析した上で，それから投資するかどうか決めるってことですよね。

嶋津：サーチャーが，インターンみたいな形で会社に入って，実際にビジネスを手伝いながら情報を見させてもらうこともありますね。

著者：このあたりはサーチャーが頑張るところなんですね。

嶋津：もちろんサーチャーさんが主体ではあるんですけど，このJSFPっていう仕組みでいうと，サーチャーのビジネスの分析の進捗や，次に会社オーナーにどういう提案をしていこう，という相談に週次でのっていますね。私たちはアクセラレーターモデルって呼んでるんですけど，結構フルサポートでやってます。

著者：なるほどです。逆にこれまで取り組まれていて，うまくいっていないケースってありますか。

嶋津：サーチファンドが，アントレプレナーシップでなく，地方創生に寄りすぎて捉えられてしまうケースが出てきています。地域内の会社が未来永劫，地域内資本で生き残ること。優秀な人材を域内に呼び込んで，そのままそこに居ついてもらう，っていうのをゴールにした取り組みになってしまうのです。

著者：地方創生の観点だとそうなりますよね。

嶋津：それだと，アントレプレナーシップからニュアンスが変わってしまっているんです。サーチファンドを通じてアントレプレナーシップを発揮しようとしてる人って，会社が成長しなくてもいい，65歳まで中小企業の社長やれればいいと思っている人たちではないんです。一方で，地域からすると，地域のためになれば，損さえしなければよいという考え方。となると紹介される会社が，残ってほしいけれど，成長余地がない会社になってしまいます。ずっと30年間売上一定で，今後もそのまま存続してくれて，お金を借りたまま利子をずっと払い続けてくれればいい，という考え方になりがちです。

著者：中小企業の存続にとらわれすぎて，株式価値・企業価値を上げるという観点が抜け落ちてしまうんですね。

嶋津：私たちがやっていることが地方創生にならないかっていうと，絶対そんなことはなくて。地方創生は，結局，次の中核企業を地域に立てていくこと以外にないと思っていて。もちろん，その他大勢の企業が生きながらえるっていうことも，大事かもしれないですけど，人口が減っている中で，企業数が減っていくのも当たり前じゃないですか。中小企業の「数」を維持しなきゃいけないと，私は思ってないんですよ。逆に中小企業を全部残しちゃうと，人が足りないんですよ。どこも人手がなくて困ってるじゃないですか。

　　ただ，経済規模としては成長していかなければ，相対的にプレゼンスが下がっていく中で，いろんな地域にもっと，次のユニクロであり，次の星野リゾートであり，地域を超える中核企業がある社会を目指したい。そのためには，少数精鋭の，本当にブレイクスルーできる会社をいろんな地域に埋め込んでいく以外にない，これが地方創生だと私は思っています。

著者：そのほうが，結果的に，地方の職の数が増える可能性が高いですよね。こういった誤解を解いた前提で，地域の金融機関や自治体に期待することはありますか。

嶋津：事業が成長し始めて，より拡大しよう，成長投資をしようという段階での融資はぜひお世話になりたいです。さらに地域というところでいうと，サーチャーさんが移住していくわけなので，そこの支援っていうのはこれからもっとしてくれたら嬉しいなって。例えば，地域の青年商工会みたいなものあるじゃないですか。サーチャーにとっても，経営者仲間ができたり，お互いにいい影

響を与え合えると思うんですよね。こういった人的ネットワークのサポートが
あると嬉しいです。

著者：ありがとうございました。全国あちこちから，サーチファンド出身の成長
　企業が生まれるのを楽しみにしています。

5.4.4.「サーチファンド」の地方創生の可能性

　アントレプレナーシップで想定されがちな，何もないところから起業すること
(いわゆるゼロイチ)は，市場やリソースが限られる地方においては，非常に挑戦
的である。

　一方で，地方にある既存の事業や会社に着目し，そこにアントレプレナーシッ
プを有し，デジタルへの理解も深い経営者を呼び込み，それらを成長軌道に乗せ，
新たな雇用を創出することは，地方創生が目指す姿といえよう。つまり，「サーチ
ファンド」はこういった地方創生が目指す姿を後押しする仕組みであり，アント
レプレナーシップをもった「人」には好都合である。

　地方で長くビジネスを営んできた企業こそがその地方の強みであり，それを外
の力を使って伸ばすことに，志のある「人」は是非とも挑戦してもらいたい。

【参考文献】

［1］　株式会社 Japan　Search　Fund　Accelerator ホームページ　https://japan-sfa.
　com/company/　2022年10月 1 日

第6章

事例紹介④働き方を変える

6.1. ワーケーションの先にあるもの

6.1.1. 概　要

　コロナ禍でテレワークによる勤務が一般化し始めたことにより，リゾート地などでテレワークを行うワーケーションも，にわかに脚光を浴びることとなった。現在はテレワーク施設などを整備する自治体に対する国からの助成＊1，ワーケーションを行う企業や個人事業主に対する自治体からの補助＊2もあり，テレワークの一形態として定着することが期待される。しかし，助成と補助の終了後や，コロナ禍が収束して観光需要が戻った後には，単純な観光振興策に比べて，その費用対効果が低いことなどから，DX時代を象徴する新たなワークスタイルとして定着せず，フェードアウトするリスクを孕んでいる。

　本節では，我が国におけるワーケーション熱の高まりを地方創生の好機と捉えるとともに，コロナ禍収束後も持続可能な取り組みとして，「かいけつーリズム」を標榜する北海道・鹿追町の事例を中心に紹介・考察することにより，地方自治体がワーケーションを切り口とした地方創生のあり方を検討する一助としたい。

6.1.2. ワーケーションの定義

　ワーケーションは「非日常の土地で仕事を行うことで，生産性や心の健康を高め，より良いワーク＆ライフスタイルを実施することができる1つの手段（日本ワーケーション協会）」と定義されているとおり，リゾート地などで過ごすこととテレワークを組み合わせた新たなスタイルである。ワーケーションにはさまざ

なパターンが考えられるが，本節では日本テレワーク協会が利用者サイドにとってワーケーションが自らの事業や生活にどのように関係し，どう利用できるのか検討しやすくするために定義した①地域で働くワーケーション，②地方移転促進のワーケーション，③移住・定住促進のワーケーション，④休暇取得促進のワーケーション，という4類型が参考になるため，これを紹介する。

まず，①地域で働くワーケーションは，「事業創造，プログラム開発，企業合宿など場所を変えることで成果を高めること」である。企業が新規事業などを集中して検討するために「都会を離れ」，合宿形式で勉強会や検討会などを実施することが，これにあたる。

次に，②地方移転促進のワーケーションは，「企業などがより高い成果，従業員の確保や採用，地域ならではの協業，事業継続などそれぞれの目的で，オフィスを地方に設置ないしは分散すること」である。企業が何かしらの「地の利」を持つ地域において事業を継続・拡大するために，人材やパートナーとなる地方自治体を求めることが，これにあたる。

また，③移住・定住促進のワーケーションは，「移住や定住を希望する個人などが，二地域居住などを通じて，働きながら地方での生活の場を持つこと」である。親が住む地方出身地へのUターンや，出身地以外の憧れの地域などへのIターンの「お試し」が，これにあたる。

最後に，④休暇取得促進のワーケーションは，「個人などが平日を含め長期休暇を取得できるよう，便宜的にテレワークを実施すること」である。連休前日に旅行先でテレワークを実施してアフター5を楽しみつつ，連休と次の土日の間に有給休暇を取得することが，これにあたる。

しかし，①地域で働くワーケーションと②地方移転促進のワーケーションは，企業が主体とならなければ難しい「企業主導型ワーケーション」であり，③移住・定住促進のワーケーションと④休暇取得促進のワーケーションは，個人の需要をどれだけ喚起できるかにかかっている「個人主導型ワーケーション」だと言える。

6.1.3. ワーケーションが直面する課題

ワーケーションは地方創生の有効な切り口の1つとして期待されるが，その期待どおりに利用されていないのが実情である。

NTTデータ経営研究所による2021年の調査によれば，ワーケーションの認知度は約86％であるのに対し，実際にワーケーションを行ったことがある人の割合

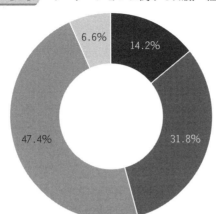

図表 6 - 1 - 1　ワーケーションに関する知識・経験の有無

- ■「ワーケーション」という言葉を見聞きしたことが無い
- ■ ニュースやテレビ等で「ワーケーション」という言葉を見聞きしたことはあるが，どのようなものかはよく知らない
- ■ ワーケーションを経験したことはないが，ニュースやテレビ等で「ワーケーション」という言葉を見聞きしたことがあり，他者にワーケーションがどのようなものかを簡単に説明することができる
- ■ ワーケーションを経験したことがあり，他者にワーケーションがどのようなものかを簡単に説明することができる

（出所）　NTT データ経営研究所

は 7 ％以下であった。

　その理由として考えられるのは，ワーケーション実施時のネガティブな感情である。つまり，自分だけが勤務地を離れてリゾート地などで業務を行うことに対する後ろめたさや抵抗感である。確かに実家のある場所や親戚がいる土地ならまだしも，全く縁もゆかりもない土地で業務をするための必然性を問われても，明確な理由を答えることが難しい。加えて，リゾート地であれば「単に遊びに行くこととの境界線」を示すことも難しい。

　仮に会社からの許可が得られたとしても，固定の場所で働かなくてはならない営業・販売職など，ワーケーションがしたくてもできない職種との不公平を，どう埋めるのかという課題もある。

　また，企業の総務担当者を対象とした『月刊総務』による2021年の調査によれ

ば，ワーケーションのポジティブなイメージとして，「社員のワーク・ライフ・バランスが向上する」，「従業員満足度が向上する」，「テレワークが促進される」，「地方創生や地域課題の解決につながる」ということが挙げられる一方，ネガティブなイメージとして，「仕事と休暇の線引きがあいまいになる」，「マネジメントがしづらい」，「労務管理が難しい」，「ルール作りが難しい」といった企業側の課題も挙げられている。

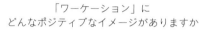

ワーケーションのポジティブ or ネガティブなイメージ

「ワーケーション」に
どんなポジティブなイメージがありますか

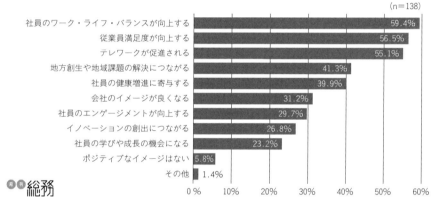

(n＝138)

項目	割合
社員のワーク・ライフ・バランスが向上する	59.4%
従業員満足度が向上する	56.5%
テレワークが促進される	55.1%
地方創生や地域課題の解決につながる	41.3%
社員の健康増進に寄与する	39.9%
会社のイメージが良くなる	31.2%
社員のエンゲージメントが向上する	29.7%
イノベーションの創出につながる	26.8%
社員の学びや成長の機会になる	23.2%
ポジティブなイメージはない	5.8%
その他	1.4%

「ワーケーション」に
どんなネガティブなイメージがありますか

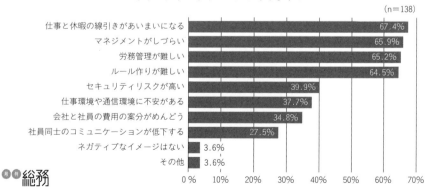

(n＝138)

項目	割合
仕事と休暇の線引きがあいまいになる	67.4%
マネジメントがしづらい	65.9%
労務管理が難しい	65.2%
ルール作りが難しい	64.5%
セキュリティリスクが高い	39.9%
仕事環境や通信環境に不安がある	37.7%
会社と社員の費用の案分がめんどう	34.8%
社員同士のコミュニケーションが低下する	27.5%
ネガティブなイメージはない	3.6%
その他	3.6%

（出所）『月刊総務』

　受入側である地方自治体の課題としては，単独で宿泊施設などを利用するビジネスパーソンを多く招くよりも，家族で観光に訪れてもらう方が「実入り」が遙かに大きいため，国からの助成があること以外に，ワーケーションを積極的に活用しようとする動機が乏しいことである。また，コロナ禍が収束して観光需要が戻るまでの「繋ぎ」と割り切る自治体が多いと聞く。

6.1.4. 鹿追町の「かいけつーリズム」

　決して先行きが明るいとは言えない我が国のワーケーションであるが，コロナ禍が収束したその先を見据えて，独自の施策を推進する地方自治体がある。

　北海道の大雪山と然別湖に抱かれた人口約5,000人の町，鹿追町だ。

　この鹿追町が環境省から「脱炭素先行地域選定」を受けるなど，先端的な環境施策を行っていることを知る人は少ないだろう。

　鹿追町は酪農・畜産が基幹産業であり，家畜ふん尿や生ごみといったバイオマスを発酵させ，発生するガス（バイオガス）を利用して電気や熱エネルギーを生み出すバイオマスプラントがある。そして環境省の委託により，家畜ふん尿を原料として水素を「つくる」「はこぶ」「つかう」仕組み（サプライチェーン）を実現するための実証実験に協力しているのだ。そのためワーケーション施策を始める前から，企業の視察や子供たちの教育旅行・環境学習に利用されることが多かった。

　鹿追町はコロナ禍で激減した観光需要の回復のため，2019年から北海道型ワーケーション導入検討・実証事業（2020年度からは北海道型ワーケーション普及・展開事業）に参画しているが，「企業との連携による地域課題の解決」という独自の切り口でワーケーション施策を推進している。

　それが鹿追町型ワーケーション「かいけつーリズム」だ。

　大雪山・然別湖という観光資源，バイオマスプラントを核とするサプライチェーンという強力なコンテンツがある一方，過疎化や外来種生物による環境破壊といった課題も抱えている。

　鹿追町はコンテンツと課題を，ありのまま「生きた教材」として提供することにより，一緒に課題解決に向かってくれる企業（参加者）を求めている。例えば，然別湖に増殖してしまった外来種・ウチダザリガニの防除と有効活用，バイオガスを活用した持続可能な農業のあり方などを，ワーケーション参加者と協働で検討するのだ。

　鹿追町は参加者への金銭的な補助の提供は一切していなくても，多くの参加者を送り込んでくれる企業，例えば水素サプライチェーン実証事業を鹿追町で行ってきた鹿島建設グループなどを「太い客」として確保できている。

　しかし，特にマスメディアやSNSなどでのプロモーションを行っていない。ただ，事業などで接点を持った企業との「縁」を，大切にしてつないできただけなのだ。

　元々，町内には農村カフェやコテージが点在し，大雪山国立公園にはホテルもあるなど，テレワークする場所の確保に困らなかったことや，町役場が行っていた企業とワーケーションプログラムとのマッチングを民間（一般社団法人）に委託できたことも大きかった。

　まさに「企業主導型ワーケーション」のモデルケースだ。

6.1.5. かいけつーリズムに関する考察

　鹿追町はコロナ禍が完全に去った後でも，間違いなく「かいけつーリズム」を継続できているだろう。なぜならオンリーワンの「目的型ワーケーション」というスタイルを確立できているからだ。

　確かに有名な観光地があることや，国からの実証実験の受託といったアドバンテージがあることは否定できないが，それらを含めた「独自の資源」の活用の仕方やターゲットの絞り方には，他の地方自治体の参考になることも多いのではないだろうか。

　ワーケーションではないが，独自の資源を活用した地方自治体の施策としては，近畿日本鉄道（近鉄）と三重県四日市市が共同出資による第三セクターとして設立した「あすなろう鉄道」の事例が参考になる。

　あすなろう鉄道は元々，近鉄内部・八王子線という，いわゆる赤字ローカル線であり，四日市市は当時の運営会社である近鉄から「運営費補助がなければ鉄道という形態での事業継続が困難」だと伝えられていた。

　しかし，存続を願う地域住民による大規模な署名活動などにより，廃線を免れた経緯がある。

　あすなろう鉄道が地域住民に愛された主な理由は，命名の由来となった線路の幅の狭さ（Narrow：ナロウ）と，小さく愛らしい車体である。特にナローゲージと呼ばれる僅か762mmの線路幅は全国でも珍しく，鉄道ファンの間では有名なのだ。加えて，有名な鎌倉の江ノ島電鉄のように，住宅地を縫うように走る列車

の車窓から見える景色には，独特の風情が漂う。

　四日市市は「ふるさと納税」の返礼品として，あすなろう鉄道の貸切列車の運用や駅長の1日体験の提供を開始した。そのことが鉄道ファン以外にも話題となり，全国的な知名度を獲得した他，関係人口（特定の地域と多様な形で関わる人口）の獲得に成功したと言える。

　観光資源など，特別なものがなくても，訴求する切り口を尖らせることで，地方創生の突破口とした好例であろう。

6.1.6. 今後のワーケーションのあり方（提言）

　最後に，鹿追町型ワーケーションの課題について述べるとともに，今後のワーケーションのあり方について提言したい。

　鹿追町がヘビーユーザーとして企業を囲い込めていることは大きいが，その分，1社が何かしらの事情で抜けることのインパクトは甚大だ。特に先行きの不透明さの増す昨今のビジネス環境においては，企業ユーザーのみに頼るのはリスクがあると断じざるを得ない。

　その課題に対しては，帰省や冠婚葬祭・法事などでの来訪者にも，テレワーク可能な施設をアピールして稼働率と収益を上げることや，Uターン・Iターンの希望喚起につなげることが，リスク分散の方向性として考えられる。

　また，観光地であるがゆえ，観光の繁忙期にシングルユースが主なワーケーションの来客が増えると，観光収入を圧迫してしまうおそれもある。

　その課題に対しては，ワーケーションを観光の閑散期を埋めるためと，ワーケーション後に家族を伴って観光に来てもらうことや，空き家情報の提供を充実させて二地域居住の候補にしてもらうなど，「セカンド需要」を狙う切り札に使うことも考えられる。なお，隣接する上士幌町のワーケーション施設の主要ユーザーは法人契約する企業の社員だが，その次に多いのは二地域居住者である。

　また，近隣の都市である帯広市には，駅前の繁華街にワーケーション施設がいくつかある。そこには，平日は便利な都市部で仕事をし，週末は山間部の自然が豊かな場所に足を延ばしたい，というユーザーを取り込む狙いが見て取れる。

　いずれにせよ，ワーケーションが我が国において「持続可能な」取り組みとして定着するためには，各地方自治体がオンリーワンの切り口を見つけ，企業主導型ワーケーションと個人主導型ワーケーションを最適に組み合わせることにかかっている。

【補注】

＊１）デジタル田園都市国家構想推進交付金，地方創生テレワーク交付金など。

＊２）例えば釧路市は，市内のテレワーク施設を利用する事業者に対して，１人当たり85,000円を補助（補助率１/２，１週間以上滞在が条件）している。

【参考文献】

［１］　ワーケーションの定義（日本ワーケーション協会）　https://workcation.or.jp/workcation/　2022年10月４日

［２］　ワーケーションのタイプ（日本テレワーク協会）　https://japan-telework.or.jp/workation_top/　2022年10月４日

［３］　地方移住とワーケーションに関する意識調査（NTTデータ経営研究所）https://www.nttdata-strategy.com/assets/pdf/newsrelease/211206/survey_results.pdf

［４］　ワーケーションに関する調査（『月刊総務』）　https://prtimes.jp/main/html/rd/p/000000013.000060066.html　2022年10月４日

［５］　バイオガスプラントの特徴（鹿追町）　https://www.town.shikaoi.lg.jp/work/biogasplant/tokucho/　2022年10月４日

［６］　廃線寸前だった弱小鉄道が生き残ったワケ（東洋経済オンライン）　https://toyokeizai.net/articles/-/75491　2022年10月４日

6.2. デジタルでの居場所

6.2.1. 概　要

　コロナ禍で多少緩和されたものの，東京一極集中の傾向は変わっていない。しかし著者が2021年10月に１都３県20歳以上，1,000人に実施したアンケート調査によれば，回答者の４割が地方での住宅取得意向を持っており，そのうち６割は「たまに行く別荘」以外の目的をあげている。どのような条件が揃えば地方移住が実現するのだろうか。

　大学でのオンライン授業，リモートワークやテレワーク，リゾートオフィスやワーケーションなどが一般化しつつある。情報インフラの発達により，仕事と学習のためであれば東京に居なくてもよくなってきた。最後に残るのが趣味等の仲間との交流である。手段的人間関係ではなく，即自的人間関係の構築がデジタルによっていかに可能か，事例を基に検討する。

6.2.2. デジタルでの居場所作りの事例

　デジタルでの居場所の実現条件を定量的に分析した後に，地方での起業によって居場所を作った典型事例を紹介する。

6.2.2.1. 地方での選択的人間関係の確保

　1930年代，都市社会学の分野では，社会的異質性の高い人々が密集する都市では人々の孤立化が進み，親族の紐帯の弱体化やアノミー（無規範・無統制状態）が問題になるとされた。しかし1970年代には，都市が多様な下位文化を創造してコミュニティを形成するのだと言われるようになってきた。

　文献[2]の定量的研究によれば，地方（特に東北地方）の若者が東京に出る理由は3つあるという。すなわちa．東京には大学の選択肢が多い，b．東京には就業機会が多い，c．東京には選択的人間関係や下位文化の同質集団の多様性が高い，である。

　しかしこのうちa．については，コロナ禍も後押ししたように，オンライン教育が普及してきている。またb．についても一部の専門的職業（デザイナー，SEなど）ではリモート就業が一般化してきている。残るc．については，確かに未だ検証されていない。趣味の仲間等とのICTを活用したコミュニケーションがリアルな経験を代替できれば，デジタルによる地方移住は促進されることになるだろう。

　ただしこれらの研究に対して，若者を中心としてむしろ地方への愛着が強まっているという主張もある。例えば文献[1]は，大都会と過疎地域の中間にある地方都市の郊外メガモールが「ほどほどパラダイス」であり，周辺に住む若者は親や幼馴染と仲良く付き合いながら，狭い人間関係を維持して生きているとしている。また文献[10]は「残存ヤンキーと地元族」を含む「マイルドヤンキー」が，「仲間とくつろげる場所」を大切にして地方都市や郊外住宅地で生活しているという報告をしている。このように「住めば都」であると考える若者が注目されてきている。きっかけさえあれば，若者は意外と地方に移住するのかもしれない。

6.2.2.2. デジタルでの居場所の実現条件と実現事例

　ここではデジタルでの居場所の実現方法について，定量分析と定性分析の両面から検討する。

6.2.2.2.1. 選択的人間関係を実現する条件

文献[4]は「つきあいに関する調査」をオンラインで実施した。対象は20〜60代男女で，対象地域は東京都と，山形県，福井県，鳥取県，徳島県，佐賀県の5県である。有効回答は全体で660サンプルであり，東京都330サンプル，その他5県330サンプルであった。

選択的人間関係の典型例である「趣味活動での連絡人数」を目的変数として，**図表6-2-1**に示すように個人差要因と地域差要因の変数による重回帰分析を行った。このうちt値の絶対値が2以上である（すなわち95%以上の確率で統計的に意味がある）変数について＊印を付した。なお標準化係数は，各変数から目的変数への規定力を標準化（平均0，分散1になるよう変換）したものである。趣味活動の連絡人数に有意な影響を与える変数は，外向性，居住年数，転居回数，メールやSNSなどの各種ネット利用頻度であった。いずれも個人差要因であり，東京ダミー（東京は1，それ以外は0の値をとる）や都市規模といった地域差要因の影響は少なかった。

重回帰分析で影響力が統計的に有意であった独立変数を用いて，趣味活動での連絡人数を説明する構造モデルを仮定し，パス解析を行った（**図表6-2-2**）。独

図表6-2-1 趣味活動の連絡人数に関する重回帰分析

	趣味活動の連絡人数	
R2乗	0.14	
	標準化係数	t値
（定数）		−1.26
性別ダミー	−0.04	−1.11
年齢	−0.07	−1.60
学歴	0.02	0.45
外向性	0.15	3.71*
r 調和性	−0.01	−0.21
東京ダミー	−0.05	−1.11
都市規模	−0.01	−0.19
居住年数	0.10	2.43*
居住地満足度	0.02	0.49
転居回数	0.09	2.25*
合計ネット利用頻度	0.28	7.11*

＊はt値の絶対値が2以上，rは反転項目。

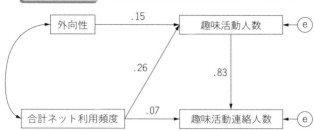

図表 6 - 2 - 2　趣味活動の連絡人数に関するパス解析

注）数字は標準化パス係数，e は誤差変数。全て 1 ％水準で有意。n＝660，
適合度は GFI＝1.00，AGFI＝1.00，RMSEA＝.000。

立変数のうち居住年数と転居回数からのパス係数が有意とならなかったため，外向性と合計ネット利用頻度が趣味活動人数を規定し，合計ネット利用頻度と趣味活動人数が趣味活動連絡人数を規定するというモデルとなった。なお，外向性と合計ネット利用頻度との間には相関を仮定している。全ての標準化係数は 1 ％水準（99％の確率）で有意となり，モデルのデータセットへの適合度は十分なレベルであった。

　以上のように，趣味活動の連絡人数に影響を与えるのは，個人差要因である外向性とネット利用頻度のみである。外向的でさえあれば，デジタルの普及によって選択的人間関係は増加し，地方に移住しても居場所を確保することができそうである。

　文献［5］は，ICT を活用した「テレプレゼンス技術」は人間関係を貧困にするという俗説に対して，批判的研究を行っている。「テレプレゼンス」とは一定の装置を操作することを通して操作者が自らの生身の身体とは離れた場所にいると感じる現象を指す。これまではテレプレゼンス技術は，身体性が欠如しており信頼関係を損なう，オープンな会話がなくなり共感が衰退する，不適切な利用によって倫理的問題が生じやすい，といった批判にさらされてきた。しかし文献［5］は，いずれも「利用法を規定すべき社会規範が未だ十分に浸透していないために」生じた問題であるとしている。そして「テレプレゼンス技術は単なる効率化の手段ではなく，人々に活動の手段を提供するインクルージョンの有効な手段である。このため，上記の点に留意してそれが開発・利用されれば，人間関係や社会生活がむしろ豊かにもなりうるだろう」と結論付けている。このように，地方におけるデジタルでの居場所作りの可能性はあると考えられる。

6.2.2.2.2. エリート・ビジネスマンの地方起業事例

このような構造は，実際にはどのように実現しているのか。ここではある二拠点居住者を紹介する。

横山喜一郎氏は64歳（2022年４月インタビュー当時），東京都町田市と徳島県三好市との二拠点居住者である。長らく株式会社野村総合研究所に勤務していたが，総務省の「地方創生人材支援制度」に沿って2015年に三好市に派遣され，市の政策監（地方創生担当）を務めた [７]。野村総合研究所と三好市を退職後，2020年には「合同会社マチアスデザイン」を三好市で設立，一般社団法人三好みらい創造推進協議会エグゼクティブディレクターとして地域創生の支援活動を継続している。

三好市は人口2.4万人ほどで，徳島県の西端に位置する。かつては煙草の生産がさかんで，四国の地理的中心にあるため交通の要衝でもあった。全体の約９割が山林であり，吉野川，大歩危峡，祖谷かずら橋，剣山，黒澤湿原，四国66番札所雲辺寺，ラフティング，ウェイクボードなどの観光資源がある。しかし急速に人口が減少しており，2025年には老年人口（65歳以上）が生産年齢人口（15〜64歳）を上回ると推計されている。

横山氏は三好市の政策監として，民間組織とも協力しながら組織横断の各種プロジェクトを推進してきた。空き家を再生活用した「お試し住宅」，地域交流拠点「真鍋屋（愛称：MINDE）」・「箸蔵とことん」，サテライトオフィス活動誘致（野村総合研究所）などである。マチアスデザインを設立してからは，廃校を活用した研修・合宿施設「ウマバ・スクールコテージ」，地域課題解決型ビジネスプランの募集・支援活動，環境配慮型ワーケーション創出会議「ウマバ・プロジェクト」，「現地現物型・他流試合型」企業研修誘致（野村総合研究所），研修支援プログラムの開発，トレーラーハウス・プロジェクトなどを支援してきた。

横山氏は１年の２割程度は町田にいるが，８割程度は夫婦で三好市に居住している。当初は航空機移動だったが，空港へのアクセスが不便であったため，JR で新横浜－岡山－阿波池田と移動するようになった。近年では専ら自動車を運転して町田－三好間を移動するようになった。

横山氏は，野村総合研究所で地方自治体の地域計画，観光計画などの策定支援業務を行い，また広報部において PR 活動，イベント企画・運営，CSR 推進活動（室長）などを担当してきた。そのためファシリテーション能力，マーケティング能力が高く，それが政策監としての仕事やマチアスデザインでの仕事に活きてい

る。コミュニティ活動は「誘われたら断らない」そうで，「外向性」の高い性格であると考えられる。

　ICT ツールとしては，仕事では e メールをよく利用する。また LINE も各種プロジェクト・チームで利用する。プライベートでは Facebook をよく使い，積極的に情報発信をしている。

　横浜市に住んでいたころは，いわゆる大都会のエリート・ビジネスマンとして，横浜にある自宅から都心の大手町に電車で通勤する毎日だった。高校（茨城県）の同窓会の幹事をやったことがあるが，それ以外は基本的に仕事での人間関係がほとんどであった。何十年も住んでいる自宅の近隣地域でのつきあいはほとんどなかったそうで，その後東京都町田市に転居しても同様であった。

　しかし三好市にも住むようになってから，急速に地域の人々とのつきあいが増え，人間関係が豊かになった。横山氏は「大企業サラリーマン以外とのつきあいが増えて，それまでの自分と違う生き方を知ることができた。しかしこれが世の中の普通の生き方である」としている。もちろん市職員として，また地域創生コンサルタントとして，人間関係を広げようと意識してきたことも事実である。しかしそれだけでなく，仕事などで接点ができると，互いに Facebook で情報を検索し，「友達申請」して，Facebook 上で日常的につながることになる。そこでは趣味や旅行の話で盛り上がることも多い（**図表 6 - 2 - 3**）。

　ちなみに地方には映画館，美術館，コンサートなどの文化資源がないと言われ

図表 6 - 2 - 3　Facebook の居場所づくり促進効果

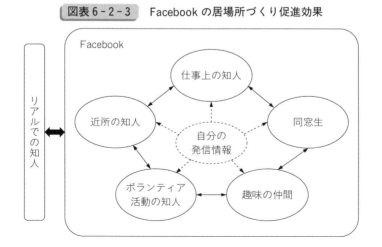

ることが多い。しかし大都会にいて，本当にどのくらいの頻度で美術館に行くのだろうか。地方都市にもこれらの文化施設はあり，むしろ大都市郊外よりアクセスが良い。そうした知的体験を Facebook などで共有することは十分にできる。

　一般に e メールはビジネス上のコミュニケーション手段として定着している。公私をはっきり分け，送信先を吟味し，正確に情報を伝達したい場合には使いやすい。しかし，もし e メールのメーリングリストなどで私的な情報が発信された場合，Facebook でのように気軽に「いいね！」を押すことができないため，どのように返事をするか戸惑うことがあるだろう。

　それに対して Facebook では，通常は「友達」を分類して管理することは少なく，仕事，同窓会，ボランティア活動，趣味といった多様なきっかけで接点ができた人たちに同時にアクセスできる（図表 6 - 2 - 3）。公私の区別がつきにくいため，自分の日常生活の私的な情報を発信するといろいろな人に見えてしまう。そのためビジネスだけのつきあいの人と Facebook で「友達」になることはためらわれる。しかし一方で，いろいろな人の情報に接することで，同じ趣味の仲間を見つけたり，仕事上の接点ができたり，自分の「友達」同士が相互に「友達」になったり，新しい人間関係を構築していくことができる。

　大都会の大企業ビジネスマンとは異なり，地方では「公私」の区別があいまいになるのではないだろうか。大都会のビジネスマンにとって，平日の仕事は都心，休日は郊外が生活の場である。休日に仕事を持ち込みたくないし，仕事に生活を持ち込みたくない。一方で地方のスモールビジネスでは，自然体でつきあえる「全人格的人間関係」が前提となる仕事が多いように考えられる。

　この事例をまとめると図表 6 - 2 - 4 のようになる。横山氏はもともと外向性の高い性格であったこともあり，コンサルタントとして豊富な経験を持ち，その能力を活かして地方でスモールビジネスを起業し，二拠点居住者になった。そのビジネスは公私の区別のない全人格的な仕事であり，Facebook の利用とも相まって，地方での選択的人間関係の数を増加させた。つまり「デジタルでの居場所」が「リアルでの居場所」と補完関係になっており，大都会の大企業ビジネスマンとは異なる豊かな人間関係の構築が実現したと考えることができる。

　このように，従来は地方では貧弱であるとされた選択的人間関係は，ICT ツールの活用によって補完されている。定量的分析によって抽出された構造では，外向性と ICT ツールの利用が選択的人間関係を促進していたが，事例の定性的分析によって明らかになったことは，地方における全人格的な仕事スタイルがリアル

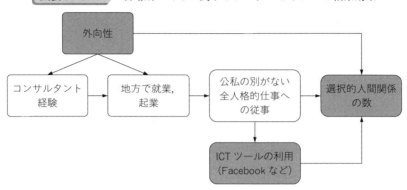

図表 6 - 2 - 4　居場所づくりに関するデジタルとリアルの相乗効果

でもデジタルでも居場所を充実させていることが明らかになってきた。

6.2.2.3. デジタル・インフラの整備による働き方改革と居場所の創造

　デジタルでの居場所の普及には，マクロには全国へのデジタル・インフラの普及が必要である。岸田内閣は「デジタル田園都市国家構想」の実現を重点課題としている。5 G（第 5 世代移動通信システム），データセンターなどのデジタル基盤の整備を推進し，共通 ID 基盤，データ連携基盤，ガバメントクラウドなどを全国に実装しようとしている。デジタル田園都市国家構想推進交付金が予算化され，デジタル推進人材や経営人材を育成・配置し，交通・農業・医療・教育・防災などの各分野においてデジタルを活用した地域の課題解決や魅力向上を支援し，地方への新たな人の流れを創出するためサテライトオフィスの施設整備等に取り組むとしている。

　こうした取り組みによってデジタルのインフラ整備が進み，ここで述べたような地方での働き方や生活のリアルが多くの人に共有されることで，デジタルでの居場所を確保した移住者や多拠点居住者が増えることになる。もちろん「都市は人間を自由にする」わけで，地方では相互監視が強いと感じることがあるかもしれない。しかし地方での全人格的人間関係を心地よいと感じる人も多いだろう。こうした地方での生活のリアルを多くの大都会居住者にも理解してもらう必要がある。

6.2.3. コミュニティ・ワーカー

　地方での働き方のリアルを理解するための，新しい働き方の概念がある。文献 [8]は「自分らしさを大切にしながら，仲間と協力しあって成果を出せる〈居場所〉を自ら作り出せる人」として「コミュニティ・ワーカー」という働き方を提案している。ファシリテーション能力が高く，他人と競争するのではなく，他人と共創しながら成果を出せる人である。これは「会社員としての出世でも，独立・起業でも，スペシャリスト・専門家でもない働き方の新しい選択肢」であるとしている。こうした働き方が地方での生活にふさわしい。

　例えばコミュニティ・ワーカーの事例として文献[9]をあげることができる。彼女は「人見知りで出不精な OL」だったが，会社員として仕事上の壁にぶつかった後，「ハンバーグの会」や「マネーの会」などを立ち上げて「コミュニティの女王」になり，現在ではコミュニティをビジネスにつなげていくアドバイスを行うことを業とするようになった。

　横山氏をはじめとして三好市で活躍している移住者たちは，こうした公私混同で全人格的なコミュニティ・ワーカーの特徴を共有しているように見える。デジタル・インフラの普及と同時に地方でのコミュニティ・ワーカーの増加が，地域創生の実現につながると考えられる。

6.2.4. その他の移住事例と地域 SNS 事例

　ここで説明した事例以外の関連事例を紹介する。文献[3]では横山氏以外の移住者の事例が紹介されている。東京，神奈川，大阪，奈良，海外などから移住してきて，三好市で起業したり，就業した 7 人である。イベント会社勤務から林業へ，デザイナーとして仕事を継続しながらモノづくりへ，料理関連ジャーナリストからキッチンの起業，アパレルショップ店員から地域交流拠点運営へ，バー経営からワイン醸造へ，広告・出版会社勤務からサテライトオフィスによる地域創生へ，シェフからカフェ経営へ，という経歴である。いずれも大都会とは違った全人格的ビジネスに従事しており，豊かな人間関係を享受しているコミュニティ・ワーカーである。このように見れば，日本全国の地方において，同様の移住や多拠点居住は可能であり，Facebook などの ICT ツールがそれを促進することは想像しやすい。

　なお，これまで各地で住民参加のための地域 SNS が数多く構想され，運用され

てきたが，必ずしも成果をあげていないとの指摘もある[6]。しかし地域 SNS は特定の目的のためのグループウェアであり，選択的・即自的人間関係のためのものではない。目的を達成すれば役割は終了する。デジタルでの居場所作りのためには，Facebook などのような，ユーザーが日常的にアクセスできる汎用性の高いインフラの方が効果的であろう。

【参考文献】
［1］　阿部真大『地方にこもる若者たち：都市と田舎の間に出現した新しい社会』朝日新聞出版，2013年
［2］　石黒格・李永俊・杉浦裕晃・山口恵子『「東京」に出る若者たち：仕事・社会関係・地域間格差』ミネルヴァ書房，2012年
［3］　一般社団法人三好みらい創造推進協議会「三好市移住ポータルサイト，移住者インタビュー」，https://sumujo-miyoshi.jp/emigration/interview/，2022年 4 月閲覧
［4］　金森剛「東京の魅力の源泉は選択的人間関係か」相模女子大学社会起業研究科『社会起業研究』第 2 巻，2022年， 9 -19ページ
［5］　呉羽真「テレプレゼンス技術は人間関係を貧困にするか？：コミュニケーションメディアの技術哲学」応用哲学会『Contemporary and Applied Philosophy』第11巻，2020年，58-76ページ
［6］　田中秀幸「国・自治体による地域 SNS：施策とその効果の検証」『国立民族学博物館調査報告』第106巻，2012年，83-104ページ
［7］　内閣府地方創生人材支援制度派遣者編集チーム『未来につなげる地方創生：23の小さな自治体の戦略づくりから学ぶ』日経 BP 社，2016年
［8］　中里桃子『自分の居場所をつくる働き方：仲間とつながり，自分らしく成果を出すコミュニティ・ワーカー』日本能率協会マネジメントセンター，2020年
［9］　中村薫『人見知りで出不精だった OL がコミュニティの女王になった理由』大和書房，2017年
[10]　原田曜平『ヤンキー経済：消費の主役・新保守層の正体』幻冬舎，2014年

6.3. 同一労働同一賃金の働き方改革

6.3.1. 概　要

　日本では地方の物価スライドによる給与体系が存在する。これによりソフトウェア開発企業においては，アウトソースをニアショア開発と称して安価で受託するケースもあり，そのままエンジニアの給与に跳ね返り，地方においては都心

に比べ安い給与体系となっている。本来であれば同一労働同一賃金でもあり，最近のテレワークにより都心にいなくても仕事ができる環境となり，地域分散して仕事をするケースも増えてきている。

　仮に地方に住みながら都心での給与と同等の稼げる環境があるならば，地方でのより豊かな暮らしの中でそれなりの支出だけで生活ができ，地場産業においてもさらに活性化するのではないかと考える。そうは言っても，内閣府の調べでは，地方都市への就労への障壁になっている点で57.7%が，年収が下がると回答している。協会ではエンジニアの給与水準を上げるべく取り組みをしている企業にヒアリングするとともに，地方創生への貢献を調査していきたい。

6.3.2. 現在の状況

6.3.2.1. 地域間格差がなぜ生まれたのか

　日本の人口は１億2,478万人（2022年３月時点）おり，東京都の人口は約1,400

図表6-3-1　賃金の地域間格差

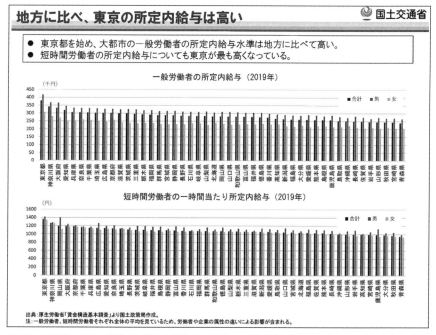

（出所）　企業等の東京一極集中に関する懇談会－資料２-３　賃金, 労働生産性の地域間格差(国土交通省)

図表 6 - 3 - 2　労働生産性の地域間格差

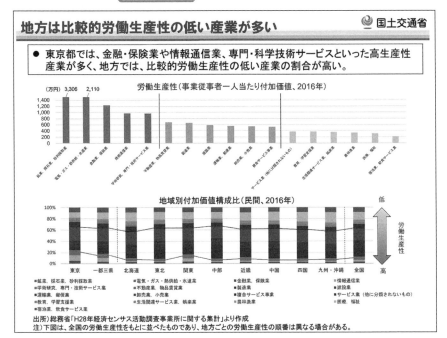

（出所）　企業等の東京一極集中に関する懇談会－資料２－３　賃金，労働生産性の地域間格差（国土交通省）

万人であり，産業の中心地となっている。歴史的に見ても戦後の産業発展において，一極集中となっており，政治，経済，文化，情報，人材とすべてにおいて東京中心で回っている。また，産業の発展の中で第１次産業から第３次産業において，日本の高度経済成長を支えた工業も東京を中心とした世界を作り出したと言える。それに伴って都市と地域の所得格差が生まれ，東京に仕事が多く，地方は少なく，出稼ぎ労働なども生まれている。さらに国土交通省で「企業等の東京一極集中に関する懇談会」が行われ，その中の資料には地方には比較的労働生産性の低い産業が多く，これにより地方に比べ，東京における賃金が高くなる傾向となっている。

6.3.2.2. 首都圏と地方の賃金格差と物価の違い

　現状の都道府県別賃金は東京が約364千円に対して，宮崎が約244千円と東京の

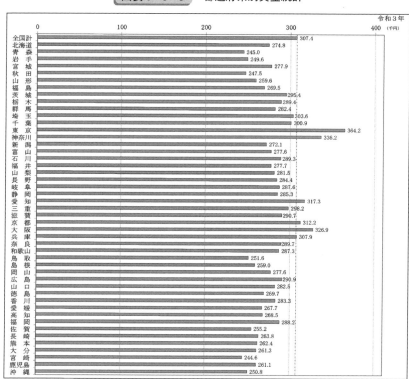

図表 6 - 3 - 3　都道府県別賃金統計

（出所）　令和 3 年賃金構造基本統計調査　結果の概況（厚生労働省）

３分の２程度となっている。東京との格差だけでなく，首都圏と地方では都道府県別賃金を見ると大きく差が開いているのがわかる（**図表 6 - 3 - 3**）。

　また，首都圏と地方での物価についても，総務省調べによる消費者物価地域差指数を見ると全国平均を100として東京都が104.5で宮崎県は96.2と，相対的に格差が存在する（**図表 6 - 3 - 4**）。東京都と宮崎県の10大費目別消費者物価地域差指数を比較して，特に「住居」が東京都が131.9で宮崎県は90.8と，41.1ポイントの差が生まれている（**図表 6 - 3 - 5**）。

　東京都と宮崎県ではこれだけの差が生じており，賃金格差はやむを得ないともいえる部分もある。

　しかしながら，コロナ禍においてテレワークが進みソフトウェア開発企業に

図表6-3-4　都道府県別消費者物価地域差指数

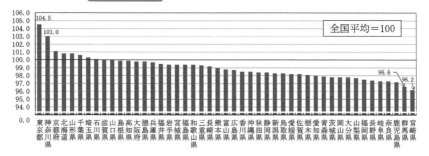

（出所）　令和3年消費者物価地域差指数（総務省）

図表6-3-5　10大費目別消費者物価地域差指数

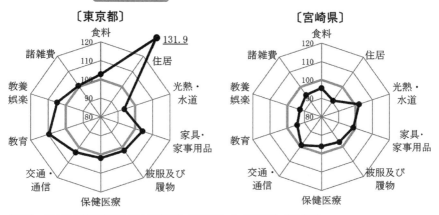

（出所）　10大費目別消費者物価地域差指数（東京都および宮崎県）（総務省）

とってみると，どこにいても同様な仕事ができる環境となっており，同一労働同一賃金という観点でも個人のみならず，企業そのものが地方移転を考えても良い状況となっている。

　さらに言えば，「住居」にこれだけ差が出てくると地方移転をすることのメリットも出てくる。その場合においては東京と地方での賃金格差をなくすことができれば，地方での暮らしも充実し，さらに地場産業への貢献可能となるのではないかと考える。

図表6-3-6　産業別賃金統計

令和3年

産業	男女計 正社員・正職員 賃金(千円)	男女計 正社員・正職員 対前年増減率(%)	男女計 正社員・正職員以外 賃金(千円)	男女計 正社員・正職員以外 対前年増減率(%)	男女計 正社員・正職員以外 雇用形態間賃金格差[正社員・正職員=100]	男 正社員・正職員 賃金(千円)	男 正社員・正職員 対前年増減率(%)	男 正社員・正職員以外 賃金(千円)	男 正社員・正職員以外 対前年増減率(%)	男 正社員・正職員以外 雇用形態間賃金格差[正社員・正職員=100]	女 正社員・正職員 賃金(千円)	女 正社員・正職員 対前年増減率(%)	女 正社員・正職員以外 賃金(千円)	女 正社員・正職員以外 対前年増減率(%)	女 正社員・正職員以外 雇用形態間賃金格差[正社員・正職員=100]
鉱業, 採石業, 砂利採取業	328.5	-3.6	266.1	-14.5	81.0 (91.4)	337.6	-4.1	282.5	-13.5	83.7 (92.8)	258.4	-0.1	177.5	-26.0	68.7 (92.7)
建設業	336.2	-0.3	289.5	1.0	86.1 (85.0)	348.3	-0.2	307.2	2.2	88.2 (86.2)	257.3	0.9	207.9	-3.5	80.8 (84.5)
製造業	308.5	-1.5	204.1	1.5	66.2 (64.2)	327.6	-1.0	230.5	0.9	70.4 (69.0)	237.2	-1.8	176.1	2.5	74.2 (71.1)
電気・ガス・熱供給・水道業	433.6	5.0	232.8	0.6	53.7 (56.1)	445.7	5.6	245.6	-0.6	55.1 (58.5)	347.7	2.2	194.1	0.6	55.8 (56.7)
情報通信業	379.8	-2.5	291.6	-2.8	76.8 (77.0)	395.9	-2.8	330.6	-7.9	83.5 (88.1)	326.6	-0.6	233.8	-0.9	71.6 (71.8)
運輸業, 郵便業	288.2	0.5	209.2	2.1	72.6 (71.4)	294.9	0.7	220.6	2.0	74.8 (73.9)	242.2	0.5	185.3	0.6	76.5 (76.4)
卸売業, 小売業	330.9	-0.7	201.5	3.4	60.9 (58.5)	356.6	-0.9	232.8	5.0	65.3 (61.6)	266.0	0.5	181.3	0.9	68.2 (67.9)
金融業, 保険業	394.6	2.2	246.4	-0.6	62.4 (64.2)	495.7	1.2	306.8	-3.1	61.9 (64.6)	300.9	4.0	213.5	0.9	71.0 (73.1)
不動産業, 物品賃貸業	344.4	-2.5	224.4	0.3	65.2 (63.4)	380.1	-2.7	239.0	0.2	62.9 (60.0)	271.4	-2.6	205.1	-2.0	75.6 (75.1)
学術研究, 専門・技術サービス業	395.3	-0.4	298.9	-0.6	75.6 (75.8)	422.9	-0.8	350.5	0.4	82.9 (82.2)	319.1	2.2	238.4	0.5	74.7 (76.0)
宿泊業, 飲食サービス業	277.5	3.0	190.2	0.4	68.5 (70.3)	299.9	3.3	211.8	1.5	70.6 (71.9)	235.1	3.6	176.6	-0.5	75.1 (78.2)
生活関連サービス業, 娯楽業	288.5	0.2	191.8	0.4	66.5 (66.2)	316.7	-0.3	202.4	-0.3	63.9 (63.9)	245.4	1.4	184.9	1.8	75.3 (75.1)
教育, 学習支援業	390.7	1.6	258.3	-3.7	66.1 (69.7)	446.6	1.5	302.2	-7.3	67.7 (74.1)	327.3	2.0	231.6	-0.5	70.8 (72.5)
医療, 福祉	301.5	0.6	217.9	1.8	72.3 (71.4)	364.8	0.4	257.8	2.6	70.7 (69.2)	274.0	0.7	206.9	1.4	75.5 (75.0)
複合サービス事業	328.5	1.4	214.3	2.3	65.2 (64.7)	350.0	1.7	231.5	1.4	66.1 (66.3)	269.3	0.4	187.5	3.8	69.6 (67.3)
サービス業(他に分類されないもの)	291.6	1.1	218.2	0.0	74.8 (75.6)	306.0	0.5	224.7	-0.8	73.4 (74.4)	250.8	1.9	211.4	1.1	84.3 (84.9)

注:　1)　( )内は、令和2年の数値である。

（出所）　令和3年賃金構造基本統計調査　結果の概況（厚生労働省）

6.3.2.3.　コロナ禍でのテレワーク環境の違い（IT企業はテレワーク実施が多い）

　内閣府で調査した「業種別のテレワーク稼働率」（図表6-3-7）では，情報通信業が一番多くテレワークを実施しており，2021年9月-10月においては，75.9%まで達している。

　日本では現在デジタル化が進みつつあり，手続きなどを含め業務においてオンラインで仕事を進めることが多くなっている。その中でも情報通信業，特にソフトウェア開発においては場所を選ばず，仕事が可能な条件が整っていると言える。

　また，新型コロナウイルス感染症が蔓延したことで，外出を控えて他の人との接触をしない生活が主流になっているのも原因の1つと言える。実際にテレワークを体験する中で，地方への関心についても人口密度が低く自然豊かな環境に魅力を感じ，地方移住に関心が高くなっているのがアンケートからわかる（図表6-3-8上）。

　反面で，地方移住にあたっての懸念として，直近の2022年6月では，仕事や収

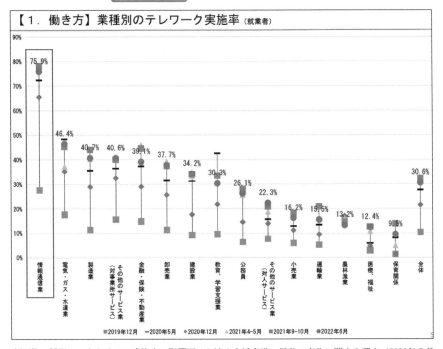

図表 6 - 3 - 7　業種別のテレワーク稼働率

（出所）　新型コロナウイルス感染症の影響下における生活意識・行動の変化に関する調査（2022年7月22日）（内閣府）

入面が50.2％と最も高いものとなっている（**図表 6 - 3 - 8** 下）。ここを解決することで地方移住の可能性は高くなると予想される。

6.3.2.4. IT 企業の働き方改革　企業メリットと個人メリット，地方への影響

　企業の地方移転によるメリットは，パソナ本社移転にもあるように，さまざまな効果もある反面，社員の反発も見られる。

　ここで，熊本県企業進出プラットフォームによる解説を見てみよう（**図表 6 - 3 - 9**）。ここでは，企業メリットは，コスト削減やワークライフバランスの改善，事業の成長があると言われており，「さくらインターネット」はそれを実践している。**図表 6 - 3 - 9** の抜粋からみると，IT 企業だからこそ働く場所を選ばないことで，本社機能を縮小や移転が可能となる。

　社員のワークライフバランスを考え，通勤時間が少ないあるいは無くすことで，

図表6-3-8　「地方移住への関心理由」と「地方移住にあたっての懸念」

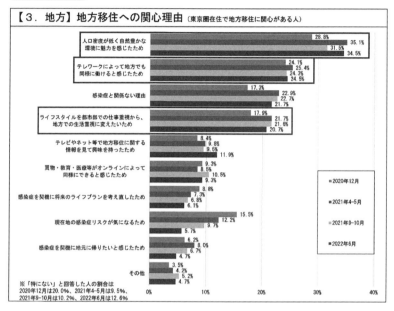

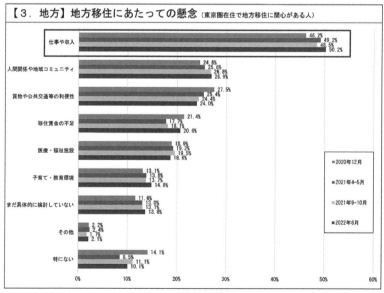

（出所）　新型コロナウイルス感染症の影響下における生活意識・行動の変化に関する調査
　　　　（2022年7月22日）（内閣府）

図表 6-3-9　IT 企業が地方移転するメリット

IT 企業が地方移転するメリット

【コスト削減】
　本社機能を移転させることの大きなメリット，それがコスト削減です。都心でしかも大きな企業となれば，借りる敷地も増えて家賃も高くなります。たとえば，本社事務所を借りる費用として毎月5,000万近い家賃を支払っている企業が，本社機能の一部もしくはすべてを地方に移転すれば家賃を大きく削減することができます。都市圏と比較した場合，地方の家賃は5分の1ほどにもなると言われており，固定費を大きく下げることが可能です。
　IT 企業の場合，コロナ禍ではオフィスを持っている会社であってもリモートワーク・テレワークによって社員が自宅で仕事をしているというケースも多く，家賃が無駄なコストになってしまっているという企業もあるでしょう。**働く場所を選ばない IT 企業だからこそ，地方に本社機能を移転させるという大胆なコスト削減を行うことができます。**
　また，地方は最低賃金が低いためアルバイトやパートの時給も低くなり，人件費を削減できるというのも企業におけるメリットとなります。
　地方はホワイトカラー系の仕事が少ないこともあり，就職してからの定着率が高いことも特徴です。

【ワークライフバランスの改善】
　地方移転することは，自社で働いている従業員のワークライフバランスの改善にもつながります。
　総務省統計局が発表した「平成28年社会生活基本調査－生活時間に関する結果－」によれば，都道府県別に見た通勤・通学時間は関東地方で長く1位は神奈川県で1時間45分という結果になりました。その逆に，最も通勤・通学時間が短いのが大分県で57分という結果が報告されています。**長い通勤時間は働くうえでのストレスになりますが，本社機能を移転させることでこれらのストレスも軽減される**でしょう。地方の場合，そもそも都心のような通勤ラッシュや満員電車がありません。**都会の喧騒から離れ，地方の自然あふれるのびのびとした環境で働くことができるのは大きなメリット**とも言えます。
　窮屈な環境から解放されることで生産性も上がり，たくさんの刺激を受けることでよりクリエイティブな仕事にもつながるでしょう。

【事業の成長】
　地方に移転することで**新たな顧客を開拓**することができるほか，**地元の企業と連携する**ことで新しいビジネスモデルが生まれる可能性もあります。地方では都会では行うことが難しかった実証実験を行える環境もあるため，構想を練っていたビジネスを形にするチャンスでもあります。

（出所）　熊本県企業進出プラットフォーム「IT 企業が地方移転に向いている理由とは？　メリットを詳しく解説」から抜粋

　ストレスのない環境作りによる企業へのロイヤリティもアップする。また，DX 推進による新しいビジネスモデルや地方の産学官による DX の推進も可能になる。さらにソフトウェア開発という特性を見ると，同一労働同一賃金を導入することで，地域経済への貢献を果たす意味がここにあるものと考えられる。

6.3.3. 同一労働同一賃金と多様な働き方の勧め

先に示した「さくらインターネット」は，大阪本社をはじめ東京，福岡，沖縄に事務所があり，北海道石狩に自社運営のデータセンターをもっており，さくらのクラウド等，クラウドサービスやIoTサービスを提供する会社である。社員数は約700名が働いており，社長は沖縄在住で社員に対してもテレワークを基本として働き方改革にも着手している。特に，その自社サービスを提供するスタイルで，社員には多様な働き方を推進することにより，さまざまな効果をもたらしている。

同社は，東京と地方の給与格差をなくし，同一労働同一賃金を実現したことにより，どこで働いていても給与格差はなく，特に地方の方が結果的に企業へのロイヤリティが高いという結果となっている。さらに言えば，優秀なエンジニアの地方採用や人材採用においても可能性が拡がることとなると経営者は考えている。

また，多様な働き方事例を見ると各拠点のみならず，他の地域へのワーケーションを実施あるいは少し離れた広い家へ引っ越しをするケースも出ている。給与は東京にいても地方にいても同じ場合，地方の物価を考えればより多くの物を購入でき，豊かな生活ができる。また，地方経済にとっても有効に働くものと考える。

企業メリットとしては，先ほど述べたように，社員の離職率が下がるだけでな

図表6-3-10 さくらインターネット社内アンケート離職率等調査結果

地方との格差は無し

同一労働同一賃金・多様な働き方の推進により、地方拠点のロイヤリティが高い

●子どもを持つ社員率 ※2021年度		●離職率 ※2021年度	
・石狩	44%	・石狩	0%
・東京	32%	・東京	5.3%
・大阪	35%	・大阪	3.6%
・福岡	47%	・福岡	0%

- 優秀なエンジニアや人材採用の可能性が拡がる
- 地方在住の社員の離職率は極めて低く、現地に根付いて活躍

【地方拠点の状況】
- 福岡の中途採用は、100%リファラル採用
- 福岡・石狩の離職率0%、石狩は、10年で退職者1名のみ
- 福岡や北海道への移住も発生
- 2020年～リモート前提の働き方へシフトしたことにより、働き方の多様化が加速

【実際の多様な働き方事例】
- Kさん：コンパクトHVカーで、東京→長野→北海道→香川と日本全国移住生活
- Mさん：長野の実家に夏の間（1ヶ月）滞在
- Sさん：支店勤務だった沖縄出身の社員が、沖縄からリモートワーク
- Yさん：沖縄でゲッ月間のワーケーション
- Yさん・Sチーム：沖縄でのリモートワーク・少人数合宿
- Eさん：支社徒歩圏内から、少し離れた広い家へ引っ越し、自分のためのラボを構築
- Aさん：毎日のリモートワークのため、日当たりの良い家に引っ越し
- Oさん：旅行も兼ねて、北海道や福岡のオフィスでワーケーション　etc…

© SAKURA Internet Inc.

12

（出所）「さくらインターネット株式会社」の社内アンケート

く，首都圏のオフィスビル賃料を考えると本社スペースの縮小と地方拠点新設など新たな戦略が立てられ，ビジネスの拡大にもつながるメリットがある。

　このように，同一労働同一賃金・多様な働き方を情報サービス業において進めることが，個人レベルでは地方での生活レベルの向上やテレワーク，ワーケーション，企業では，地方移転・進出により，地方創生につながる施策と考えられる。

　コロナ禍においてテレワーク環境が進んだため，さまざまなIT企業が新たな働き方を発表している。「さくらインターネット」以外でも例えばNTTグループでは，勤務場所を「社員の自宅」として，リモートワークを基本とした働き方を選べるようにした。居住地を選べる制度を導入した企業は他にも，ヤフーやメルカリ，ミクシィなどIT企業で広がりつつある。例えば，ヤフーに確認すると「正社員に関しては，地域を問わず，同一労働同一賃金で，多分，家賃の高い地域にいる社員は徐々に家賃が比較的安い地域に引っ越していくと思います」とのことである。また，メルカリでも，同一労働同一賃金でメリットが大きいとの回答があった。

6.3.4. 同一労働同一賃金事例の付加価値

　現在のワークライフバランスを重視した働き方や制度によって，地方創生に必要なIT人材の地方在住が進むことは，企業にとってみれば採用面で優秀なIT人材を地方で確保することができる。また，全国に必要とされるデジタル人材を地方在住型で採用すれば，人口減少にも歯止めがかかるとともに，地方の所得水準も上げる効果が出てくる。当然，地方在住において所得の高い人材が増えることで，これからの街づくりも変わる。

　例えば，現在全国で行われているスマートシティ化には，NTTグループは5Gをはじめさまざまな形で関与しており，地方創生を考える人材が現地に住みながら社会課題の解決に新たなソリューションを生もうとしている。そのソリューションには，高齢化の進む地方のデジタルデバイド問題を解決に導くさまざまなアイデアも生まれる可能性を秘めている。

　同一労働同一賃金にプラスして，どこでも働けるリモートワークを基本とした居住地を選べる制度をIT企業が中心となって進めることにより，地方創生とDXを推進する上で最も近道なのではないかと考える。

【参考文献】
［1］ 国土交通省「企業等の東京一極集中に関する懇談会－資料2－3　賃金，労働生産性の地域間格差」 https://www.mlit.go.jp/kokudoseisaku/content/001371946.pdf
［2］ 厚生労働省「令和3年賃金構造基本統計調査」2021年　https://www.mhlw.go.jp/toukei/itiran/roudou/chingin/kouzou/z2021/index.html
［3］ 総務省「小売物価統計調査（構造編）」2020年　https://www.soumu.go.jp/menu_news/s-news/01toukei08_01000213.html
［4］ 内閣府「第5回 新型コロナウイルス感染症の影響下における 生活意識・行動の変化に関する調査」2022年7月22日　https://www5.cao.go.jp/keizai2/wellbeing/covid/pdf/result5_covid.pdf
［5］ 熊本県企業進出プラットフォーム「IT企業が地方移転に向いている理由とは？メリットを詳しく解説」2021年3月10日　https://with-kumamoto.jp/local-relocation-it/

6.4. 自治体DXによる働き方改革

6.4.1. 概　要

　地域におけるDX（以降，自治体DX）は，行政サービスの効率化を図り，限られた人的資源の選択と集中を行うことで，住民の利便性の向上，地域社会における新たな価値創出を実現する取り組みである。国はDXの推進化に対し「住民に身近な行政を担う自治体，とりわけ市区町村の役割は極めて重要である」と明言している［4］。一方自治体の取り組みは，必ずしも円滑に進展しているとは言えない。2021年12月に実施した民間会社の調査＊によると，8割の自治体はDXに未着手であるという。さらに取り組む自治体も，その成熟度は民間企業の半分以下と報告されている。長野県塩尻市は，行政サービスや働き方の抜本的な改革をすることで，地域に新たな価値の創出を実現している。本節では，その活動実態を行政主導による「働き方改革」の観点で明らかにする。

6.4.2. 2つのDXチームの推進体制の構築

　多くの自治体が直面している課題が，デジタル化推進のための体制構築である。塩尻市では1996年に全国初となる市営プロバイダーサービス「塩尻インターネット」のサービス提供を開始した。地域のデジタル化に対しては20年以上前から先

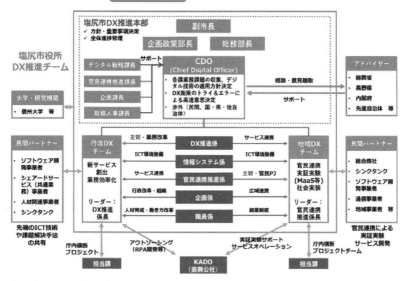

図表6-4-1　塩尻市 DX 推進体制

（出所）　塩尻市「塩尻市　デジタル・トランスフォーメーション戦略」

駆的に取り組んでいる先進自治体である。また塩尻市はDX推進体制を，外部人材に頼らず内発的に構築しているのが特徴的である（**図表6-4-1**）。

　塩尻市のDX推進本部は，CDO（Chief Digital Officer）を中心とする体制を構築している。CDOは外部からの招聘ではなく，市の職員である小澤光興参事が担う。彼は既述の「塩尻インターネット」の立ち上げメンバーであり，二十数年にわたって塩尻市のデジタル化を担ってきた，内部専門人材ともいうべき存在である。塩尻市は小澤氏を中心として，行政DXチームと地域DXチームの2チーム体制を組んでいる。

　塩尻市の特徴であるデジタル推進における2チーム体制について，デジタル戦略課の行政チームリーダーを務める横山氏に伺った。横山氏によると市のDX戦略の基本理念である「デジタル技術による生活の質の向上」を実現するためには，行政が主体的に取り組む「行政DX」と，行政と民間企業等他団体との連携を見据えた「地域DX」の両軸での推進が不可欠になるという。

　現代社会は，情報技術の進展にともない，人や情報が地理的，空間的境界を自由に乗り越える。住民の多様なライフスタイルに寄り添える地域社会の実現は，

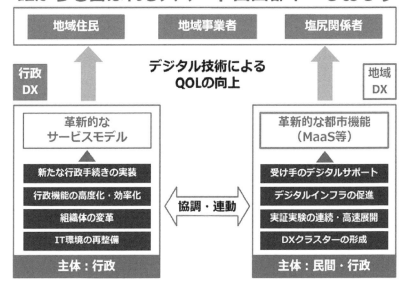

図表6-4-2 塩尻市DX戦略の基本理念

誰からも喜ばれるスマート田園都市　しおじり

「行政DX」と「地域DX」の両軸で「自治体DX」を推進します。

(出所)　塩尻市「塩尻市　デジタル・トランスフォーメーション戦略」

行政主導の行政DXにとどまらず，他地域との連携を視野に入れた，複数主体による地域DXの推進を念頭に置かねばならない。

　多くの自治体が，自地域内のマイナンバーカードの普及促進や，行政手続きのオンライン化等の行政DXの推進にとどまるなか，地域社会における新たな価値創出を目的とする地域DXもふまえた塩尻市の取り組みは，一歩先を見据えた先進的な取り組みと言える（**図表6-4-2**）。

　この2チーム体制によるデジタル推進の取り組みに対し，市は3カ年計画を策定し，2021年度から実行に移している（**図表6-4-4**）。

　行政DXは，住民の多様なライフスタイルに寄り添える地域社会の実現を目指し，デジタル技術による行政サービスや働き方の抜本的な改革を図ることを目的としている。行政手続きのオンライン化や，AI，ロボットによる業務自動化を意味するRPA等の業務改善に有効なデジタル技術の積極的な活用にとどまらず，働き方改革の推進などを柱とする行政組織体の変革を見据える。働き方改革の具

図表 6-4-3　CDO の小澤氏（左）と横山氏（右）

（出所）　塩尻市による写真提供

図表 6-4-4　「行政 DX のロードマップ」と「地域 DX のロードマップ」

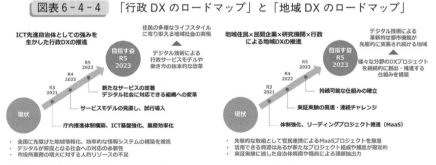

（出所）　塩尻市「塩尻市　デジタル・トランスフォーメーション戦略」

体的な内容としては，テレワークやフレックス等の場所や時間にとらわれない多様な働き方の推進，副業や兼業等による行政の仕事にとらわれない柔軟な働き方の推進，フリーアドレスの導入による部署を横断する組織内のコミュニケーションの促進による職員の生産性や創造性の向上を狙う。ここでいう働き方改革は，言うまでもなく行政職員を対象としたものである。

　地域 DX は，デジタル技術による革新的な都市機能が先駆的に実装され続ける地域を目指し，さまざまな分野の DX プロジェクトを継続的に創出・推進する仕組みの構築を図る。公共交通サービスの統合を目的とする MaaS の実証実験や，産学官連携を促進させる DX クラスターの形成など，ユニークな取り組みが生ま

れている。この地域 DX を側面からサポートするのが，塩尻市が直轄で運営している塩尻市振興公社 KADO（カドー）である。KADO については，**図表6-4-5**にあるように，行政 DX との関わりもあり，塩尻モデルの中核組織とも言える。この KADO については，次項で詳しく解説する。

6.4.3. KADO を軸とする住民の働き方改革

KADO は，2010年「ひとり親家庭等の在宅就業支援事業」として事業を開始し，働きたい誰もが，働ける機会をつくるための就業支援を展開している。子育てや介護，障害などによって就労に時間的な制約がある人が，好きな時間に好きなだけ安心して働ける仕組みをつくることをコンセプトとする。塩尻市オリジナルの地域就労支援モデルであり，地方都市における住民の新たな働き方改革モデルと言える（**図表6-4-5**）。

KADO は，塩尻市の事業者のみならず，東京や愛知などの都市部にあるクライアント約20（常時7～10）社からのアウトソーシングによって，業務を受注する。現在の受注額はコロナ禍によるリモートワークの普及もあり，年間2億円に成長

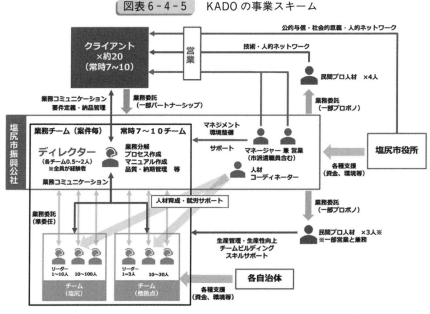

図表6-4-5　KADO の事業スキーム

（出所）　塩尻市「時短就労者を対象とした自営型テレワーク推進事業 KADO（カドー）について」

図表 6 - 4 - 6 　KADO を HUB とするクライアント×テレワーカーの連携スキーム

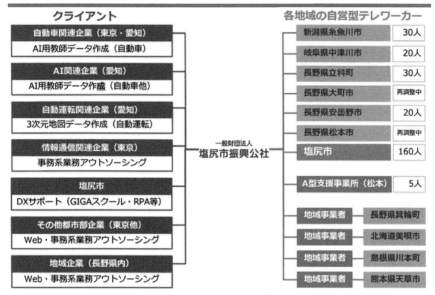

（出所）　塩尻市「時短就労者を対象とした自営型テレワーク推進事業 KADO（カドー）について」

した。市内には現在約160名の登録テレワーカーがいるが，県内の他自治体や他県にもネットワークが拡大している。KADO は県内外の事業者と，県内外のテレワーカーをマッチングさせる HUB 組織として機能している（**図表 6 - 4 - 6**）。

　KADO は，働く意志や能力があるにもかかわらず時間的な制約のある人を対象とした，安心安全な働きやすい「場」を整備することで，多くの人の就労チャレンジを促進させている（第 1 チャレンジ）。そして仕事を通じて自己成長を果たした人が，最終的に地域企業への就職等社会参画を促進させる道筋をつくる（第 2 チャレンジ）の 2 つを政策目的としている（**図表 6 - 4 - 7**）。

　KADO は DX 時代における官民連携による新たな雇用創出モデルであり，地域住民の多様な働き方を前提とする地域における「働き方改革」の先進事例と言えよう。

　塩尻市は，2021年から MaaS の実証実験を開始しているが，きっかけは KADO が愛知県の自動車会社から，3 次元地図データの作成を受注したことである。塩

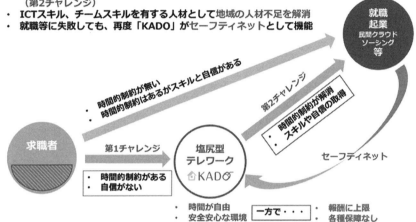

図表 6 - 4 - 7 KADO の政策目的

政策の目的

- 働く意志や能力があるにも関わらず時間的制約のある人を対象に、**安心安全な働きやすい「場」を整備する**ことによって、多くの人の**就労チャレンジを促進**（第1チャレンジ）
- 仕事を通じて成長することによって、最終的には**地域企業への就職等、社会参画を促進**（第2チャレンジ）
- **ICTスキル、チームスキルを有する人材として地域の人材不足を解消**
- **就職等に失敗しても、再度「KADO」がセーフティネットとして機能**

（出所）　塩尻市「時短就労者を対象とした自営型テレワーク推進事業 KADO（カドー）について」

尻市は KADO を通じて，テレワークによる多様な働き方を地域社会に定着させるとともに，KADO を自治体 DX のパートナーとして戦略的に位置づけている。2010年に小さな事業としてスタートした KADO は，塩尻市の自治体 DX を支える中核組織として機能している（図表 6 - 4 - 8）。

6.4.4. 自治体 DX の関連事例との共通点と相違点

　事例を通して，同じく自治体 DX に先進的に取り組む他の自治体との共通点と相違点を挙げ，本節のまとめとしたい。

　まず共通する点としては，CDO を中心とする DX 推進体制を構築している点である。多くの自治体は DX 人材を確保できず，思うように推進体制が築けていない。先進する自治体は塩尻市をはじめ，CDO を中心とする推進体制を早期に整えることができている。

　続いて塩尻市の独自性について考える。大きく分けて2つある。1つはチーム編成の点である。塩尻市は行政 DX と地域 DX という2チーム体制による両軸の

図表 6 - 4 - 8　KADO の政策効果

政策効果

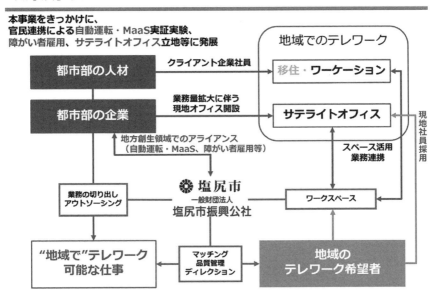

（出所）　塩尻市「時短就労者を対象とした自営型テレワーク推進事業 KADO（カドー）について」

編成である。多くの自治体が自地域内のマイナンバーカードの普及促進や，行政手続きのオンライン化等の行政 DX の推進にとどまるなか，地域社会における新たな価値創出を目的とする地域 DX との同時推進を実現する塩尻市の取り組みは，他の先進自治体でも多くはない。

　横山氏は「地域に還元なくして，デジタル戦略はない。市民のためを考えつくした結果，行政 DX と地域 DX の両輪を回すことが重要であるとの結論に至った」と述べている。

　2 つ目は人材確保の点である。塩尻市は CDO を含む，行政職員を中心メンバーとする体制を組む。先進自治体の多くは地域外から CDO を招聘するケースが多い。行政職員だけで内発的に組織を整え，かつこれほど組織だった DX 推進体制を構築している事例は少ない。外部人材の獲得に苦慮している他の自治体にとっては，ベンチマークできる点ではないだろうか。

　以上の 2 点は，塩尻市の独自性と言えよう。

　最後に，なぜ，このような塩尻市モデルが創出，維持できるのかについて考察する。塩尻市は20年以上も前からICTの可能性に気づき，「塩尻インターネット」をサービス提供してきたデジタル推進への歴史がある。現在CDOとして活動する小澤氏を中心とした，内製化された推進体制が塩尻モデルの基盤を創った大きな成功要素と言える。また同じく，十数年の歴史を持つKADOとの連携も塩尻モデルを推進する要素と言える。多くの自治体がここ数年で，急いでデジタル化への推進体制をつくろうとしているが，塩尻市はデジタル化へ向けたこうした歴史的背景が存在する。

　一方で，内製化が特徴である塩尻市モデルであるが，決して殻に閉じこもっているわけではなく，産学官連携や他地域との連携も積極的に取り組む。KADOを中心とする広域自治体と都市部の企業との連携がそれを象徴している。また2022年から県内の信州大学との連携もスタートしている。常に地域外に向けて，開かれたスタンスを持つことで，新たな機会創出を狙う。

図表6-4-9　デジタル戦略課事務室風景

（出所）　塩尻市による写真提供

　取材を通してわかったことは，塩尻市の DX の取り組みは，２つの「働き方改革」を実現しているという点だ。１つは，行政 DX による行政職員の働き方改革である。デジタル技術による業務効率化は，職員の限られた人的資源の選択と集中を実現させる。そこから生まれたマンパワーを，地域住民の新たなサービス創出を企図する地域 DX に投入できる。地域 DX を象徴する KADO は，地域住民の新たな雇用を創出させる，地域住民にとっての働き方改革と言える。

　横山氏は，DX 戦略策定の意義として，当初は「職員の行動変容」を主目的にしていたという。しかし，「我々の仕事は市民のためにある」のであって，最終的なゴールは「市民の QOL の向上」にほかならないのである。

　塩尻市が行政 DX と地域 DX の両輪を回し続ける核心はそこにある。コロナ禍ではあるが，塩尻市に全国から多くの自治体関係者が来訪する理由がわかった。

【補注】

＊）この調査は，株式会社デジタル・トランスフォーメーション研究所が，2021年12月に実施したものである。調査内容は「自治体 DX 調査報告書2021年版」から引用した。

【参考文献】

［１］　株式会社デジタル・トランスフォーメーション研究所（2021）「自治体 DX 調査報告書」
［２］　塩尻市企画政策部（2021）「塩尻市デジタル・トランスフォーメーション戦略」
［３］　塩尻市企画政策部（2021）「時短就労者を対象とした自営型テレワーク推進事業 KADO（カドー）について」
［４］　総務省（2020）「自治体 DX 推進計画概要」

第7章

事例紹介⑤地域間/地域内で連携する

7.1. デジタル地域通貨

7.1.1. 概　要

　地域通貨の明確な定義は存在しないが，法定通貨と同程度の価値を保つもの，法定通貨ではないが何らかの価値を有するもの（地域ポイント含む）は，日本全国に660以上が確認されている（休止，運用準備，イベント実施など一時的なものも含むが，明らかに地域共通商品券に過ぎないと思われるものは除外する）。しかし，ほとんどが無名で成功しているとは言い難い。

　目的や運用形態はさまざまであるが，大きく2つの目的がある。1つは，商店街の活性化などの地域経済の活性化である。もう1つは，街の清掃活動や介護支援など，特定の地域やコミュニティにおける非経済的な（ボランティア等）活動の活性化である。前者で特に成功しているものが，WAON電子マネーのインフラを活用した，ご当地WAON（各県1つ以上）[1]，長野のブルーカード[2]などがある。これらは，全国⇒地方，地方⇒全国へのインフラ活用でもあり，地域間での連携がキーである。ただし，いざなみカードのような独自インフラ活用も取り上げる。

　非接触型IC電子マネーやQRコードによる決済は，近年かなり浸透してきた。電子化/デジタル化による効率性と普及活動のしやすさなどから，今後の地域において，独自の通貨流通を望むならば，デジタル通貨であろう。

7.1.2. インフラを活用した地域通貨の事例

7.1.2.1. 全国⇒地域のインフラ活用

　ご当地 WAON は，WAON の上に地域要素・ブランドを入れた地域通貨，およびそれに付帯する地域ポイントである。

　イオンは，有名な電子マネーWAON を日本全国に展開しているが，その拡充過程において，地方自治体などと連携した地域通貨をご当地 WAON として各々の地域に展開している。電子マネーWAON において，券面を地域独自に変更でき，その登録者の情報は地域の団体・企業とも共有できるようにしたものである。特定の商店街や観光地毎に発行し，商店街独自のポイントがたまる機能や，地元への還元機能などを持つのが特徴である。

　ご当地 WAON は，イオン出店後の地域との軋轢もあり，元々は地域商工会や商店街などの懐柔策であったが，全国型のインフラをもとに地域浸透を加速し，全都道府県（各都道府県で１地区以上）に拡充した。このように全国で構築した WAON のインフラを，小規模改修によって地域インフラとしても展開し，地域の独自性も追求している（**図表7-1-1**）。なお，各々の地域活性化に加えて，震災復興として，東北復興支援 WAON（岩手，宮城，福島）などもある。ご当地 WAON は，2015年6月29日の日本経済新聞にて，全国で100種類に到達したと発表したが，2022年8月15日現在，全国に161種類の種類が存在する。

図表7-1-1 　地域独自性を追求した主なご当地 WAON（一部）

名称	地域	特徴
めぐりんワオン⇒かがわ おもてなし WAON	香川県など	地域の商店で会員証やポイントカードとして使用可能（四国200店＆３万枚以上）
隠岐ジオパークワオン	島根県・隠岐諸島	利用額の0.1％を隠岐の自然保護に寄付
ひだ白川郷ワオン	岐阜県白川村	利用額の0.1％を世界遺産「合掌造り」を保護する基金に寄付
富士宮やきそばワオン	静岡県富士宮市	決済額から一定額を還元，地域食材ブランド化を目指す構想を支援
ひの新撰組ワオン	東京都日野市	都下で初のご当地 WAON であり，利用額の一部が日野市の商業振興などに活用

（出所）　イオン HP より著者作成

7.1.2.2.　地域⇒全国（別地域）のインフラ活用

　地域経済の活性化を目指した従来型の地域ポイントには，長野県に展開する「ブルーカード」（**図表 7 - 1 - 2**）がある。これは，ポイントの地産地消を標榜し，長野では T ポイントや Ponta，楽天ポイントなどの共通ポイントよりも有名と言われている［3］。この地域（長野県）で広がったインフラを伊予（愛媛県），山口，愛知，山形，新潟，大分，北九州（福岡県）などにも展開しており，先に説明した WAON と様相は異なるが，インフラ活用としては効率的な点が共通していると言える。

　年 2 回の500ポイントで500円分 1 枚のブルカ券（加盟店で使える商品券）を発送するような旧来型のポイントカードでもあるが，それが高齢者にもわかりやす

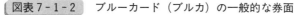

図表 7 - 1 - 2　　ブルーカード（ブルカ）の一般的な券面

図表 7 - 1 - 3　　ドイツの地域通貨「キームガウアー」の券面

（出所）「キームガウアー」関連サイト

い。なお，デジタル化されているのは，ポイント確認できる店舗端末やブラウザ上のMYページ，スマホアプリなどだけであるが，現在のポイントカードとしては極めて一般的な形態であろう。

なお，街の清掃活動や介護支援など，特定の地域やコミュニティにおける非経済的な（ボランティア等）活動の活性化を目指した事例として，ドイツの地域通貨「キームガウアー」（**図表7-1-3**）の地産地消推進と地元NPO活動支援が有名である。しかし，こういった活動の場合，商業的要素が小さいため，小規模予算での運用であり，デジタル化が遅れている場合が多く，地域⇒全国のインフラ活用は極めて少なく，以下のような独自インフラ活用と同様であろう。

7.1.2.3. 独自インフラによる活用

広島県庄原市の「いざなみカード」は，庄原市北部の山間部に，古事記に登場する伊邪那美命が葬られた御陵があるという比婆山があり，これからネーミングされた。また，観光消費や客を「誘う（いざなう）」に掛けたもので庄原市商工会議所が2019年3月から発行・運営している。愛称を「な・み・か」という。また，市内の東城町では，先駆けて「ほ・ろ・か」というカードが発行されており，2つのカードは共通カードとして利用可能である。

2つの非接触型電子マネーの特徴として以下のものが挙げられる。

① 交通系電子マネーと同様の非接触型ICチップ搭載のカード型電子マネーで

図表7-1-4 「な・み・か」「ほ・ろ・か」の券面とアプリ画面

（出所）「な・み・か」「ほ・ろ・か」関連サイト

ある。利用履歴などの利用者と紐付いたデータも取得可能である。Felica 対応
のスマートフォンにもアプリをインストールすることにより，利用可能である。
（な・み・か/ほ・ろ・かアプリ）

② 庄原市にクローズした，すなわち，庄原市内でしか利用できない，したがっ
て，価値が市外へ流出しない，市を経済的に衰退させないための仕組みである。

③ 一方，入金は基本的に法定通貨，すなわち円から行われるので，法定通貨と
の互換性を維持していると言える。

④ 発行体（商工会議所）自身が決済事業者となっている。

⑤ 住民だけでなく，旅行者など，一時的な訪問者も登録可能である。

⑥ 入金時にクーポンが付与される。また，利用時にもポイントが付与される。
クーポン，ポイントは有効期限があり，貯めるのではなく，使うモチベーショ
ンを高めている。

⑦ マイナポイントとの連携が可能である。

⑧ 地域コミュニティ内での非通貨的サービスが連携されている。具体的には"高
齢者の見守り機能"がある。

・"高齢者の見守り機能"；本人によるいざなみカードの利用が1週間～10日
認められない場合，登録時に記入されたご家族へメールが送信される。離れ
た地域に住む家族が安否確認として活用することもできる。

・"バスの運行状況"。（アプリのみ）

・"自動見守り機能"；子供用の「おまもり ほ・ろ・か」カードを，登下校時や
児童クラブへの到着時に設置しているカードリーダーにかざすと，あらかじ
め登録している保護者などのアドレスに，自動メールが送信される。その際，
登録した保護者へは，メールとともに1ポイントが付与される。（「ほ・ろ・
か」のみ）

⑨ アプリを利用の場合，以下の機能を利用できる。

・加盟店の最新情報が閲覧可能。情報とは，商品/サービス/地図（現在地から
の距離や経路検索）/電話番号（ダイレクトコール）。

・フェアやイベントなどのお得情報をタイムリーに配信。

・電子マネーやポイントの残高，有効期限の表示。

以上のような事項は，地域通貨として必要な，地域内での流通の強化（②③④
⑤），地域コミュニティでの活用（⑧）を実装している。

図表 7-1-5　　いざなみカード普及状況

庄原市人口（2022年7月末時点）	32,956人
カード発行数	30,000枚以上（対人口比90%超）
月額使用金額	2億～3億円
参加店舗	約250（広島市内アンテナショップを除き，すべて市内）

（出所）　各種情報より著者作成

　現時点での利用状況は，**図表 7-1-5** のとおりである。

　今後の構想としては，各種給付金の「いざなみカード」への支給，住民票取得など各種行政手数料のカードでの支払いなど，庄原市内限定の入出金がカードで行えるようにすることである。これにより，域内での経済流通の拡大と，域外への経済収益流出防止を考えている。

　そこで，利用拡大のためにさまざまな方策がとられた。

A）全市民に申請書を配布。75%の市民が申請。1万円分ポイントを付与して発行する。

B）決済200円ごとに1ポイント，チャージ1万円ごとに100ポイントを還元。ナショナルブランドの決済システムを利用するより，手数料の域外流出を阻止した上で利用者にメリットを与える。

C）地域に根差したサービスを提供する。

　類似の特徴を持った地域通貨の他の導入事例としては，「アクアコイン」（千葉県木更津市），「さるぼぼコイン」（岐阜県高山市，飛騨市，白川村），「せたがや Pay」（東京都世田谷区）などがある。いずれの例も全国レベルのデジタル通貨とも一線を画し，手数料なども含め，域外への流出を抑えることを志向したものである。

7.1.2.4.　非貨幣経済領域中心への活用

　神奈川県鎌倉市に本社を置き，「ちいき資本主義」事業を進める株式会社カヤック（https://www.kayac.com/）が提供する活性化プラットフォームのサービスに「まちのコイン」がある。

　重要な視点としては，法定通貨の価値，利用を残したまま，法定通貨ではカバーしきれない経済的活動をカバーしつつ，地域の「繋がり」強化を重視しつつ，地域経済の活性化も進めようということである。

　具体的な特徴として以下の事項が挙げられる。

図表7-1-6　「まちのコイン」の全体像

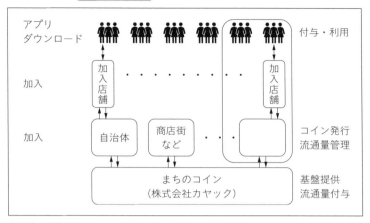

（出所）　著者作成

① 地域（自治体，民間企業，または商店街のような地域組織）がコインの発行体となり流通量も管理する。

② 法定通貨（円）との交換はできない。

③ コインには有効期限があり，利子はつかない。（地域内流通を促進）

④ 地域住民以外の利用も可能である。交流人口，関係人口の拡大を目指している。

⑤ 利用者は複数の地域で利用可能。「まちのコイン」アプリ上で地域選択の切り替えができる。地域を越えてのコインの利用はできない。

⑥ 利用者間でのコインの授受も可能である。

⑦ SDGsの普及に貢献できる仕組みを提供する。（後述）

⑧ 地域ごとにカスタマイズした機能を搭載することが可能である。

　2022年9月時点で，18の地域（自治体，または商店街のような地域組織）が「まちのコイン」に加入，登録している。カヤックはそれら地域に対するプラットフォームを提供している。

　加入地域の1つ福岡県八女市について見てみよう。八女市はコインの単位を「ロマン」とネーミングしている。「まちのコイン」では，各地域がコインに名前を付ける。神奈川県鎌倉市は「クルッポ」，小田原市「おだちん」，長野県上田市「も

図表 7-1-7 まちのコインの導入状況

地域	20
スポット数	1,656
ユーザー数	37,792
コイン流通量（12週間）	4,425万コイン

（出所）「まちのコイン」HP

図表 7-1-8 上田市「もん」の画面

（出所） 上田市「もん」

ん」などである。

　八女市は人口6万1千人の市であるが，その7％弱にあたる4,405人がユーザー登録している（2022年9月28日）。212のスポットで，過去12週間の流通量は443万ロマンである。

　スポットには公民館など公共施設，小売店舗，飲食店，イベントなど多様な参加者が登録されている。「ロマン」の取得のためには①単に訪問，②物品やサービスの購入，③飲食店での割箸，ストローなどの不使用，④SNSへのフォローや「いいね！」，などがあり，「ロマン」の利用用途は①値引き，②試食，③出演者の「応援」などである。

　「まちのコイン」の特色の1つであるSDGsとの関連であるが，八女市の例で

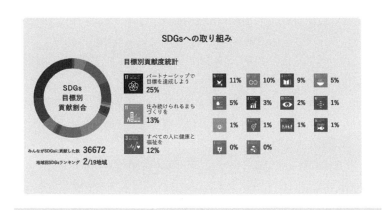

図表 7 - 1 - 9　　八女市「ロマン」のサイトに表示される SDGs 貢献度

（出所）　八女市「ロマン」HP

は，飲食店のスポットで My 箸を持参して割箸を断ると，100ロマンをもらえると同時に，SDGs に貢献するアクティビティとして，目標「12．つくる責任つかう責任」，「13．気候変動に具体的な対策を」，「15．陸の豊かさを守ろう」に貢献したとして，利用者とスポットに記録される。

　SDGs の貢献した利用者・スポット，および全体としての貢献度はサイトに紹介される。

　以上のように，一般の消費活動を中心とした経済の通貨流通とは一線を画し，域内の「つながり」を中心に据えたものである。地域通貨というよりも「コミュニティ通貨」との呼び方がよりしっくりする。この「つながり」を通じて，法定通貨の流通も域内に可能な限りとどめることを目指している。

　高齢者とお茶を一緒にする，というような地域に密着した活動や，エコバッグ持参など，SDGs にフォーカスした活動に対して，利用者に「ロマン」を与える，というユニークな「ロマン」付与の仕組みがある。その一方，「ロマン」利用可能なケースはまだまだ少なく，新しい利用のパターンの開発と拡大が期待される。

　また，「ロマン」の付与後，使用を休止中のスポットも多い。導入後，一定期間が経過した地域ではスポット・ユーザー共に継続利用をしてもらうための仕組み

や，プロモーションの強化が必要であろう。

なお，類似のコンセプトではあるが，より住民相互の「つながり」を目指した通貨も開発中である。

東京都文京区で文教メディア・ブリッジがHONGO22515というコミュニティスペースを中心に開発中の「Street.jp 自由通貨」は，コインの住民相互のやりとりに拡大し，コミュニティ活動を活発にしようという取り組みである。例えば，隣の住民に買い物をお願いする，高齢者のお散歩のお手伝いをする，お母さんの代わりに保育所への子供のお迎えをする，自治会活動に参加する，など，半世紀前であれば，ご近所付き合いの範疇で行われていた非金銭的・経済類似活動を，可視化とともに，気兼ねなくご近所さんにお願いできるように，という目標である。これもコミュニティ強化のための疑似通貨である。

「Street.jp 自由通貨」では，ベーシックインカムの仕組み（定期的にコイン付与），減価（使わなければ，日々コインが減少）も導入する予定である。

7.1.3. デジタルな地域通貨の付加価値

今後の地域通貨は，より大きな概念，より広い範囲での流通にシフトさせ，ある程度の規模の経済（スケールメリット）を追求していかなければ，通貨としての顧客の囲い込みはおぼつかない。ある地域以外の利用も可能とする点から，7.1.2.1と7.1.2.2および7.1.2.4の例が当てはまるであろう（**図表7-1-10**）。

デジタル化した疑似通貨（非接触型IC電子マネー，QRコード決済など）は，

図表7-1-10 地域内から地域間の流通への展開

地域内流通の通貨	地域間流通の通貨
■流通量が，比較的小規模 ⇒他社や他地域の通貨との交換を実現させたくても，流通量が小さいために実現できない（交換事業者の採算ベースに乗ってこない）。 ■原資は，地域内事業者（商店街など）が全額負担 ⇒競合他社や他地域に比べ，魅力的なプログラムの提供が困難になる。	■共通の地域通貨の導入などによって，スケールメリットを獲得 ⇒流通量を交換の採算ベースに乗せることができる。（例：ご当地WAON） ■地域通貨として知名度が高くなれば，交換を通した他社や他地域への流入が期待できる。 ⇒原資を，地域外事業者に負担してもらうことができる。

（出所）　著者作成

図表7-1-11　デジタル地域通貨の『DX支援のアプローチ』

ステップ	1．ペーパーレス	2．自動化	3．見える化	4．働き方改革
具体的なアプローチ	キャッシュレスの実現	自動的な決済（ポイント付与・利用）	MYページ，アプリなどでの残高確認	あらゆる顧客情報の共有
	5．製品・サービスの変革		6．顧客課題の解決	7．顧客体験の変革
	地域間の連携の実現		顧客の利便性の提供（時間短縮）	（買い物への楽しみの提供など）

（出所）　著者作成

そのスケールメリットを追求する上でも，その傾向はより強まっている。

　一方で，コミュニティ内の範囲の経済（スコープメリット）をとことん追求した例が7.1.2.3であろう。上記の地域通貨とも一線を画し，域外への流出を抑えることが功を奏すか否か，今後の展開を注視していきたい。

　なお，地域通貨を中小企業の団体と見なし，前述の『中小企業のDX支援のアプローチ』を当てはめると，各種インフラを活用した決済は，「守りのDX」における1のペーパーレスから，2の自動化，3の見える化，4の働き方改革までのステップにすでに当てはまる（**図表7-1-11**）。

　また，「攻めのDX」における5の製品・サービスの変革に移り，6の顧客課題の解決として，顧客への利便性の提供などが当てはまる。さらに7の顧客体験の変革に至るためには，決済のみならず，買い物をいかに楽しめるようにできるか，さらなる顧客メリットを提供できるかなどにかかっているだろう。範囲を絞ったコミュニティ通貨でも同様である。文献[4]においても，デジタル化された地域通貨の利点は，①コミュニティの活性化，②地域全体のDXの推進，③目的に合った地域経済の活性化，と言及している。デジタル地域通貨自体が地域のDXを後押しするとともに，得られたビッグデータの活用で地域における起業促進や商業繁栄につなげられる。

7.1.4.　一般的な地域通貨との比較

　地域通貨/ポイントは，規模と範囲の経済がなければ，導入〜継続において成功する確率は非常に低くなると先に述べた。さらに，関連事業者のあらゆる視点での貢献・支援も必要となる。そのため，**図表7-1-12**のように，地域通貨の成否の特徴が挙げられる。これら各種事例との比較を最後にまとめておく。

| 図表7-1-12 | 地域通貨/ポイントの成功する地域と課題に直面する地域の特徴 |

成功する地域通貨/ポイントの特徴	課題に直面する地域通貨/ポイントの特徴
■ 広い視点にたつ主導役，およびしっかりした運営主体を持つ	■ 広い視点にたつ主導役がいない ■ しっかりした運営主体を持たない ● ポイント原資が流出する利用先が増えてしまう ● 過剰なポイント付与により加盟店が疲弊することにより，加盟店の減少を招く
■ 加盟店を啓蒙し，目的を共有する ● 商店街内の加盟店にポイント還流できている ● 口コミも含めて，知名度が高い	■ 原資負担の意義が共有されていない ● 商店街内で，付与する負担者と，利用される受益者が分かれ利害対立が生じてしまう ● 意欲に温度差があり，協力者の数が足りない ■ 設備投資の費用が不足している ■ 単独の商店街では魅力が欠ける ● 商店街内の店舗の業種が限られる ● 来店頻度の高い店舗が限られる ● 新たな顧客を獲得するだけの魅力ある商店が存在しない ● 郊外大型店等との競争に敗れる
■ 魅力を増すための有機的な連携をしている ● 商店街同士 ● 商店街と企業（原資負担）	■ スーパーや全国チェーン等の大企業と商店街との関係が希薄である ● 商店街への加盟が順調に進まない ● 商店街が，商圏とポイントを奪われると警戒しがち ■ 消費者の理解が不足している ● 地域ポイント・決済の知名度が低い

（出所）著者作成

【参考文献】

［1］ ご当地WAON（イオン リテール㈱） https://www.waon.net/card/region/ 2022年8月15日

［2］ 長野ブルーカード（㈱信州コミュニケーションズ） https://blca.jp/ 2022年8月15日

［3］ 安岡寛道「（集客の拡大）長野県のブルーカードによる集客効果」『桁違い効果の経営戦略－新製品・新事業のビジネスモデル創造』芙蓉書房出版，180-183ページ，2011年10月

［4］ 納村哲二「デジタル化で生まれ変わる地域通貨」『月刊事業構想』2022年12月号，事業構想大学院大学出版部，20-21ページ，2022年11月

7.2. スマートファーマーによる地域活性化

7.2.1. 概　要

　日本の農業の現場において，生産者の高齢化などにより，就農人口は年々大幅に減っており，今後も下降していくことが予想されている。しかし，日本の農業の労働生産性は数十年前と比較しても依然としてほとんど改善されていない。作業の効率化やデジタル化などによって人間の作業負荷を軽減する技術の進歩に非常に期待が寄せられている。

　しかし，日本では欧米に比して小規模農家が多く，農家の平均年齢が約68歳という日本において，初期投資のかかるデジタル化などスマート農業は現実的なのであろうか。

　農業のデジタル化により，失業問題やモチベーションを危惧する声もあるが，種まきから収穫まで人間が介在せずに行える農業にたどり着くには，まだ多くの年月がかかる。「膨大なデータから特徴や傾向を見出すことさえできれば，同じ特徴や傾向のある場面について超高速スピードで分析処理ができる」のであり，経験と勘に頼っていた農業においては，教師データを作るのに多くの時間を有するのである。特にデータとして少ないのは，作物の画像データである。温度や湿度のセンサーデータはあっても，多大な被害を与える病害虫の写真等があまり存在

図表 7 - 2 - 1　日本の農業就労人口および基幹的農業従事者数

単位：万人，歳

	2010年	2015年	2016年	2017年	2018年
農業就業人口	260.6	209.7	192.2	181.6	175.3
うち女性	130.0	100.9	90.0	84.9	80.8
うち65歳以上	160.5	133.1	125.4	120.7	120.0
平均年齢	65.8	66.4	66.8	66.7	66.8
基幹的農業従事者	205.1	175.4	158.6	150.7	145.1
うち女性	90.3	74.9	65.6	61.9	58.6
うち65歳以上	125.3	113.2	103.1	100.1	98.7
平均年齢	66.1	67.0	66.8	66.6	66.6

（出所）　農林水産省・統計部「農林業センサス，農業構造動態調査」

せず，教師データの確立が困難で，画像診断するのが難しい。

　逆に，AI の普及により人間の制御や判断は今以上に必要になると考えられる。食・農に関するあらゆるデータが集約され，農業者が判断で悩むあらゆるシーンに，目的達成に向けた手段やスケジュールをシミュレーションする必要があり，リスクが少ない順や収益を得られる順を AI が提案し，農業者はどの選択をするかという判断を求められるようになる。農業者は今以上に精緻な制御や判断を迫られ，多く思考することが求められる。そのため，今後，高学歴農業者が増え，「スマート農業」の普及によって，農業が従来の人気職業にも比肩するあこがれの職業になる可能性もある。

　日本のこれからの農業と地域の活性化に向けて，スマート農業やスマートファーマーについて紹介する。

7.2.2. オランダの農業と日本の農業

　オランダは農業生産物輸出が米国に次いで世界第2位の農業大国である。農業の世界において規模の経済の実現に成功し，「スマート農業」の先進国としても知られている。オランダは日本の九州地方同等の面積でありながら，「フードバレー」の取り組みや最先端技術を使った次世代施設園芸にて成功している。

　オランダの農業を目標とするような話はあるものの，日本とは異なる環境や戦略をとっており，必ずしもオランダの真似をすることが適切であるわけではない。

　オランダは，輸出量とほぼ同等の食料品を近隣諸国から輸入していることが統計データから読み取れる。オランダは国策でトマト，パプリカ，花卉等の輸出に特化し，残りの生産物についてはすべて輸入することに国策で徹した（オランダ型輸出農業）。陸続きに隣国があるオランダだからこそ実現できる施策であり，一部の大規模農業生産者を拡大させる政策をとれた国家の決断によるものである。「安価な農業生産物を大量生産する農業に特化する」という戦略は，日本のブランドを支えている精緻な農業生産による安全・安心で高クオリティ・高付加価値という大きなアドバンテージを自ら捨てることになりかねない。

　日本の場合，オランダと比べ農業の規模が小さく，農業生産物も多岐にわたっていることから，農業経営に競争原理が働きにくく，IT 化などが遅れていると考えられる。また，小規模な農家にとって IT 化やスマート農業のための初期投資の負担は大きく回収が大変になることや，大規模農家であっても人件費の方が安いため導入が進まない。さらには，平均年齢が約68歳と IT を使いこなすことにも課

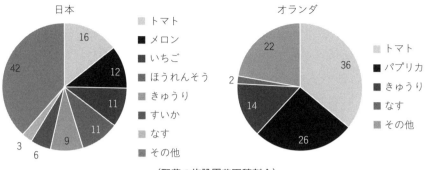

図表7-2-2　日本とオランダの農業生産物のシェア

（野菜の施設園芸面積割合）

> ✓ オランダでは，トマト・パプリカ・キュウリの3品で野菜
> 類の75%を占める。

（出所）　経済産業省

図表7-2-3　日本とオランダ農業の特徴の比較

	① IT の活用	②農作物の 選択と集中	③栽培施設の 大規模化
オランダ	①コスト管理 ②栽培環境の制御 →環境データに基づく制御 →ハウス内自動制御 ※生育データに基づく環境制御はま 　だ確立していない。	作物の選択的集中 ※トマト，パプリカ， 　キュウリ →野菜類の75%	大規模 ※施設園芸平均作付 　面積は，約3ha
日本	①コスト管理は限定的 →一部の農家で実施している事例は 　あるものの多くはコスト管理がで 　きていない状況。 ②栽培環境の制御は限定的 →生産者の勘と経験による栽培 →手作業によるハウス制御 ※環境データ，生育データに基づく 　環境制御はまだ確立していない。	作物種は分散 ※作付面積のもっと も多いトマトでも 野菜類全体の16% 程度	小規模 ※施設園芸平均作付 面積は，約0.5ha

（出所）　経済産業省

題があるのではないかと考えられる。

　しかし，多種少量の高付加価値な農業生産物や加工による付加価値を考える上でも，AIやデジタルの力を活用する必要は出てくる。

7.2.3. 誰でも"ラクに"農業に取り組める未来へ

　総理官邸にドローンが落ちてから，ドローンを飛ばすのにも規制ができてしまい，許可申請が必要となった。人口集中地域において一般人が趣味で飛ばすというのは，かなり難しくなってしまったが，比較的飛ばす条件をクリアしやすいのが農地である。農業においてドローンが主に活用されているシーンは，農薬の散布，害虫の駆除，マルチスペクトルカメラを使った撮影によるリモートセンシングなどである。

　以前は衛星画像などを使って行っていたリモートセンシングも，ドローンが登場したことでより簡易に行えるようになった。マルチスペクトルカメラにて撮影された画像は，AIを使った解析により，圃場内の栄養分のバラつきを把握し，その結果精緻な施肥設計を行い，その場所に応じた肥料をピンポイントで散布できるようにまでなっている。これにより，肥料代のコストを低減できると同時に，適切な施肥により，農業生産物の品質も向上し（例えば，二等米が一等米になるなど），収益の増加につながっている。

　ドローンのメリットは，プログラミングにより，人が制御をしなくても自動で飛んで行けるという点である。そのため夜間でも作業ができ，農業生産者の作業効率向上に明らかに役立っている。こういった技術は10年もかからず，実現できるのではないかと考えられる。そうすれば，近い将来，農業は"体力や若さを兼ね備えた人しか取り組めない職業"といった枠組みから外れるのではないかと思われる。

　ロボットやドローンが圃場や施設を見回り，24時間365日タイムリーに各種センシングを行い，耕耘，播種，除草，肥料散布，農薬散布，収穫など多くの作業を人間の代わりにしてくれる。さらに，AIが発展していけば，ロボット同士・ドローン同士が自律的な動作が可能となり，人間の感覚値で行っていたさまざまな作業をも担ってくれるようになるだろう。どうしても人間がしなければならない作業はアシストスーツを着ることで10分の1の力で実施でき，重労働からも解放されることが期待される。

7.2.4.　スマートファーマーとダイバーシティ農業

　岡山大学では，2022年 6 月21日，「ダイバーシティ農業でおかやまを活性化する車座評議会」を設立し，『ダイバーシティ農業』という言葉を使いコメントしている。ビジョンについて「『ダイバーシティ農業』は『スマート農業』の良い部分を取り入れつつ，DX によって農業従事者のスキルを向上させ，やりがいをもたせることで，最適な技術とウェルビーイング双方を追究するものであり，将来的には果樹以外の農業や関連する産業にも波及させ，農業を起点とした地域社会の発展を目指したい」と発表しており，日本の農業についてさらなる発展が期待される。

　農業の担い手として，女性や外国人など多様化している中で，さらにスマート農業を取り入れた取り組みは，日本の現状にとって必要であると考える。

　高齢化による農業生産者の大幅減により，大規模化が進む農業経営組織には，生産技術だけではなく，経営やマーケティング，その他の起業に必要なスキルとICT および各種データ分析スキルも身につけた次世代の農業生産者（スマートファーマー）が必要とされている。

　スマートアグリコンサルタンツ合同会社創業者の渡邊智之氏によると，スマートファーマーは，「かっこよく・感動があり・稼げる新 3 K 農業」の実現者であり，八面六臂に農業現場で起こりうるさまざまなリスクを最低限に抑え，最大限の収益を得ることができるスーパー農業生産者のことであり，スマートファーマーの条件として下記が挙げられる。

①　気候や土壌や作物の状態と市況を意識するだけではなく，顧客との契約納期を必ず守る。

②　病気や害虫の発生のリスクにもいち早く対応し，歩留まりの向上，生産ロスを減らす努力をしている。

③　センサー等から蓄積されたさまざまなデータを分析し，自身ならではの生産方法を裏付け，生育手法の明文化（マニュアル）をすることで，各種リスクを回避した採算性の良い農業を実現している。

④　コスト意識を常に持ち，生産期間中に積み上がるコストを日々管理し，なんらかのミスや事故によりコストが跳ね上がることがあってもスピーディーにリカバリを行い，リスクを最低限に抑えることができる。

⑤　多くの従業員を雇うことにより，地方で雇用を生んで地域活性化・地方創生に貢献している。心身に障害を抱えている方も多く採用し，ロボットなどを活

用することで健常者と同じ以上の作業効率で仕事ができる職場を作りあげる努力をしている。

⑥　地域で取れた農業生産物は，その地域でなるべく消費できるような工夫をし，それと並行して，遠方からの観光客を呼び込むような工夫をしている。

⑦　未来の日本の人々のことも考え，最大限環境に配慮した農業を実施している。

7.2.5. スマート農業による地域活性化

スマート農業を活用して，農商工連携による価値の創造を旧来の農業生産者においても，農業生産物の生産だけではなく，食品加工することで付加価値を付け，収益を増やすために，6次産業化に取り組まれている方々もいる。しかしながら取り組んだ総数に対し，成功と呼べる事例はごくわずかであると感じる。

自治体や農業協同組合の担当者によっては，「どうせ失敗するからやめた方がいい」と農業生産者を説得するところもあると聞く。うまく行かない理由はさまざまだが，農林水産省の定義する6次産業化は農業生産者自らが新たに食品加工機械などを購入し，自ら商品を作ることであり，補助金を得て機械などを購入し稼働が始まっても，マーケティングによる販路確保，ブランディング，安定供給，クオリティの安定化などさまざまな課題が発生し，失敗をしながら学ばなければならないことも多い。6次産業化を始めるということは旧来の農業生産者ではなく，「スマートファーマー」同様に経営者としての感覚を持ち合わせなければ，成功は難しいというのが実情である。

7.2.5.1. 小麦農業生産者がパン屋を経営

農業生産者がある日突然パン屋を片手間でやっても，専業でパン屋をしている方々にクオリティや供給の安定化の面で勝てるパンはそう簡単には作れないだろう。これを地域ぐるみで実現する手法についても，人によっては6次産業化と表現する方もいるが，政府の表現を使うとこちらは「農商工連携」となる。ある地域の農業生産者が作った小麦を近隣のパン屋が活用し，おいしいパンを作るというのが「農商工連携」の事例になる。著者としてはそれぞれのプレイヤーがWIN-WINとなる構図が描きやすいので，「農商工連携」の方が成功につながりやすいと感じている。

7.2.5.2. 能登の数馬酒造

　ここで紹介するのは，世界農業遺産に認定された「能登」の里山里海の景観の維持に貢献するために，地元で農業生産・販売を行う株式会社ゆめうららと能登の耕作放棄地を活用して米作りを始めた事例である。能登の地主さんから耕作放棄地を借り，開墾し，水田に復活させて，そこでお米を育て，お酒を醸す取り組みを実施し，お酒が飲まれれば飲まれるほど能登の耕作放棄地削減につながり，美しい里山の景観がよみがえるという SDGs の取り組みである。

　2019年からは耕作放棄地を水田だけでなく，畑地や果樹地として復活させ，醬油やリキュールの原材料を育てる取り組みも開始した。

　若者の日本酒離れを危惧し，地元の大学生と連携し若者自身が飲みたい日本酒の味やラベルなどを開発することからスタートしている N-project では，「若者が能登も農業も日本酒も盛り上げる！」をコンセプトに，大学生が中心となり，数馬酒造株式会社，株式会社ゆめうらら，高桑美術印刷株式会社，株式会社ガクトラボとの連携のもと，学生が米作りから関わる日本酒の商品開発を開始し，若手世代に向けた日本酒「Chikuha N」を販売する取り組みである。石川県能登半島を舞台に，耕作放棄地の開墾をはじめ，完全無農薬の米づくりから酒造り，商品作りまでをコンテンツ化し，能登の新たな魅力を発信している。

　また，数馬酒造は，フランスで行うフランス人のための日本酒コンクール Kura Master で 4 年連続受賞をしている。フランスの歴史的食文化でもある「食と飲み

図表 7 - 2 - 4　数馬酒造の取り組み N-project

（出所）　数馬酒造 Web サイト

物の相性」に重点をおいて審査されている。早くから日本のマーケットのみならず海外にも目を向けた展開や，食事に合わせた日本酒の開発，地元の資源の維持など SDGs と関連した日本酒の開発など興味深い取り組みも多い。

　地域内外の取引実態や雇用・売上高を勘案し，地域経済への影響力が大きく，成長性が見込まれるとともに，地域経済のバリューチェーンの中心的な担い手，および担い手候補である企業におくられる「地域未来牽引企業」への選定や，いしかわ男女共同参画推進宣言企業「女性活躍加速化クラス」の石川県内企業「第1号認定」を受け受賞した。ワークライフバランスにも力を入れており，働き方の多様性を尊重し，従業員それぞれのライフスタイルに合った働き方や趣味を会社として支援するなど，農業分野の新しいスタイルを確立している。

7.2.6. スマート農業による地域活性化のまとめ

　以上のような「異業種参入・異業種連携」や「農商工連携」の場面においても「スマート農業」の実現により，さまざまなシーンでの情報の利活用が進む。

　あらゆるデータが有機的につながることで，今後大きな価値を生むことが想定され，スマートファーマーによる地域活性化や農業分野の発展が期待される。

【参考文献】
［1］ 英文のプレスリリース：https://www.fao.org/newsroom/detail/FAO-state-of -food-and-agriculture--SOFA-2022-automation-agrifood-systems/en　2022年11 月8日
［2］ デジタルレポート（英文）：https://www.fao.org/3/cb9479en/online/cb9479en. html　2022年11月8日
［3］ 「世界食料農業白書（SOFA）」2022年版（英文）：https://www.fao.org/3/cb9479 en/cb9479en.pdf　2022年11月8日
［4］ 「世界食糧農業白書（SOFA）」2022年要約版（英文）：https://www.fao.org/3/ cc2459en/cc2459.pdf　2022年11月8日
［5］ スマートアグリコンサルタンツ合同会社　https://smartagri.co.jp/　2022年11 月8日
［6］ 岡山大学　https://www.okayama-u.ac.jp/tp/news/news_id11352.html　2022 年11月8日
［7］ 数馬酒造　https://chikuha.co.jp/　2022年11月8日

7.3. 住民主体による協働のまちづくりの理念貫徹と実践

7.3.1. 概　要

　本節では，震災の復旧・復興のプロセスの中で，協働のまちづくりのノウハウを獲得していった熊本県益城町の事例を取り上げる。

　少子高齢化や人々と地域の絆の希薄化の進展など地方創生を取り巻く状況は深刻化している。地方創生とは言うものの，いつまでに，誰が，何を，どのようにすべきかを計画し，地域内ステークホルダーと合意しつつ実践するのは容易ではない。このような中，熊本県益城町では，2016年4月に発生した熊本地震によって甚大な被害を受け，それまでに計画・着手してきた全ての取り組みの前提条件が一変した。しかし，益城町は震災の復旧・復興のプロセスを経験する中で，地方創生に取り組むために不可欠なノウハウを獲得した。具体的には，①住民，町・議会，民間等の地域に関わるステークホルダー間の役割分担のあり方，②外部リソースを活用する方法，③役場の既存業務を効率化して新たな取り組みの推進につながるマインドと実践力である。

　本節では，震災の復旧・復興のプロセスの中でこうしたノウハウをどのようにして獲得していったのかを明らかにするとともに，それが地方創生の推進にどのような好影響を与えているのかについて考察することを目的とする。本節の構成は，次のとおりとする。第一に，熊本地震による被害状況について概説した上で，震災によって全てが仕切り直しとなった町の取り組みの相互関係を整理する。第二に，復興計画と第6次総合計画にみる住民主体の協働の理念とその実践の状況について整理する。第三に，復興プロセスを経て，第2期総合戦略にメリハリがつき，行政サービスDXへの期待が大きく高まっている様相を論じる。第四に，本事例からの示唆について考察する。

7.3.2. 熊本地震で全てが仕切り直しになった町の取り組み

　益城町は，熊本県のほぼ中央北寄りに位置し，熊本市東部に隣接する（**図表7-3-1**）。阿蘇くまもと空港，九州自動車道益城・熊本空港ICなどの交通拠点を有し，さまざまな企業進出や流通拠点が形成されている。人口は約3.4万人を抱え，熊本都市圏の一翼を担うベッドタウンとして発展を遂げてきた[1]。

図表7-3-1 益城町の位置

（出所）　熊本県益城町ホームページ

　ところが，2016年4月14日と16日の二度にわたり震度7の激しい地震が益城町を襲った。その後の半年間も地震の発生回数は4,000回を超えた。これらによって避難者数は最大で約16,050人に及び，全半壊約6,200棟，全体の約98％にあたる10,500棟を超える住家が被害を受け，道路や上下水道，役場庁舎等の多くの公共施設のほか農業や商工業等の産業にも大きな被害をもたらした[8]。

　これを境に，益城町で取り組まれてきた全ての取り組みの前提条件が一変した。2011年度に10年計画として開始された『第5次益城町総合計画』は，2015年度に前期計画を終了し，後期計画が2016年3月に策定されたばかりであった。また，総合計画と整合をとって具体化された『益城町まち・ひと・しごと総合戦略』も2015年12月に公表された矢先だった。

　益城町は，混乱の中，災害対策本部の設置・運営，救助・救急活動，避難所の設置，仮設住宅の整備・生活支援等に奔走した。2016年6月，町長より復興計画を策定するよう指示が出され，同年12月に『益城町復興計画』が公表された。その後の進捗を踏まえ，2018年12月には『第6次益城町総合計画（再生・発展への復興計画）』，2020年3月に『第2期まち・ひと・しごと創生総合戦略』，2022年3月に『第5次益城町行政改革大綱』と震災後に改訂された諸計画が打ち出された。

図表 7 - 3 - 2　　益城町における熊本地震の復旧・復興の歩みと関連計画の関係

年	熊本地震の復旧・復興の歩み	地震前の関連計画	地震後の関連計画
2011		第5次総合計画	
2012			
2013			
2014		第4次行政改革大綱	
2015			
2016	熊本地震発生（4月） 応急仮設住宅入居開始（6月）	まち・ひと・しごと創生総合戦略	復興計画
2017	まちづくり協議会設立（1月） 被災市街地復興推進地域の都市計画決定（3月） 役場仮設庁舎業務開始（5月）		
2018	中央被災市街地復興土地区画整理事業が都市計画決定（3月）		
2019	新給食センター完成（3月） にぎわいづくり始動		
2020	災害公営住宅が完成（3月） 総合体育館供用開始（7月）		第2期まち・ひと・しごと創生総合戦略
2021	益城中学校新校舎落成（4月） 文化会館供用開始（7月）		第6次総合計画
2022	復興まちづくり支援施設供用開始予定 惣領にぎわい拠点施設開業予定		第5次行政改革大綱
2023	役場新庁舎供用開始予定		
2024			
2025			
2026			
2027			
2028			
2029			
2030			

（出所）　文献［2］［3］［4］［6］［7］［9］より著者作成

7.3.3. 復興計画および第6次総合計画にみる住民主体の協働と実践

　益城町における復興およびまちづくりは，「住みたいまち，住み続けたいまち，次世代に継承したいまち」という将来像を掲げている。復旧・復興には長い時間がかかることを見据え，計画期間は10年間とし，復旧期（3年），再生期（4年），発展期（3年）の3期に分け，期間ごとに復旧・復興の目標を設定している。さらに，復興を先導し，他の取り組み等への波及効果が期待されるシンボルプロジェクトとして，「1．一人ひとりの復興プロジェクト」，「2．日本の防災・減災をけん引する復興プロジェクト」，「3．子育て応援復興プロジェクト」，「4．益城ブランド復興プロジェクト」，「5．みんなで"かたる"復興プロジェクト」の5つが取り組まれている。

図表7-3-3　益城町復興計画の計画期間

復旧期	再生期	発展期
2016-18年（3年間）	2019-22年（4年間）	2023-25年（3年間）
生活や産業の再開に不可欠な住宅，生活基盤施設，インフラ等を復旧する期間	震災前の活力を回復し，地域の価値を高める期間	新たな魅力と活力ある地域として生まれ変わり，発展していく期間

（出所）　文献[3]より著者作成

　益城町における復興およびまちづくりの取り組みには，地域に関わるステークホルダー間の役割分担と協働に関する明確な理念が掲げられ，それが計画にも実践にも貫徹されているという特徴がある。

　第一に，地域に関わるステークホルダー間の役割分担と協働に関する理念をみておこう。復興計画および第6次総合計画には，復興（まちづくり）の主体は「住民」であり，「町・議会」は住民を支援し，「民間等（企業，NPO，団体，大学等）」は住民や町を支援する立場にあると明記されている。こうした役割分担の下で，地域に関わるステークホルダー間が協働すると謳われている。

　第二に，地域に関わるステークホルダー間の役割分担と協働の理念を体現する形で，外部の専門家をうまく活用していることである。例えば，『復興計画』には，大学教員名，複数のコンサル会社名が記載されているが，かれらの活用の仕方について，当時の復興課長は，次のように述べている（[8]p.321）。

　"地元大学の若手教員や無償で協力してくれた民間コンサルタントなど外部支

援者と腹を割って話し合い，益城町を理解してもらって，計画策定から実行に至るまでの長い時間にお力添え頂きました。"

"大学の先生方は大御所というよりは，40代の若手の方々を中心にお願いしました。復興計画というのは「作って終わり」ではなくて，必ず確実に実行していかなければいけないものですし，復興には長い時間がかかります。だから，ずっと付き合っていただける若手の先生方にお願いしました。"

"益城町の復興計画は将来像をとことん考え抜いて，その実現に向けて動くことができるものになっていると思います。このアプローチも，大学の先生方やコンサルタントとの議論の中で出てきたものです。"

このように，役場は，混乱期における外部リソースの活用にあたり，来るもの拒まずに誰でも受け入れたり丸投げにしたりすることなく，外部専門家を戦略的に選抜し，将来のあり方について徹底的に議論して協働してきたことがわかる。

第三に，地域内ステークホルダー間の協働を実現するための仕組みを構築した上で，それを実践に移していることである。具体的には，5つのシンボルプロジェクトのうち「5．みんなで"かたる"復興プロジェクト」として，㋐協働の「場」づくり（会議体，イベント，活動拠点等），㋑協働のテーマづくり（住民一人ひとりが関われる身近なテーマの設定），㋒協働による復旧・復興の推進を支援するしくみの整備（専門家，ファシリテーターの派遣等），㋓活動を全町に展開していくためのしかけづくり（広報誌，復興をみんなで語る会の開催等）が取り組まれている。これらのプロジェクトの実践方法に関して，当時の都市計画課長および健康づくり推進課長は次のように述べている（［8］p.325，p.327）。

"我々は地域にどんどん入っていっていて，説明会や意見交換の場を設けています。その中でいろいろなことを言われることも多々ありますけれど，その分こちらからお願いすることもできます。住民と行政の距離が近くなりました。"

"たぶん延べ1万人以上の方とお話をしたと思います。まったく知らない人であっても，1週間なり10日なり毎日挨拶して話をすれば，信頼関係は築いていけると思います。住民の方々と膝を突き合わせることがとにかく大事だと思っています。"

住民の意見交換会にボランティアとして参加した民間コンサルタントは，当時の仕事の仕方について次のように述べている（インタビュー談）。

"住民のみなさんは，様々な意見や多くのアイデアを持っていました。私は，住民の方々の声を引き出すファシリテーター役を担いました。それを集約して役場に伝え，一緒に次の策を練るという仕事をしました。最初は，なかなか口を開いてくれなかった住民の方々ですが，何度も何度も会ううちに，「あいつは役に立つ」と思われ，次第に信頼がうまれてきたように思います。"

こうして，益城町のステークホルダーの中でも役場の職員は，震災の復旧・復興のプロセスを経験する中で，地方創生に取り組むために不可欠なさまざまなノウハウを獲得したといってよいだろう。この点に関して当時の復興課長は，次のように述べている（[8]p.323）。

"すごく大変な思いをして，同時にこれまで誰もやったことがないような大きな様々な事業を経験して，多くの町役場職員がこの 3 年間で飛躍的に成長したと思います。特に若い町役場職員も参加して，自分の意見を出すようになってきたと感じています。"

また，当時，役所に常駐していて支援していた民間コンサルタントは，役場職員の活躍と成長について，次のように述べている（インタビュー談）。

"30代前半から半ばの若手職員が成長したと思います。なぜなら，非常事態の中で，従来の役所のルールをすっ飛ばして，自分で考え，動かざるを得なかったからです。具体的には，課題を発見する力，企画する力などが格段に向上したと思います。"

7.3.4. メリハリのついた第 2 期総合戦略と行政サービス DX への期待

益城町では復興計画の復旧期（2016-19年）を経て，『第 2 期まち・ひと・しごと創生総合戦略』を公表した。第 1 次と第 2 次の総合戦略を比較してみると，大きく 2 つの変化をみることができる。

1 つは，4 つの政策目標の表現自体は変わっていないが，その優先順位が変化していることである。第 1 次では，人口減少の負の連鎖を断ち切ることが戦略の背景にあったことから，「しごと」と「ひと」の好循環をつくり上げた効果を活かして，「まち（都市基盤）」を整備するという体系をもっていた。一方，第 2 次では，復興途上であることを背景に，しっかりとした「まち」をつくった上で，そ

図表7-3-4　益城町のまち・ひと・しごと創生総合戦略の内容変化

益城町まち・ひと・しごと創生総合戦略（2015年12月）

（しごと） 政策目標1 若い世代を中心に 安定した雇用を創 出する	就労・創業支援
	農業の育成・支援
	農産物を活かしたブランド化の推進と 販路拡大
	中心商店街の再活性化と地域が持つ特 有の強みを活かした商店街づくり
	企業誘致の推進
（ひと） 政策目標2 若い世代の移住・ 定住の流れをつく る	地域活性化の推進
	プロモーション活動の推進
	外部からの人材流入・流出防止策の促 進
	移住定住促進空き家等の利活用の推進
	益城を応援してくれる人への情報発信， ふるさと納税の推進
（ひと） 政策目標3 若い世代が，希望 に応じて結婚・出 産・子育てができ る環境をつくる	結婚・出産，仕事と家庭の両立の希望 をかなえる
	多様な保育ニーズに対応した子育て サービスの環境づくり
	地域の特性を活かした特色ある教育環 境づくり
	健康づくりとスポーツの振興
（まち） 政策目標4 時代にあった環境 をつくり，安心な 暮らしを守るとと もに，地域と地域 を連携する	防災・減災体制の強化
	公共交通体系等の整備
	道路等都市基盤の整備
	水環境保全の強化
	地域間の連携の推進

第2次益城町まち・ひと・しごと創生総合戦略（2020年3月）

（まち） 政策目標1 時代にあった環境 をつくり，安心な 暮らしを守るとと もに，地域と地域 を連携する	平成28年熊本地震等を踏まえた防災・ 減災のまちづくり
	移動しやすいまちづくりの推進（公共 交通体系等の再構築）
	「歩く」を通じた，健康・安心・にぎわ いのまちづくりの推進
	住民と行政との協働による基盤づくり の推進
	益城町が誇る「豊かな自然」の保全・ 活用の推進
	市町村の枠を越えた連携体制の構築
（ひと） 政策目標2 若い世代の移住・ 定住の流れをつく る	"自慢したい"地域資源についての情報 発信
	タウンセールスのための仕掛け・仕組 みの構築
	交流人口・移住人口の受け入れ体制の 整備
	本町に関係を持つ人への継続的なフォ ローの実施
（ひと） 政策目標3 若い世代が，希望 に応じて結婚・出 産・子育てができ る環境をつくる	地域の特性を活かした特色ある教育環 境づくり
	結婚・出産・子育てに対する切れ目の ない支援
	「男女共同参画社会」に向けた理解促進 と環境整備
（しごと） 政策目標4 若い世代を中心に 安定した雇用を創 出する	町内事業者の活性化や企業誘致を通じ た雇用機会の拡大
	起業を呼び込む環境づくり
	就農希望者を確実に取り込んでいく体 制の整備

（出所）　文献［2］［7］より著者作成

こに「ひと」と「しごと」の好循環をつくるというように政策目標の優先順位を変えた。

　もう1つは，下位の基本戦略にメリハリがつけられるとともに，地域内外の多様な主体との協働・連携を強く意識するようになったことである。具体的には，政策目標1には「住民と行政との協働による基盤づくりの推進」と「市町村の枠を越えた連携体制の構築」が，政策目標2には「交流人口・移住人口の受け入れ体制の整備」と「本町に関係を持つ人への継続的なフォローの実施」が明記され

た。

　なお，長引くコロナ禍により，決して第2次総合戦略の成果が出ているとは言えない。しかし，それは悲観的に捉えるべきではない。なぜなら，2022年3月に発行された『第5次益城町行政改革大綱』に役場職員のマインドに大きな変化が生じていることがみてとれるからである。例えば，4つの改革目標の1つめに「多様な主体によるまちづくり活動への支援」を掲げ，その重点施策の1つとして，「職員の地域活動等への参加促進」として，職員が地域活動等への参加や住民との対話，交流を積極的に行うような取り組みを促進するとしていることである。また，目標の3つめである「行政サービスのさらなる向上・事務事業の見直し」の中に，「行政手続きのスマート化」，「益城版行政サービスDX推進計画の策定と実施」を挙げていることである。換言すれば，可能な限り既存業務を効率化して，新たな取り組みを推進するための余力を生み出そうという彼らの積極的な意志の表れと理解することができよう。

7.3.5. 本事例の特徴の整理と示唆

　以上より，益城町の取り組みには3つの特徴と示唆が抽出できる。

　第一に，益城町は，まちづくりの理念として地域に関わるステークホルダーの主従関係と役割分担を明確にしていることである。すなわち，まちづくりの主体（主役）はあくまでも「住民」，「役場」は住民による取り組みの支援者，「民間等（企業，NPO，団体，大学等）」は住民と役場の支援者であるとしている。このことは，役場の役割が，住民の声（要望）を聞き，それに応えることで住民満足度の最大化を目指すことにあると宣言したことと同義であろう。

　一般に，まちづくりや地域に関わるステークホルダーは，住民，役場，企業，NPO，団体，大学等と多様である。ともすると彼らは同格で並列に扱われ，それぞれの責任の下で相互に連携・協働することが期待される。しかし，そう扱われている限り，誰もが連携・協働することなく，ひとり役場のみがあらゆることに奔走するという事態を招きがちである。ここから，地方創生の取り組みを動かしていくためには，益城町のように，住民ファーストを理念として貫き，そこを基点に役割分担とそのための仕組みを構築することが有効と言えよう。

　第二に，役場は，ノウハウと経験を有する外部者（民間等）を積極的に活用することで，住民の声を引き出し，集約し，対応策の企画・実行を効率的かつ効果的に遂行することができた。同時に，外部者との協働の経験を通じて，役場職員

の成長も促されたという有用性も示された。彼らが獲得した外部者との協働に関するノウハウは，今後の地方創生の取り組みにとって欠かせないものとなろう。今日，地域内における担い手不足の下で，交流人口や関係人口が注目されている。そのためには，地域内部者と外部者とがきちんとコミュニケーションを図り，相互にメリットを享受していくことが不可欠である。

　第三に，益城町は，行政手続きのスマート化，行政サービス DX 推進計画の策定と実施といった方向を目指している。それは，より住民ファーストの対応をとるためには，可能な限り既存業務を効率化して，新たな取り組みを推進するための余力を生み出すことが必然だからであろう。このように考えると，人口減少下の担い手不足の中で取り組む地方創生にとって，DX は避けて通ることはできない。しかし，肝に銘ずべきは，決して DX ありきで何かを行うのではなく，住民ファーストの活動を行うために DX を推進するという論理を理解することである。この意味において，益城町の復興まちづくりのプロセスは，この論理を実感し，獲得できた経験といってもよいのではなかろうか。

　いずれにせよ，益城町の今日の地方創生の取り組みは未だ途上の段階に過ぎない。今後は，これまでに獲得した経験とノウハウを十二分に発揮し，他地域の手本となるような成果が表れることを期待したい。

【参考文献】

［1］　熊本県益城町『町勢便覧』2013年10月
［2］　熊本県益城町『益城町まち・ひと・しごと総合戦略』2015年12月
［3］　熊本県益城町『益城町復興計画』2016年12月
［4］　熊本県益城町『第 5 次益城町総合計画（後期計画)』2016年 3 月
［5］　熊本県益城町『平成28年熊本地震　益城町による対応の検証報告書』2017年10月
［6］　熊本県益城町『第 6 次益城町総合計画（再生・発展への復興計画)』2018年12月
［7］　熊本県益城町『第 2 期まち・ひと・しごと創生総合戦略』2020年 3 月
［8］　熊本県益城町『平成28年熊本地震　益城町震災記録誌』2020年 4 月
［9］　熊本県益城町『第 5 次益城町行政改革大綱』2022年 3 月
［10］　熊本県益城町 HP　https://www.town.mashiki.lg.jp/kiji0032000/index.html
［11］　熊本市『熊本市震災復興計画』2016年10月

7.4. 医療デジタル化構想

7.4.1. 概　要

　「医療（地域包括ケア）デジタル化構想」が高知家＠ライン事務局長の宮野伊知郎氏（高知大学医学部（公衆衛生学）准教授）を中心に展開されている。この取り組みは，高知大学医学部（医療施設）を中心に，東西に長い高知県の医療と介護の情報連携が進んでいる。特に南西部の宿毛市などの幡多地区においては，主に電子カルテの情報共有が行われ，東部の安芸市から室戸市などでは在宅医療・介護関連の情報共有が進んでいる。

　患者や介護職（施設は居宅介護支援事業所など），医療職（施設は医療機関，薬局など）の情報が連携できる仕組みであり，各々が介護医療情報，電子カルテ，薬の処方情報などの閲覧のみならず，SNSのようにコミュニケーションができる。

　今後は，セキュア環境の中でオンライン診療や相談（患者⇔介護士⇔診療先の医師⇔連携先の医師など）も行い，医学部生の実習にも取り入れていくことを予定している。これらのICT～デジタル～DX化により，地域医療介護において，「いつでもどこでもだれとでもつながる」ことで「時間的や物理的のみならず，心理的な障壁をなくす」ことを目指している。

7.4.2. 医療デジタル化構想の取り組み

7.4.2.1. 高知家＠ラインの概要

　この取り組みは，介護や医療の情報共有システムであり，複数の事業所間で医療職と介護職が在宅療養者のケアを行う上で必要な情報を互いに共有し，適時・適切なケアを実践することを利用目的としている[1]。

　最初は医療介護総合確保基金（2014～2016年度）を財源として医療介護連携のシステムを開発し，2017年より本格運用を始め，後に総務省などの予算も活用している。これはSNS（LINEなど）よりもセキュアな環境で，SNSのように使用できる医療介護情報連携システムである（**図表7-4-1**）。

　高知家＠ラインのシステムは，複数の事業所間においても文書に加え，写真・動画の活用により正確な情報を迅速に共有すること，豊富なコミュニケーション

図表 7 - 4 - 1 ｜ 医療介護情報連携システムの高知家@ライン

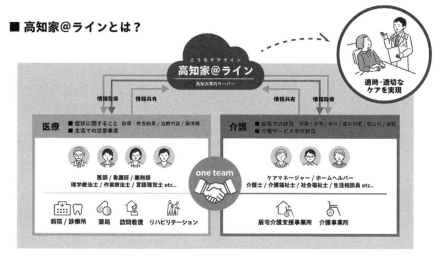

（出所）　高知家@ライン事務局

図表 7 - 4 - 2 ｜ 「高知家@ラインはたまるねっと」の画面イメージ

（出所）　高知家@ライン事務局

機能により多職種が共通認識を持ち，チームとなってケアに取り組むことができる。利用する事業所のユーザーから，日々変化する療養者の状態に早期かつ適切に対応できたなどの効果が報告されている。

　本システムは，SNSのコミュニケーションツールのように使用できるのみならず，介護事業所の実施記録としても使え，患者や介護職，医療職を始めとして各利用者間で連携した仕組みであり，各々が閲覧することができる（図表7-4-2）。

　元々は，医療や介護のコミュニケーションツールとしての利用から広まったが，電子カルテ共有機能，オンライン診療のビデオ会議機能なども搭載しており，利用する施設や機関の要望に応じて，その全てを使うことができるように設計されている。特に南西部の宿毛市などの幡多地区においては，主にEHR(電子健康記録) を活用した電子カルテ情報の共有（名称：高知家@ラインはたまるねっと）が111の施設 (2023年1月10日現在) において行われている[1]。また，東部の安芸市から室戸市などにおいては，在宅医療・介護関連のコミュニケーション情報の共有が進んでいる。

7.4.2.2. "どこでもMY病院" の構想

　医療情報の連携として，"どこでもMY病院"（自己医療・健康情報活用サービス）や，国民全体の "電子カルテ構想" があった。しかし，患者は医療機関における顧客であるため，その情報を別の医療法人（競合企業）と共有するということがなかなかできず，大きな壁があった。したがって，一部の同一の医療法人内の医療機関・病院で連携するのがやっとであった。

　この "どこでもMY病院" の構想（図表7-4-3）は，厚生労働省や経済産業省が連携して2010年に具体的に構想され，2011年以降に多くの実証事業があったが，現在はその資料は両省のサイトからはほぼ消えている。

　PHR（Personal Health Record）を活用して，個人が自らの医療・健康情報を医療機関や薬局から電子的に受け取り，情報を管理する事業者に情報を預け，必要な時に必要な相手に対して開示できる仕組みづくりと運用に向けた環境を整備することが掲げられていた。まさに高知家@ラインの取り組みは，10年ほど前から理想的に構想化していた "青写真" と言えよう。

　電子カルテにはじまる医療の情報化は，国の重点施策として2000年代初頭から官邸を中心に推進されてきた。その中で，新たな情報通信技術（ICT）戦略の構

図表7-4-3　"どこでも MY 病院"の基本概念

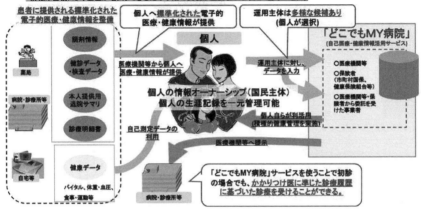

（出所）　医療情報化に関するタスクフォース「"どこでも MY 病院"構想の実現」

想の1つとして生まれたのが"どこでも MY 病院"である。

　これは，健康に関わる情報をまずは電子化・デジタル化し，個人の健康維持と向上のために役立てるストレージとなる PHR を構築する。その上で，個人が自らの医療や健康情報を電子的に「預けたり」「引き出したり」して，全国すべての医療機関で過去の診療情報に基づいた医療を受けられるようになるサービスのことである。その他のパーソナルデータを含めて預ける"情報銀行"に通じるヘルスケア・サービスである。

　この"どこでも MY 病院"の仕組みは，個人の健康維持と向上のために健康に関わる情報を電子化し，医療機関で過去の診療情報に基づいた医療を受けられるようになるサービスのことである。これによって，他の病院で受けた治療内容を正確に伝えることができるため，地域連携医療のシームレス化が実現できると期待されていた。そうした期待のもと，電子カルテは，前述のとおり，同一医療法人の中では実現されている場合もある。ただし，高知家＠ライン事務局長の宮野氏曰く「あくまでも電子カルテは閲覧のみであり，医師は自らの電子カルテ書込

みは行うが，他の医師の電子カルテに書込みはできない。つまり，電子カルテのみならば，特に必要性がなければ，余程の連携が必要となる患者の診療以外はあまり閲覧しなくなる」ようである。

また，現在は"電子版お薬手帳"が実用化されており，そのスマホへのデジタル化，つまりアプリなど，関連する取り組みにより，患者と薬局との連携がされ始めている。ただし，宮野氏曰く「薬局での減薬やジェネリック薬品への変更が医師の処方への口出しになることを気遣う場合もある」とのことで，医師との連携には心理的な壁がありそうである。

なお，コロナ禍で初診も含めたオンライン診療が2022年4月に解禁され，先進的なファストドクターは11都道府県・36自治体と連携[2]しており，都心における医療を受けやすくはなった。

7.4.2.3. "どこでも MY 病院"のメリット

"どこでも MY 病院"が全て実現できると，患者側，医療職（医療機関）側の双方の利用者に，以下のようなメリットがあると言える。

【患者側のメリット】

A）日常生活の健康管理

健診情報や自己測定健康データなどを横断的に活用することで，自身の健康状態をいつでも把握することができ，日常生活での健康管理がしやすい。

B）適切な治療を受診可能

診療明細や検査結果，調剤情報などを活用し，医師や薬剤師に過去の病気や治療内容・処方内容を説明しなくても，自分に合った治療や投薬を受けやすい。これにより，余分な検査や投薬を防止することができる。

C）緊急時のデータ活用可能

診療明細や検査結果，調剤情報などの活用は，急に倒れて意識がなくなった場合にも有用である。意識がなくなっても，既往歴や服薬歴などの救急処置に必要な情報を救急隊や医療機関が把握できるため，適切な治療を受けやすくなり，救命率が改善できる。

【医療職（医療機関）側のメリット】

A）患者の正しい情報を素早く取得可能

　医療機関は，患者の過去の医療・健康情報の提示を受けることで，患者の現状について理解を深めた上で治療などを行える。

　例えば，初診時であっても患者の医療情報などを短時間で把握できる。緊急時はもちろん，必要時に患者の医療情報を短時間で把握することができれば，患者の状況に応じた適切な診療が素早く行える。

B）地域医療連携もスムーズ

　他の医療機関での検査結果や検査履歴などの情報を素早く把握できるため，必要に応じて照会をかけられ，スムーズな地域医療連携にもつながる。

　さらに，患者の長期的な健康状態の把握ができ，患者が持つ検査データのうち，慢性疾患の悪化防止などに役立つデータを治療の参考にできる。

7.4.2.4. "どこでも MY 病院"は都心でなく地方から

　"どこでも MY 病院"の構想は，主に日本の中央から検討されてきたものでもあった。したがって，前述のとおり，別の医療法人（競合企業）と共有するということがなかなかできなかった。

　しかし，「医療（地域包括ケア）デジタル化構想」の高知家@ラインの取り組み

図表7-4-4　高知家@ラインの主な機能

利用者 （患者等） に紐付	①	連絡票	・ユーザーが記載した情報（文章，写真，動画）を時系列で表示 ・確認ボタンやコメントによるコミュニケーション
	②	バイタル	・体温，血圧，脈拍，呼吸数，SpO2，体重，水分量，フリー記載
	③	基本情報	・連絡先，保険情報，自立度
	④	薬情報	・処方歴，処方箋画像
	⑤	医療情報	・病名，感染症，アレルギー
	⑥	生活環境	・住宅
	⑦	カレンダー	・受診予定，介護サービス予定
	⑧	主要連絡先	・住所，電話番号，メールアドレスなど
	⑨	文書管理	・ファイル（PDF，Word，Excel，画像等）の保存・共有
	⑩	ACP（Advance Care Planning）	・将来の医療ケアの意向
ユーザー 間で利用	①	メール	・一般のコミュニケーションツール

（出所）　高知家@ライン事務局資料を基に著者加筆

は，地方である一部の地域（高知県の地方）であり，競合企業は明らかに少なく，地域間の連携に大きな壁がない。

　地方では，病院が足りない地域も多々あり，患者を取り合っている状況ではない。患者をできるだけ良い方法で助けることが最重要であり，医療や介護の本質に迫ることがむしろできやすい。つまり，こういった構想は，これまでの中央・都心からの構想ではなく，地方からの構想の方がうまくいく可能性が高いと言えよう。

　さらに，高知家@ラインは，セキュアなSNSのコミュニケーションツールから始まっており，その機能に電子カルテの情報などが載っている（**図表7-4-4**）。したがって，電子カルテありきではないため，閲覧のみでもなく，SNSのようにコミュニケーションを頻繁に行った情報をもとにしている。そのため，高知県の介護職の方々も情報を書き込み，やりとりをしやすく，実際にそうなっているようである。人と人がつながると，ネットワークの外部性（同じ商品・サービスを利用する人が多いほど，それを利用する人が得られる効用が高まる現象）が働き，その仕組みは活用されていく。

7.4.3. 医療デジタル化構想による付加価値

　高知家@ラインの取り組みとして強調したい点は，地方の方が医療や介護の本質に迫りやすい点，かつコミュニケーションツールから始めた使い勝手の良さの点である。こういった点から高知県内から広がりを見せている。

　今後は，医学部生の実習にも取り入れていくことを予定し，同じ東南海大地震が危惧されている地域の和歌山県立医科大学，三重大学とも医療人養成プロジェクトを展開し始めている。このような医療デジタル化の取り組みがさらに他の地域でも進展していくことを願いたい。

　なお，高知家@ラインの取り組みの効果（途中結果）として，以下のような意見が挙がっている。

【医療職】
・一人ひとりの生活や背景が見える。
・受診時に，患者さんと話したいことが生まれ，深く理解できる。
・実際の状態（在宅・施設・サービス利用中），病状の変化・進行の様子がわかる。

・体重・血圧等の推移がチェックできる。

・浮腫，皮膚病変は写真・動画で一目瞭然である。

・次回の診察時までに対処方法を検討でき，スピード感がある。

・生活の課題，対応策を知ることにより学びが深まる（生活の視点，介護の専門性がある）。

・アセスメント力が向上（多職種間で向上）する。

【介護職】

・医療機関・薬局から正確な情報がダイレクトに入手できて，処置・薬剤管理などに安心感がある。

・薬局が処方薬についての注意点を記載してくれるので，事業所間で副作用のチェックを共有できる。

・遠隔の医療機関に相談できる。

・サービス利用中の状況を一斉に送ることができる。

・一人では対応に苦慮することもチームで話し合うことができる。

・一人で背負い込むような負担感が軽減される。

　その他，チームとして，互いの事業所・専門職の役割を明確にすることができた，他の職種とも関係性が深まり相談しやすくなった，との意見もある。

　また，業務として，書類を一斉に発信できるので手間が省ける，正確な情報が入手できる，受診同行の負担軽減が見込める，との意見もある。

　高知家＠ラインは 1 つの象徴的な地方で始まった取り組みであるが，これを前述の『中小企業の DX 支援のアプローチ』に当てはめる。本情報連携システムを活用した取り組みは，「守りの DX」における 1 のペーパーレスから，2 の自動化，3 の見える化，4 の働き方改革までのステップにすでに当てはまる。さらに，「攻めの DX」における 5 の製品・サービスの変革も実現し，6 の顧客課題の解決として，顧客への利便性の提供などが当てはまる（**図表 7 - 4 - 5**）。また，7 の顧客体験の変革に至るためには，医師がわからないものも診断できる AI 医療機器［3］なども登場し，患者の命をスムーズに助けることになれば実現されるであろう。

ステップ	1．ペーパーレス	2．自動化	3．見える化	4．働き方改革
具体的なアプローチ	電子カルテ等の紙の削減	医療介護情報の自動連携	患者，医療職，介護職での閲覧・連携	一斉発信で手間が省け，正確な情報を入手し，受診同行の負担が軽減

5．製品・サービスの変革	6．顧客課題の解決	7．顧客体験の変革
医療機関，ケア施設，地域間の連携の実現	患者や医療職，介護職の利便性の提供（時間短縮）	シームレスな地域サービス，命の救助の連携

（出所）　著者作成

7.4.4. 医療デジタル化構想の今後

　電子カルテの連携は，同一医療法人内で進展を見せている。また，薬局間では，電子版お薬手帳（アプリなど）が普及している。ただし，薬局間のみでは収益が成り立たないのか，オンライン診療や服薬指導との統合の動きもある。

　しかし，これらは高知家@ラインのように，患者，医療職，介護職と幅広く連携ができていない。高知家@ラインも，医療介護施設の連携は地域内で進みつつあるが，まだ電子カルテ部分や医療介護支援の SNS 部分のみの利用も見られるため，これらの機能の連携も広げていく必要がある。また，Zoom や Teams のようなコロナ禍で広まったオンラインビデオ会議ツールでは，医療の機微情報に対して，セキュリティが十分ではないとの見解も多い。そこで，セキュア環境でのオンライン診療の実現も広めていく必要があろう。

　また，地域間の連携として，高知県内の連携から始まり，次にある地方同士の連携に広まり，さらに広域に連携することで全国レベルに広げていくことができれば，地方発の“どこでも MY 病院”構想の実現につながるであろう。過疎地域の医療職（医師，看護師，薬剤師など），介護職（ケアマネージャー，介護士など）が医療・介護の本質を追求し，有機的に連携できれば，推し進めることは不可能ではない。高知県では，高知大学の医師が率先して行っているが，こういった地域医療を真剣に考え，目線が高い専門家が存在すれば，連携した和歌山県，三重県のみならず，太平洋沿岸地域，山陰，北陸，東北などの日本海沿岸地域などから発展させることはできるのではないかと考えられる[4]。

【参考文献】

［1］　高知家＠ライン　http://www.kochi-u.ac.jp/kms/careline/index.php　2023年
　1月31日

［2］　矢島進二「日本初の時間外救急プラットフォーム」『月刊事業構想』2022年12月
　号，事業構想大学院大学出版部，58-61ページ，2022年11月

［3］　加藤浩晃「データ×AI 時代の医療ビジネス」『月刊事業構想』2023年 1 月号，事
　業構想大学院大学出版部，88-89ページ，2022年12月

［4］　安岡寛道『医療のデジタル化構想とその実践〜高知県のケーススタディからの一
　考察〜』明星大学経営学研究紀要（第20号），2023年 3 月

第8章

おわりに

8.1. 地方を救うための政策提言

　本節では，事例紹介の「①仕事をつくる（第3章），②人材を育成する（第4章），③人流をつくる（第5章），④働き方を変える（第6章），⑥地域間/地域内で連携する（第7章）」において挙げられた，各々の政策提言（概要）を，以下にオムニバスでまとめておく。

　なお，各事例では，これだけを主張しているわけではないが，簡潔に見て取れるはずである。

　まずは，「①仕事をつくる」では，新たな支援，仕組み作りなどをもとに，以下のような提言が主に挙げられた。

1．地域内外のリソースを活用したアクセラレーターによる起業支援	優れた地域外メンターによるオンライン・メンタリングと地域コーディネーターによる地域に根ざした支援で起業家エコシステムを構築する
2．地方企業・産業のスケールアップ戦略	事業戦略シート（手引）をもとに，戦略的目標を定性的から定量的に進化させ，毎年の事業戦略を策定していくことで地方中小企業の体質を変革する
3．デジタル技術での地方創生	街づくりでの社会課題解決および地方創生のためのスマートシティ化を行い,IT を利用しデジタル化による人材不足を解決する仕組みを作る

4．地方の空き家活用	空き家情報のデータベース化として，オフラインの情報収集とデータベース更新で継続的な状況管理を行い，空き家解消とそれに伴う新しいビジネスサービスを構築する

また，「②人材を育成する」では，教育活動，実証実験などをもとに，以下のような提言が主に挙げられた。

1．大学におけるSDGsポイント活用	SDGsの本質は個人の行動や意識であり，課外活動（ポイントプログラム）の教育を通じて，個人として目的意識および危機意識を持った自発的なSDGsの行動を促す
2．Blendedな人財育成とネットワーク構築	人財育成には，オンラインと対面のBlendedスタイルでの教育は有効であり，インタラクティブなコミュニケーションは，人と人とのつながりを生み，地方ビジネスの活性化にもつながる
3．技術研修による地方課題解決	IT×地方の課題解決＝地方創生という考えのもとでアイデアソンを実施し，データ活用，起業家マインド育成を行い，競技として点数化・表彰し，事業化の可能性を探る
4．イノベーション創出の拠点	イノベーション創出に向け，新技術活用や新ビジネス創出の仕組み作りとして，人と企業の垣根を越えた交流促進，域外も含めた多くの企業等による地域大連携で取り組む
5．自治体DXの人材獲得と育成	地域住民のデジタルデバイド対策の「場」を設置し，住民の声に耳を傾けることで，リアルなニーズを引き出し，DXまでの地ならしをじっくりと実践する

次に，「③人流をつくる」では，関係性構築，交流促進などをもとに，以下のような提言が主に挙げられた。

1．地域内関係人口による地域再生	DMOが消極的な関係人口（人）も巻き込み，情報を集約する組織として機能することで，地域内外の関係者間の交流を促進し，多様な知識を創造する
2．地域交通（MaaS）の活用	「鉄道⇔路線バス⇔予約型乗合タクシー」の移動手段を"つなぐ"，また今あるものと新しく取り組むものを"つなぐ"ことで公共交通の持続可能性を高める

3．「ひと」に焦点を当てたシティプロモーション	移住者の新鮮な目で地域の人々の魅力の新たな側面を発見し，地域の「ひと」の想いを見える化し，シティプロモーションとして情報発信する
4．デジタル時代の新たな事業承継スキーム「サーチファンド」	地方の既存事業や会社に着目し，そこにアントレプレナーシップを有し，デジタルへの理解も深い経営者を呼び込み，それらを成長軌道に乗せ，新たな雇用を創出する

　さらに，「④働き方を変える」では，二拠点居住/移住，推進体制構築などをもとに，以下のような提言が主に挙げられた。

1．ワーケーションの先にあるもの	ワーケーション中の週末やその後の旅行促進，仕事だけでない来訪者も対象にし，二地域居住などのセカンド需要を取り込み，企業主導と個人主導の地域居住を最適に組み合わせる
2．デジタルでの居場所	汎用性の高いデジタルインフラ（Facebook など）を活用し，地方において公私混同で全人格的なコミュニティ・ワーカーを増やすことで，本質的な人間関係を構築する
3．同一労働同一賃金の働き方改革	地方に住みながら都心の給与と同等に稼ぎ，地方でより豊かに暮らせる環境を作るため，どこに住んでも条件が同等な IT 人材の地方在住を進め，地場産業を活性させる
4．自治体 DX による働き方改革	CDO を中心とする推進体制を早期に整え，行政 DX とともに，地域社会における新たな価値創出を目的とする地域 DX との両輪を回す

　最後に，「⑤地域間/地域内で連携する」では，広い外部活用，コミュニケーション促進などをもとに，以下のような提言が主に挙げられた。

1．デジタル地域通貨	地域通貨は，大きな概念や広い範囲で流通させ，ある程度の規模の経済を追求する，もしくはコミュニティ内の範囲の経済をとことん追求する
2．スマートファーマーによる地域活性化	スマート農業によってデータを活用し，異業種参入・異業種連携，農商工連携による価値の創造を行い，農業生産だけではなく，例えば食品を加工することで付加価値を付け，収益を増やす

3．住民主体による協働のまち づくりの理念貫徹と実践	地域に関わるステークホルダーの主従関係と役割分担を明確にし，ノウハウと経験を有する外部者を積極的に活用し，行政手続きのスマート化と行政サービスのDX推進を行う
4．医療デジタル化構想	医療連携は，本質に迫ることができる地方からであり，電子カルテのような閲覧中心の情報からでなく，まずはSNSのようなコミュニケーションツールとして始める

　以上のように，各々の視点でさまざまな政策提言が挙げられた。もちろんこれだけではない。スマートシティがあれば，コンパクトシティの構想もあるだろう。またそれらの連携も必要であろう。さらに，地方特区として，そこだけの重点施策も必要となろう。また，個人間（およびそれらと企業間）の連携を促すには，昨今厳しくなっているプライバシーをある程度開放する政策も必要かもしれない。

　なお，これらを見ると，地域外との連携や交流促進，関係人口拡大，二拠点居住など，やはり「人」が重要な要素となる。そこで，デュアラーという言葉が2019年に流行った。これは「デュアル＋ライフ＋人」が合わさった言葉であり，総務省のいうところの，観光などの一時的な移動の"交流人口"ではなく，かつ

図表 8 - 1 - 1　デュアラーのタイプ

タイプ	欲求（ニーズ）	備考（傾向など）
①趣味重視	自分の趣味を満喫したい，追求したい	単身者が多く，ファミリー世帯はあまり見られない
②自然でのんびり	大都会の人混み，満員電車の通勤に疲労したため，週末は空気の良いところで過ごしたい	自然へのあこがれが強い
③ふるさとでのふれあい	自分あるいは配偶者に田舎がないため，田舎にも住みたい	逆の「いずれ自分の故郷に帰りたい」と思いつつ，親も元気で今は踏ん切りがつかない場合もある
④田舎への移住体験	いつかは田舎へ移住してみたい	通うだけでなく，実際住むことでリアルに体験する
⑤子供のため	都会で暮らす子供に自然と触れさせてあげたい	子供のためのデュアルライフを望む親もいる
⑥地域への貢献	田舎の人達と地域に貢献することで自己承認欲を満たしたい	都会での日常生活で仕事にやりがいを感じない，自分の存在意義がわからない

（出所）　文献[1]より著者作成

移住して常に住むような"定住人口"でもなく，その間に位置する，頻繁に行き来するような"関係人口"ともいえる。デュアラーになる人の目的は，**図表 8 - 1 - 1**の 6 つに大別されるという。こういった「人」の本質を洞察し，理解した上で，政策提言を考えてもらうと，よりわかりやすいかもしれない。

【参考文献】
［ 1 ］　リクルートすまいカンパニー『「デュアラー」都心と田舎の 2 つの生活＝デュアルライフ（ 2 拠点生活）を楽しむ人』　https://www.recruit-sumai.co.jp/sumai/2019_dualer.html　2019年12月31日

8.2. まとめ

「そもそも地方創生とは何か？」の話題になると，衰退する地方を生き残らせるのか？，そうでないか？　の両極的な議論になりがちであると冒頭に述べた。したがって，事例紹介には，両方の視点があったかもしれない。

我が国は，グローバル化の進展，急速な少子高齢化と本格的な人口減少社会など大きな社会環境変化に直面し，2000年代半ばを境に，地域政策の理念や運用方法は大きく転換し，それを現在まで推進してきた。簡潔に言うと，開発から利用中心になり，地方に選択してもらいながらもその責任も取ってもらい，やりっぱなしの箱物行政を脱するためにも PDCA のマネジメントサイクルを導入してきた。そこに右肩上がりの高度経済成長の第 2 幕はない。

すでに国の借金が1,200兆円を超え，地方の借金も200兆円近くある上で，これ以上は次世代に負の遺産を引き継ぐことは無謀である。もちろん，日本の個人金融資産が約2,000兆円あるため，借金しても成り立つという有識者も存在する。しかしながら，国が破綻しても，彼らは責任を取らないし，取れない。

国や地方における予算に占める税収入はもう簡単に増えないばかりか，社会保障費は増すばかりである。予算を増やすには，高齢者にも働いて活躍してもらうしかない。こういった課題山積の，先を思うと暗くなる社会で，何を行うかが問われている。もちろんできることは全てやりたいが，優先順位を付けて取り組むしかない。

我が国の総合戦略で示された 4 つの基本目標の意味内容を踏まえ，「①仕事をつくる，②人材を育成する，③人流をつくる，④働き方を変える，⑤地域間/地域

内で連携する」の視点で事例を紹介してきたが，これらの事例のいくつかがどこかで参考にされることを望みたい。地方創生にも万能策はないというのは，それを推進する方々が誰しも理解しているだろう。しかし，地道に行うことはできる。そのために集まった11人で本書を書き上げた。

　本書が少しでもお役に立てることを祈願しており，我々もどこかの地方とも連携する準備はできている。いつかどこかで誰かの何かのお役に立てることを望む次第である。

地方創生とデジタルビジネス研究会

　謝辞
・1.4，4.4，5.2の研究は，科研費（JSPS）基盤研究(C)の助成を受けた課題番号22K04500（代表者：宇都正哲）の成果の一部です。
・4.1の研究は，明星大学教育新構想事業(2021年度)および明星 SATOYAMA プロジェクト（2022年度）の助成を受けたものです。
・4.2において，インタビューやディスカッションのご協力，アドバイスをいただいた，ハーバード・ビジネス・スクールのジョセフ・バダラッコ教授に感謝いたします。
・6.1において，インタビューを受け，原稿の修正も協力していただいた，鹿追町役場(企画課企画係長）の迫田明巳氏に感謝いたします。
・6.2において，インタビューにご協力いただいた，合同会社マチアスデザイン代表横山喜一郎氏に感謝いたします。
・7.2において，インタビューや取材，原稿のアドバイス等のご協力をいただいた，スマートアグリコンサルタンツ合同会社の代表社員の渡邊智之氏に感謝いたします。
・7.3において，益城町における震災復興のプロセス等に関してインタビューに協力していただいた合同会社じもとビークル研究所の中村哲氏に感謝いたします。
・7.4において，インタビューを受け，原稿の修正も協力していただいた，高知大学医学部（公衆衛生学）准教授の宮野伊知郎氏に感謝いたします。
・最後に，当研究会の著者以外のメンバーである，青山学院大学（地球社会共生学部）教授の松永匡史氏，野村総合研究所の福島健吾氏，同じく冨田勝己氏に対して研究部会の立上げの支援を感謝いたします。

＜著者（経歴）紹介＞

安岡　寛道（やすおか　ひろみち）【全体編集，1.1，2.2，3.2，4.1，7.1.1-7.1.2.2&7.1.3-4，7.4，8】
明星大学経営学部教授，Ph.D.，中小企業診断士
慶應義塾大学理工学部卒，同大学院理工学研究科修了・修士（工学），同大学院システムデザイン・マネジメント研究科修了・博士（システムデザイン・マネジメント学/総合社会文化）。
野村総合研究所（NRI）入社。同社をいったん退社後，スクウェア（現スクウェア・エニックス）オンライン事業部チーフ，Arthur Andersen（現 PwC コンサルティング）マネージャーを経て，NRI に再入社し，コンサルティング事業本部プリンシパル。同社を再度退社後，現職。
他に，内閣官房，総務省，経済産業省，農林水産省，高知県，相模原市の委員，東京大学大学院情報学環，慶應義塾大学文学部，駒澤大学経営学部，第一工業大学工学部，横浜商科大学商学部，かなざわ食マネジメント専門職大学の講師（非常勤），立命館大学大学院経営管理研究科客員教授を歴任。
専門は，事業戦略，顧客戦略，デジタルビジネスなど。著書，多数。

現在，高知県産学官民連携センター（高知県・大学等連携協議会）土佐 MBA「経営戦略」コース監修講師，安岡経営コンサルティング事務所代表を兼務。

大森　寛文（おおもり　ひろふみ）【1.2, 1.3, 2.1, 7.3】

明星大学経営学部教授　博士（経済学）

1992年から2014年まで野村総合研究所（NRI）にてコンサルティング業務に従事。経営学，マーケティング，ブランディングの観点から，地域資源の発掘・評価・プロモーションに関する研究・教育に取り組む。近著に『経験と場所のブランディング』（2020年，共著，千倉書房），『人工知能を活かす　経営戦略としてのテキストマイニング』（2019年，共著，中央経済社），『マーケティングにおける現場理論の展開』（2018年，共著，創成社）などがある。

宇都　正哲（うと　まさあき）【1.4, 4.4, 5.2】

東京都市大学大学院環境情報学研究科都市生活学専攻教授　兼　都市生活学部教授　博士（工学）

1969年生まれ。東京大学大学院工学系研究科都市工学専攻博士課程修了　博士（工学）。1991年に野村総合研究所（NRI）に入社。都市・地域関連の受託研究，都市インフラビジネスの事業戦略，海外展開におけるパートナリング，不動産ビジネスの事業戦略などを専門に25年間にわたり戦略コンサルティングを実施。都市インフラセクターのヘッドとして，同社のコンサルティングチームを長年にわたり牽引し，社長賞を3回受賞。都市インフラの専門家として，クローズアップ現代（NHK），週刊ニュース深読み（NHK），ワールドビジネスサテライト（テレビ東京）をはじめとする生放送テレビに20回以上出演。さらに，日本経済新聞，朝日新聞，読売新聞，週刊東洋経済など新聞や専門誌への寄稿，取材コメント掲載などは100回以上と多数。

2016年より，東京都市大学大学院環境情報学研究科都市生活学専攻教授　兼　都市生活学部教授として，不動産マネジメント研究室を主宰。また，2020年より東京大学まちづくり大学院でも教鞭をとっている。

研究室 Website　https://sites.google.com/site/masaakiuto/home

鷹取　功（たかとり　いさお）【1.5, 3.4, 7.1.2.3-4】

株式会社エックス・エヌ，立命館アジア太平洋大学国際経営学部非常勤講師（e-コマース），関西大学大学院商学研究科非常勤講師（SDGs ビジネス）

1959年生まれ。京都大学工学部数理工学科卒業。1981年野村コンピュータシステム（現野村総合研究所）入社。金融，製造，流通など，多くの分野でシステム開発，プロジェクトマネージメント，コンサルティング，事業企画に国内外で従事。2000年，野村綜合研究所（香港）有限公司社長を最後に退職。2001年以降，システム開発プロジェクトマネージメント，システムコンサルティングに加え，開発コンサルタントとして約25ヶ国でデジタル分野の調査・コンサルティングに従事。2007年以降，上記2大学に加え，一

橋大学，聖学院大学などでも非常勤講師として教鞭をとっている。

原　洋一（はら　よういち）【2.3, 3.3, 4.3, 6.3】
一般社団法人ソフトウェア協会　常務理事・事務局長
日本大学大学院総合社会情報研究科（国際情報専攻）修士課程修了。プログラマー，システムエンジニア，パッケージソフトウェア開発を経て，取締役マーケティング戦略担当，経営事業企画担当，CFO経験後，上場企業にてIR責任者など歴任，2012年現職の業界団体に入局し現在に至る。

伊藤　智久（いとう　ともひさ）【3.1, 5.3】
明星大学経営学部准教授，中央大学商学部兼任講師
東京大学大学院修了後，野村総合研究所で国内外の企業や中央官庁の経営コンサルティングに従事。本業の傍ら，2015年に滋賀大学ビジネスイノベーションスクールを立ち上げ，スクール長として起業家教育に従事。その後，大学教員に転身し，明星大学と中央大学で研究と教育に取り組みながら，日本MITベンチャーフォーラムの理事とメンタリングコミッティチェアを兼務。スタートアップの経営顧問や起業支援プログラムのプロデュース，地方創生のコンサルティングにも従事。

谷口　麻由子（たにぐち　まゆこ）【4.2, 7.2】
株式会社野村総合研究所（NRI）
専門は，M&A・企業再生等ファイナンス，地方創生（農業，六次産業化，地域連携など），国内外のマーケティング・ブランディング，海外（特に旧ソ連圏，新興国）の交通・エネルギー・都市インフラ，農業，観光，医療等の案件組成やファイナンス，事業化など。農業経営アドバイザーとして国内外の官民の顧問やアドバイザーなども実施。公益財団法人野村マネジメント・スクールでプログラムディレクターとしてハーバード・ビジネス・スクール，ペンシルバニア大学ウォートン校，MITなどの講師と経営人材育成にも従事。

田原　洋樹（たはら　ひろき）【4.5, 5.1, 6.4】
明星大学経営学部特任教授
法政大学大学院政策創造研究科修了・修士（政策学）。北陸先端科学技術大学院大学博士後期課程在籍中。1992年から2007年まで株式会社JTBにて法人ソリューション業務に従事，2007年から2011年まで株式会社リクルートマネジメントソリューションズにて人材開発トレーナーに従事。専門は観光地経営，地域活性化，地域人材育成など。
主な著書『課長のための「やらない」教科書：チームマネジメントは"最小限"でいい』（2016年，三笠書房），『経験と場所のブランディング：地域ブランド・域学連携・ローカルアイドル・アニメツーリズム』（2020年，共著，千倉書房）など。

寺田　知太（てらだ　ともた）【5.4】

インクルージョン・ジャパン株式会社　取締役

1975年生まれ。京都大学工学研究科機械工学修了。野村総合研究所にて，情報通信・メディア領域における戦略立案・新規事業コンサルティングに従事。その後，日本の49%の労働の人工知能による代替可能性の英オックスフォード大との共同研究や，スタートアップとの協業による業務デジタル化支援に従事した後，インクルージョン・ジャパン社に参画。ESG に特化したベンチャー投資ファンドの GP を務める。武蔵野大学アントレプレナーシップ学部教授。

広瀬　安彦（ひろせ　やすひこ）【6.1】

株式会社野村総合研究所（NRI）データサイエンスラボ　エキスパート研究員

北海道大学大学院国際広報メディア・観光学院博士後期課程在籍中。著書に『図解即戦力 SNS 担当者の実務と知識がこれ 1 冊でしっかりわかる教科書』(2022年，技術評論社)，『ビジュアル　データサイエンティスト　基本スキル84』(2022年，共著，日本経済新聞出版)，『データサイエンティスト入門』(2021年，共著，日本経済新聞出版) がある。

金森　剛（かなもり　つよし）【6.2】

相模女子大学専門職大学院社会起業研究科 兼 人間社会学部社会マネジメント学科教授

博士（経営学）

1984年から2007年まで野村総合研究所（NRI）にてコンサルティング業務に従事。2021年度より総務省「地域おこし協力隊ビジネスサポート事業」審査員・アドバイザー。専門は経営戦略，マーケティング，消費者行動，ブランディング，事業・商品開発。主な著書に『ネットコミュニティの本質』(2009年，白桃書房)，『マーケティングの理論と実際』(2012年，共著，晃洋書房)，『共感ブランド』(2014年，白桃書房) など。

地方創生 ── デジタルで救う地域社会・経済

2023年5月10日　第1版第1刷発行

編　者	地方創生とデジタル ビジネス研究会
発行者	山　本　　　継
発行所	㈱中央経済社
発売元	㈱中央経済グループ パブリッシング

〒101-0051　東京都千代田区神田神保町1-35
電話　03（3293）3371（編集代表）
　　　03（3293）3381（営業代表）
https://www.chuokeizai.co.jp
印刷／昭和情報プロセス㈱
製本／誠　製　本　㈱

© 2023
Printed in Japan

＊頁の「欠落」や「順序違い」などがありましたらお取り替えいた
しますので発売元までご送付ください。（送料小社負担）

ISBN978-4-502-45731-9　C3033